本书系国家社科基金项目（17BZS074）的阶段性成果

历史语言研究所与现代中国的人文学术建设

（1928—1949）

刘承军　著

人 民 出 版 社

责任编辑：马长虹

封面设计：徐　晖

图书在版编目（CIP）数据

历史语言研究所与现代中国的人文学术建设：1928-1949/刘承军 著. —北京：
　人民出版社，2023.5
ISBN 978－7－01－025615－3

Ⅰ.①历…　Ⅱ.①刘…　Ⅲ.①社会科学-研究所-概况-中国-1928-1949
　Ⅳ.①C242-092

中国国家版本馆 CIP 数据核字（2023）第 072395 号

历史语言研究所与现代中国的人文学术建设 （1928—1949）

LISHI YUYAN YANJIUSUO YU XIANDAI ZHONGGUO DE
RENWEN XUESHU JIANSHE（1928-1949）

刘承军　著

人民出版社 出版发行

（100706　北京市东城区隆福寺街 99 号）

北京汇林印务有限公司印刷　新华书店经销

2023 年 5 月第 1 版　2023 年 5 月北京第 1 次印刷
开本：710 毫米×1000 毫米 1/16　印张：17.75
字数：260 千字　印数：0,001-3,000 册

ISBN 978－7－01－025615－3　定价：58.00 元

邮购地址 100706　北京市东城区隆福寺街 99 号
人民东方图书销售中心　电话（010）65250042　65289539

目　　录

绪　　论

一、近代学术史视域中的历史语言研究所

本书探讨历史语言研究所（下简称史语所）与现代中国的人文学术建设的关系。这个题目有两个元素，一是"史语所"，二是"现代中国的人文学术建设"。前者所称史语所，主要是指自 1928 年史语所成立至 1949 年迁往台湾之前，部分内容上溯至清末，下延至新中国成立后。后者所谓"现代中国的人文学术建设"是指在西方学术的影响下，史语所在确立现代人文学术研究的制度、范式中发挥的重要作用，其在组织结构、人才培养、学术交流、专业研究等诸多领域建章立制，导引了学术潮流的发展，开创了新的学术典范，为现代中国人文社科的研究发展奠定了基础。

在中国，欧美式专门学术研究机构的建立是西学东渐、与国外学术文化交流的产物，却也因应近代以来中国文化学术发展的需要。现代科研院所的创办既有对西潮冲击受动的一面，也有为应对内外危机而能动的一面。外来的学术交流如果没有本土的学术互动，是不会形成学术潮流的。清末民初留学欧美的学人对西方的学术研究非常了解，认识到创建专业研究机构对推动中国学术的重要性，于是开始了对中国传统学术机构的改造和转化，效仿欧美建立专门的研究机构。在笔者看来，这种移植和转化的潮流肇始于 19 世纪末，在 20 世纪 30 年代前后有了初步的结果。随着现代学术研究机构的不断涌现，矢志于学术研究的学者群体的形成，期刊报纸等学术媒介的建立，中外学

术交流与互动的加强,学术纪律和专业评价机制的确立,标志着现代中国人文学术研究专业化时代的来临,现代人文学科树立了不可撼动的中心地位。

20世纪30年代,蔡元培总结学术文化发展成就时就强调:"(新文化运动)十几年来,次第成立的有中央研究院(下简称中研院)、北平研究院,最近有中山文化教育馆的研究部。各大学,如北京、清华、燕京等,亦往往设研究所;最近教育部且通令各大学建设研究机关。而其他学术团体,除科学社成立在先外,如普通性质的中华学艺社,专门性质的地质、生物、物理、化学、农学、工程、经济、社会等学会,都在这个时间次第成立了。"①

中国学术在这一时期可谓众声喧哗,学术研究机构的发展、学术社群的交流、学术刊物的争鸣等成为这一时段的重要特征。而成立专门的学术研究机构更成为中国现代学术史上重要的发展潮流、趋势。但它究竟是怎样形成的,又给我们什么训练、影响及局限?以往学界对中国现代人文学术制度、体制的建立、其主要特征以及对学术研究产生的影响,缺乏实证性研究。②

---

① 蔡元培:《吾国文化运动之过去与将来》,高平叔编:《蔡元培全集》第6卷,中华书局1988年版,第422—423页。蔡元培在很多场合表达了专门学术研究机构的重要性,如在另一次演讲中蔡说道:"综观所述新文化的萌芽,在这三十五年来,业已次第发生;而尤以科学研究机关的确立为重点。"参见蔡元培的《三十五年来中国之新文化》,高平叔编:《蔡元培全集》第6卷,中华书局1988年版,第91页。

② 陈以爱从制度层面考察了北京大学国学门对推动学术成长带来的影响,给人以很大启发(参见《中国现代学术研究机构的兴起——以北大研究所国学门为中心的探讨》,江西教育出版社2002年版);陶英惠、徐明华和陈时伟对中研院的体制化、制度化和职业化作了有益的探讨(参见陶英惠的《蔡元培与中央研究院(1927—1940)》,《近代史研究所集刊》1978年第7期;徐明华的《中央研究院与中国科学研究的制度化》,《近代史研究所集刊》1993年第20期下册;陈时伟的《中央研究院与中国近代学术体制的职业化,1927—1937年》,刘东主编:《中国学术》2003年第3期,商务印书馆2003年版);尚小明对1937年前的北京大学史学系进行了研究(参见《北大史学系早期发展史研究(1899—1937)》,北京大学出版社2010年版);查时杰和陈建守对燕京大学及其历史系也有深入研究(参见查时杰的《私立基督教燕京大学历史系所初探(1919—1952)》,《台大历史学报》1996年第20期和陈建守的《燕京大学与现代中国史学发展(1919—1952)》,台湾师范大学历史学系2009年版);刘龙心从制度化的视角分析了欧美式大学引进中国后,中国大学的机构设置和制度的建构,在打破国学框架、重组知识结构、训练一批专业史家并建立一套专业学术规范等方面所扮演的重要功能。此书关注如学生招收、课程安排、教师评聘,乃至学术奖项和基金颁授等诸多内容,以窥探当代中国史学的建立、发展、特色和局限,颇有新意(参见《学术与制度:学科体制与现代中国史学的建立》,新星出版社2007年版);左玉河则对现代学术制度化、体制化的诸多因素如学会、大学、研究院、图书馆、期刊、基金会和现代学术资助、评估、奖励机制等作了宏观上的考察(《中国近代学术体制之创建》,四川人民出版社2008年版)。学界越来越重视对学术机构的研究,已有的研究虽解决了不少问题,但仍有很大拓展空间。

正如学者陈以爱所言,国内学界在很长一段时间研究中国学术思想史时,更多注重学术思想与世变之关系,同时亦注意到研究对象的家庭背景、求学过程、师友关系及人际脉络,以求索各种可能对研究对象的学术思想造成影响的因素。可惜的是,虽然在 20 世纪的中国,学术研究明显出现制度化的发展,然迄今尚未有一本专著,就研究机构之建立对推动学术成长所发挥的作用,作深入细致的分析。① 陈以爱从学术研究组织化、制度化切入的观点,为考察中国近代以来的人文学术的转变和发展提供了一个新的角度。无疑,被胡适称为"规模最大成绩最好"的史语所在现代中国的人文学术的转变和发展中发挥着重要的作用。不以史语所为考察基点,无法完整理解中国现代学术建制出现后,制度化、组织化的机构对现代学术发展产生的影响,更难以完整诠释现代人文学术建立的过程、产生的困境以及呈现的意义。

成立于 1928 年的史语所,虽在大陆存在了短短的二十年,但在这期间已成为中国现代人文学术研究的重镇。史语所不仅对大陆和港台学术的发展产生了重要影响,而且在确立现代人文学术研究的制度和范式中发挥了重要作用。最先揭示史语所学术成就的是在台湾的史语所学人。傅斯年猝逝后,史语所学人结集出版了《历史语言研究所傅所长纪念特刊》。在此书中,学人对史语所在史料收集、档案整理、语言调查、考古发掘、民族调查、图书室建设和著作期刊出版等方面取得的成绩进行了梳理。② 台湾学界不断撰文总结该机

---

① 陈以爱:《中国现代学术研究机构的兴起:以北大研究所国学门为中心的探讨》,江西教育出版社 2002 年版,前言第 3 页。

② 李济的《傅孟真先生领导的历史语言研究所》、李光涛的《明清档案》、杨时逢的《语言调查与语音实验》、石璋如的《考古工作》、芮逸夫的《民族调查与标本之搜集》、徐高阮的《图书室》和劳幹的《出版品概况与集刊的编印》,以上参见傅故所长筹备委员会编:《历史语言研究所傅所长纪念特刊》,历史语言研究所 1951 年版。

构的治学成就。① 史语所也因周年纪念活动的推动，出版了系列纪念性和反思性的文集，并推动将相关的档案史料整理上架。② 美籍华人学者余英时、张光直和许倬云等也撰文揭示史语所在现代中国学术史上的地位和角色。③ 新材料的发掘和史料的开放以及书信、回忆录的刊布为全方位、多视角的研究史

---

① 董作宾的《历史语言研究所在学术上的贡献——为纪念创办人终身所长傅斯年先生而作》和劳榦的《傅孟真先生与近二十年来中国历史学的发展》，《大陆杂志》1951年第2卷第1期；石璋如的《历史语言研究所考古年表》，历史语言研究所1959年版；王懋勤的《历史语言研究所所史资料初稿》（下称《所史资料初稿》），未刊，现藏于历史语言研究所傅斯年图书馆；刘龙心的《史料学派与现代中国史学之科学化》，台湾政治大学历史学研究所硕士论文，1992年；杜维运的《傅孟真与中国新史学》，《当代》1995年第116期；王汎森的《什么可以成为历史证据——近代中国新旧史料观念的冲突》，《新史学》1997年第8卷第2期；苏同炳的《手植桢楠已成荫——傅斯年与中研院史语所》，台湾学生书局2012年版；张谷铭的《Philology与史语所：陈寅恪、傅斯年与中国的"东方学"》，《历史语言研究所集刊》2016年第87本第2分。

② 1968年，史语所成立40周年，出版了《历史语言研究所四十周年纪念特刊》，历史语言研究所1968年版；1995年，史语所借傅斯年百龄纪念时推出了杜正胜、王汎森编的《傅斯年文物资料选辑》，台湾傅斯年先生百龄纪念筹备会1995年版；1998年，史语所决定借七十年所庆之机，搜寻"天宝遗事"，发掘前辈学人的治学方法和成就，征集并出版了杜正胜、王汎森主编的《新学术之路——历史语言研究所七十周年纪念文集》，历史语言研究所1998年版；2003年，史语所借七十五周年所庆时再次出版了纪念文集，许倬云等著《历史语言研究所七十五周年纪念文集》，历史语言研究所2004年版；2008年，史语所举办了八十周年所庆学术研讨会，出版了李永迪主编的《纪念殷墟发掘八十周年学术研讨会论文集》等，历史语言研究所2015年版；2018年，史语所为了"缅怀前人"以及"发微之精微"，又精选部分公文和书信，出版了王明珂主编的《史语所旧档文书选辑》，历史语言研究所2018年版。史语所作为其学人赖以成就学问、安身立命的学术生命之家，王叔岷、石璋如、李孝定和许倬云等皆撰有回忆录。李济《安阳》的英文专著由美国西雅图市华盛顿大学出版部于1977年出版，中文版已收录在张光直主编的《李济文集》第2卷，上海人民出版社2006年版，第319—481页；李孝定：《逝者如斯》，东大图书股份有限公司1996年版；陈存恭等：《石璋如先生访问记录》，近代史研究所2002年版；王叔岷：《慕庐忆往》，中华书局2007年版；陈永发等访问：《家事、国事、天下事——许倬云院士一生回顾》，近代史研究所2010年版；石璋如：《安阳发掘员工传》，历史语言研究所2017年版；石璋如：《安阳发掘简史》，历史语言研究所2019年版。另外，20世纪90年代中期，《傅斯年档案》对外开放。21世纪初，《史语所档案》也已编目且可以索阅了。在上述档案基础上，史语所在2011年出版《傅斯年遗札》。2015年，社会科学文献出版社发行简体版的《傅斯年遗札》。

③ 余英时：《学术思想史的创建与流变——从胡适傅斯年说起》，历史语言研究所七十周年研讨会论文集编辑委员会：《学术史与方法学的省思——历史语言研究所七十周年研讨会论文集》，历史语言研究所2000年版，第2页；张光直：《考古学和中国历史学》，《中国考古学论文集》，生活·读书·新知三联书店2013年版，第25页；许倬云：《傅孟真先生的史学观念及其渊源》，《许倬云自选集》，上海教育出版社2002年版，第349—362页。

语所提供了可能。

在大陆史学研究风气转换中,近七十年来关于史语所的研究,经历了一个从革命语境向学术语境的回归。1949 年至 20 世纪 80 年代,学界受制于阶级斗争思维,对史语所的学术成就以政治批判为主,研究成为禁区。20 世纪 90 年代,随着学术环境的改善和学术风气的转向,大陆学人开始把史语所作为学术史对象和研究课题,进入学术层面的研究。2000 年后,史语所学人的文集、日记和回忆录陆续出版,学术研讨会迭次举行,研究性成果不断刊布,学界对史语所的研究也从"险学"走向了"显学"。档案材料的开放与利用,研究方法和视野的转换,揭示了新问题,催生了新课题与新方向,日益走向多元化,研究的范围也从学术活动与成就扩展到制度建设、运行机制和话语传播等学术建构,并不断向纵深迈进。①

本书试图把史语所的创建放在近代历史发展的视域中加以考察,通过不断扩充新材料,比较不同的史料,而得其"近真"和"头绪"②,并探析文本背后学人的思想与活动以及所呈现的意义。将研究的视野从学人交往和学术思想及学派的特点与影响,扩展至支撑学术思想研究的制度和专业的建设上,用新的理论、方法和视角研究史语所与现代中国的人文学术的建设仍有广阔的研究空间。

回顾和总结史语所学人,在现代中国人文学术建设中的经验与教训,明辨其是非得失,是一桩饶有兴味和意义的研究工作。通过研究这一学术机构,对

---

①　近年来,学界对大陆时期史语所的研究累积了可观的成果[参见陈峰的《从革命语境到学术语境:近七十年大陆学界傅斯年及史语所史学研究的脉络与走向》,《清华大学学报》(社哲版)2017 年第 6 期]。大陆学者李泉最早尝试概括史语所的业绩(参见李泉的《创建领导历史语言研究所》,聊城师范学院历史系等编《傅斯年》,山东人民出版社 1991 年版),其后欧阳哲生、桑兵等学者对史语所的学术成就和史学理念皆有深刻阐发。近年来,高校史学博士学位论文就史语所的史学、考古学和制度建设等皆有专门的研究。随着对史语所研究的深入,学界的关注点从整体走向局部,从宏观至微观,日趋专题化。

②　傅斯年:《史学方法导论》,欧阳哲生主编:《傅斯年文集》第 2 卷,中华书局 2017 年版,第 323—368 页。

全面深入了解近代以来我国现代学术机构的建设历程,具有重要的意义,也是深化民国学术史研究的必然选择。对学术机构本相的钩沉,不是简单的文化记忆的恢复,深层则是对当前阐释价值取向的继承与修正,找寻今天的学人应该延续和继承的学术传统,以作今后的龟鉴。了解中国现代学术建制出现在现代学术发展中产生的影响,对于今天学术研究机构的建设仍具有重大的指导和借鉴意义。

二、资料来源

笔者为了完成本书的写作,曾赴台湾"中研院"史语所傅斯年图书馆、近代史研究所档案馆、中国第二历史档案馆、南京图书馆、南京大学图书馆、山东省档案馆等搜集第一手资料。

1. 原始档案:史语所傅斯年图书馆的史语所档案和傅斯年档案、中国第二历史档案馆所藏中央研究院档案及其所编《中华民国史档案资料汇编》以及近代史研究所的朱家骅档案。

2. 历史语言研究所印行的各种出版品:《历史语言研究所集刊》、《人类学集刊》、《明清史料》和规划出版的各类专刊、单刊、考古报告、史料丛书等系列刊物,以及一些外文翻译资料。

3. 全集、文集、年谱、日记、回忆录和口述史:全集、文集有《蔡元培全集》、《傅斯年全集》、《傅斯年文集》、《胡适全集》、《陈寅恪集》、《曾昭燏文集》、《李济文集》等;年谱有《傅斯年年谱》、《顾颉刚年谱》、《陈寅恪年谱》等;日记有《胡适日记》、《夏鼐日记》、《顾颉刚日记》等;回忆录和口述史有《石璋如先生访问记录》、《感旧录》、《杂记赵家》、《李方桂先生口述史》、《慕庐忆往》、《逝者如斯》、《家事、国事、天下事——许倬云院士一生回顾》等,以及笔者为了解史语所第二代学人而采访了石璋如先生的公子石磊先生,为了解全汉升先生而采访了先生的高徒何汉威,为了解史语所的历史,几次采访所长黄进兴先生、前所长王汎森先生,还有杜正胜先生等并作了录音。

4. 期刊报纸:《国立中央研究院院务月报》、《东方杂志》、《史学杂志》、《史地学报》、《大公报》、《申报》、《中央日报》、《现代评论》、《独立评论》、《北京大学日刊》、《北平晨报》等。

史语所傅斯年图书馆保存的史语所档案,有自1928年创所以来大量的人事、日常行政和学术活动记录,连续性与广泛性都很好,因而为本书的写作奠定了坚实的史料基础。史语所的出版品和其学人的文集、日记、回忆录以及报纸杂志又补充和拓展了档案记载。史料的丰富性有力地保证了本书能够重构研究对象的诸方面,充实研究内容。

三、研究的基本思路与框架及创新点

本书以1928—1949年的史语所为研究对象,研究分三个层次。第一层次为"史实重建",立足文献实证,呈现史语所组建现代学术研究机构的背景、组织结构和开展学术工作等基本脉络;第二层次为"叙事",通过各种史料的对勘和排比,揭示史语所的运行机制和制度建设方面的历程与成就;第三层次为"史论互动",在前两层次的基础上,充分将史料和问题结合起来,注重整体,避免支离破碎,了解"现代性"的学术建制对中国学术发展产生的影响,就研究机构的制度化建设在推动学术发展中所扮演的角色做深入而全面的分析。

本书除了绪言和余论外,共有七章组成。

第一章"历史语言研究所的组织结构"。傅斯年初创史语所时,便积极进行组织制度的设计和修订。首先,傅斯年制定并不断完善组织章程,在制度层面规范了史语所的发展。其次,又不断调适人员配备、优化研究组别和组建所务会议以及建设研究型的图书室(馆)等。其建制化、规范化的组织结构保障了学术研究的稳定性和连续性。史语所机构运作的模式不仅促进了其自身学术的良性发展,也为中国学界树立一个示范榜样,在推动中国人文社科学术研究发展上发挥了巨大的作用。

第二章"历史语言研究所学人群体研究"。史语所作为中国现代学术的重镇,对其学人群体年龄段和教育背景进行考察,了解其颇具特色的学术团队,是全方位研究史语所的关键一环。本章通过对其群体的量化分析,可把研究人员分为两代,1890—1904年出生的研究人员称为第一代,他们是留洋派和本土派的结合,既熟悉传统文化,又了解近代西方学术,成为新学术的开拓者,1905—1925年出生的研究人员称为第二代,他们主要选拔于国内高校,通过不断积累丰硕的成果,成为新学术的继承和发扬者。两代人的结合,人才团队结构的优化,学术研究持久战斗力的形成,为史语所成为20世纪中国新学术的典范,替中国争取到世界性的学术发言权作了最好的诠释。

第三章"历史语言研究所的人才培养模式"。早在史语所的筹备期间,傅斯年就认识到培养后备人才的重要性。其后,更把培养青年人才作为所内重要的工作,并写入组织章程,从而奠定了人才培养的制度基础。史语所从进人唯才原则,至入所后严格管理,研究指导上实行"师徒制",定期的讲论会,鼓励年轻人出国深造以及学术上的高标准要求,最终形成了规范、完善的培养模式。其人才培养成效显著,影响深远,为中国历史学、语言学、考古学和民族学培养了一大批人才。

第四章"历史语言研究所的图书馆建设"。傅斯年等人提倡新学术,认识到文献积累的重要性,积极筹建史语所图书室（馆）,收藏了大量的人文社科类的图书以及俗曲、地方志、民间契约等文献材料,并大手笔地购买明清内阁大库档案。史语所图书馆不仅成为典藏书籍、档案资料的重镇,更发展为以学术交流和信息服务为中心的现代开放图书馆,推动了旧式藏书楼向现代开放式、研究型图书馆的转变。

第五章"历史语言研究所与中国博物馆事业的发展"。史语所作为现代中国学术研究的重镇,其在博物馆事业上也颇有建树。史语所践行了文物公有公藏的观念并促请政府将其立法,参与博物馆的创建、收藏与管理,推动中国博物馆协会的建立,组织参加了众多的文物展览和国际交流,培养了一批博物馆研究人才。史语所为中国博物馆事业的发展作出了重要贡献,产生了深远影响。

第六章"历史语言研究所与域外汉学的交流"。史语所通过诸多的制度建设,一方面取法域外汉学,通过聘请外国研究员和派遣留学生,引进国外汉学的研究方法和成果;另一方面向国外学界输出自己的学术成果,与国外学术机构交换出版物,参加国际学术组织。凭借组织、机构的力量,史语所在短期内能"预"西方汉学之"流",促进了中外学术的对话、交流与互动,为中国学术在国际上争得了一席之地。

第七章"历史语言研究所与专业研究的推进"。傅斯年将学人集中在以学科为中心的四个小组之内,即以整理史料和校订文籍为主的史学组;研究汉语和中国境内少数民族语言为主的语言学组;研究中国史前史及上古史,兼及后代的考古学组;研究体质人类学与文化人类学的第四组。四组开展团体式"集众"研究与协作,使得史语所能够集中人力和物力从事个人难以完成的材料收集和新课题以及新领域的拓展,取得了中外学界所称誉的历史学、考古学、语言学和人类学等方面的成就。

综上,本书在吸收借鉴前人的研究成果基础之上,将在以下四个方面有所创新。其一,研究问题与对象的创新:目前学界对史语所关注的重点多集中学术理想、研究方法和学术成就的总结方面,但对该机构的组织制度建设、人才培养机制、图书馆和学术交流制度以及专业建设等关注较少。而恰恰是这一套完整的制度体系对现代中国的人文学术建设产生了深远影响,本书的研究内容便是围绕这一主题展开的,以弥补晚清民国学术史研究中学术制度和体制层面研究的薄弱环节。其二,研究方法的创新:本书是以历史学研究方法为主,同时还借鉴了科学社会学的理论与方法,综汇学术史、社会史和文化史于一体的研究,既考察民国学术话语转变的内在学术理路,也不忽视学术发展赖以存在的社会和文化等因素。其三,史料上创新:充分整合利用大陆和台湾分散的档案资料以及日记、书信、回忆录和口述史,既重视档案,也不忽略私人性、情感性的史料。其四，将历史研究与现实关怀融为一体：学术话语的研究不仅是一个历史问题，也是一个现实问题，研究过去能为当代中国学术话语的建构提供历史借鉴，史学研究与现实关怀融为一体，相互印证，这也是本书的创新点之一。

第一章　历史语言研究所的组织结构

史语所能够开启现代中国学术研究的新典范,与其完善的组织结构密切相关。学界多从学术理念、治学方法与宗旨等方面分析史语所取得成功的原因,却鲜有从制度层面考察其组织结构。本章运用相关档案材料,勾勒史语所创建的背景、组织结构及其运作,以揭示史语所在建构现代学术研究新范式中所作出的可贵尝试。

第一节　创建的背景

清末,废科举,兴学堂,将传统学术机构改造和转化,创建了近代新式学术教育研究机构,但也存在不少问题,如蔡元培云:"清季,输入欧洲新教育制度,竞设学校,全国的书院,几乎没有不改为学校的,于是教授的机关增加而研究的机关就没有了。"①当时的学人如蔡元培等认识到在大学设立研究所的重要性,并首先在北京大学设立了文、理、法三科研究所,但是效果很不理想。②

---

① 蔡元培:《北京大学国学研究所一览序》,《北京大学日刊》第12册,人民出版社1981年影印版,第378页。

② 蔡元培:《北大第二十三年开学日演说词》,《蔡元培全集》第3卷,中华书局1984年版,第443页。

当时国内实力最强的北京大学尚且如此,以致时人批评大学"社会和大学自身大半都认他是一种教书的机构"[1]。因而蔡元培在创设大学研究所的同时,又提出创建专业的研究机构,"凡大学必有各种科学的研究所,但各国为便利学者起见,常常设有独立的研究所。如法国的巴斯笃研究所,专研究生物化学及微生物学,是世界最著名的。美国富人,常常创捐基金,设立各种研究所,所以工艺上新发明很多。我们北京大学,虽有研究所,但设备很不完全。至于独立的研究所,竟还没有听到。"[2]

清末民初,留学欧美的知识精英通达西方的学术研究,认识到创建专业研究机构对推动中国学术的重要性。马相伯详细规划,力谋仿效法兰西学院模式,在中国创建独立的国家学术研究院——"函夏考文苑",并联合当时学界俊彦章太炎、梁启超和严复等以壮声势。马相伯意欲在中国建立一个独立于政治之外的国家级学术研究机构,"该苑不干政治,上不属政府,下不属地方",以用风化和学术对民初政治和教育的不良加以救治。[3] 马氏的筹划终因政府不支持作罢,这反映出此计划超越了当时人们的理解力,社会条件和中西两方的文化传统。[4]

国家学术研究院没有办成,但专门、专业的研究机构地质调查所却在丁文江等人的筹划下,于1916年正式成立。胡适评价地质调查所的成绩时说:"在君(即丁文江)和他的朋友们创立和发展的地质调查所在很短的时间之内成为一个世界知名的纯粹科学中心。在纯粹的科学研究方面,这个机关不但建立了中国地质学和古生物学,并且领导了史前考古学的研究,成为新石器时代和旧石器时代研究的中心。"[5]地质调查所的成绩显示出机构

---

[1] 沧生:《中国的科学》,《现代评论》1927年第5卷第118期,第264页。
[2] 蔡元培:《何谓文化》,高平叔编:《蔡元培全集》第4卷,中华书局1984年版,第13—14页。
[3] 马相伯:《函夏考文苑议》,朱维铮编:《马相伯集》,复旦大学出版社1996年版,第129页。
[4] 陆永玲:《站在两个世界之间——马相伯的教育思想和实践》,朱维铮编:《马相伯集》,复旦大学出版社1996年版,第1306页。
[5] 胡适:《丁文江的传记》,安徽教育出版社2006年版,第46页。

和集体的力量在促进学术发展上的巨大潜力,给予当时知识界以深刻的启示。

到20世纪20年代前后,"(中国的)知识阶层,已觉悟单靠得学位,图饭碗,并不算是学者,渴望有一种研究机构"①。梁启超曾云:"凡一学术之发达,必须为公开的且趣味的研究,又必须其研究资料比较的丰富……此其事非赖有种种公共研究机关——若学校若学会若报馆者,则不足以收互助之效,而光大其业也。"②

更有顾颉刚把王国维的自杀归因于国内没有专门的学术机构,"倘使中国早有了研究学问的机关,凡是有志研究的人到里边去,可以恣意满足他的知识欲,而又无衣食之忧,那么静安先生(即王国维)何必去靠罗氏,更何必因靠罗氏之故而成为遗老?"③顾氏沉痛地谴责和呼吁,"中国没有专门研究学问的机关害死了王国维!我们应该建设专门研究的机关!"④且不论王氏自杀的真正原因,顾颉刚的声音代表了民初知识界的心声,20世纪20年代的中国知识界日益关注和重视研究机构的设立,最终成为共识。当时的社会和学术条件对成立专门的学术研究机构起到了推动作用。史语所的创立可以说是建立在学界的普遍自觉之上。

南北学界很快在高校中成立了诸多的学术研究机关,如北京大学研究所国学门、东南大学国学院、清华学校国学研究院(正式名称为清华学校研究院国学部,以下仍用时人习惯的简称)、厦门大学国学院、燕京大学国学研究所等等。但在政府无力且无心扶持的情况下,研究院所或因政治、或因经济抑或

---

① 蔡元培:《吾国文化运动之过去与将来》,高平叔编:《蔡元培全集》第6卷,中华书局1988年版,第422页。

② 梁启超:《清代学术概论》,上海古籍出版社1998年版,第104页。

③ 顾颉刚:《悼王静安先生》,罗继祖主编:《王国维之死》,广东教育出版社1999年版,第137页。

④ 顾颉刚:《悼王静安先生》,罗继祖主编:《王国维之死》,广东教育出版社1999年版,第136页。

人才原因,只能勉强维持甚至停顿。① 傅斯年曾说:"民国六至十五年间,北京有了两个汉学研究所。一是北大,态度极向新方向走,风气为胡适之等所表率,惜在其中工作者,或未能为专业,后来因政治情形工作停顿。又有清华之研究院。此院以王静安之力,颇成一种质朴而不简陋,守旧而不固执的学风。惜不久又停顿。凡此种种,皆是甚好之萌芽……然而工作多是零碎的,其成绩总觉是个人的,在组织上未能应付已熟之时机也。"②

由于北方军阀混战,政局动荡,尤其张作霖掌握北京政府后,对教育界采取高压政策,高校教学和研究均无法正常进行,许多学人像鲁迅、顾颉刚、汪敬熙等纷纷南下开创新的学术局面。刚刚留学回国的傅斯年应聘为中山大学文科学长,很快在南下学人的帮助下策划成立了中山大学语言历史研究所。中大校长戴季陶、副校长朱家骅的支持,为语言历史研究所的发展提供了充足的空间。中山大学语言历史研究所无疑是中研院史语所的缩小版,对它的擘画和经营为傅斯年创办专业的研究机构积累了丰富的经验。

然而,大学中的研究所也有其局限性,教职人员除研究工作之外,还要承担大量的教学任务,不能专心于研究工作。傅斯年认为,"大学之研究院有不及专做研究院机关之便当处甚多。凡一事之需要较大量的设备、大规模的组织者,在大学各科并立的状态之下,颇难得一部分过分发展(虽然有时应该如此,例如北大之地质系);而在专做研究之机关中,可以较少此样的限制。又

---

① 北洋直系曹锟贿选后,政局日趋动荡,导致教育经费匮乏,教育部也面临无钱生火御寒、茶水供应停顿的窘境(参见《教育部一穷至此》,《晨报》1923 年 11 月 16 日,第 6 版)。北京大学经费更是日益恶化,只能紧缩各项开支,研究所国学门《国学季刊》"因时局关系,学校经费奇绌,以至不能按期出版"(参见《国学季刊编辑委员会启事》,《国学季刊》1925 年第 2 卷第 1 期,第 199 页)。另外,桑兵分析北大国学门没有取得预期学术成就的原因,"如果说政局动荡和官方压制是北大派面临困境的客观原因,那么主观因素就是缺少真正受过新学科专门训练的学者,不能恰当地运用有关方法处理问题,同时原有的学术训练还会对其弃旧图新起到牵制作用,使之难以义无反顾地全力以赴"。参见桑兵的《近代学术转承:从国学到东方学——傅斯年〈历史语言研究所工作之旨趣〉解析》,《历史研究》2001 年第 3 期。

② 《傅故所长孟真先生手迹释文》,历史语言研究所四十周年纪念特刊编辑委员会:《历史语言研究所四十周年纪念特刊》,历史语言研究所 1968 年版,第 205 页。

如需要长期在外工作者,不是担任教科之教授所便于长久负荷的。此等事若依绝对需要,也很应该在大学中做,因为大学的教师也正需要此等历练,不过在教书的任务之下,这事总不是可以为常的;若在专事研究的机关中,毫不受此等限制。"①

任鸿隽更认为,创建专业的研究所是推进科学研究的终南捷径,"只要有研究的人才,和研究的机关,科学家的出现,是不可限量的。学校有学校的办法及设备,要办到能够制造科学家的时势,可不容易。但是我们现摆着一个终南捷径,为什么不走呢?兄弟所说的终南捷径,就是研究所。我们只要筹一点经费,组织一个研究所,请几位有科学训练及能力的人才作研究员,几年之后,于科学上有了发明,我们学界的研究精神,就会渐渐的鼓舞振作起来,就是我们学界在世界上的位置也会渐渐增高,岂不比专靠学校要简捷有效些么?"②

实际上,直至 20 世纪 20 年代前后,中国的知识精英还在选择,是分散型的英国皇家学会还是集中型的如德国和法国的国家研究院,更适合国内社会政治的形势与环境,不断壮大中国的科学研究事业。1914 年,在美国留学的胡明复、任鸿隽、杨杏佛以及赵元任等发起成立了中国科学社,这些留学生认为中国传统学者聚徒讲学的学术传统已不能适应近代科学发展的需要,只有成立像英国的皇家学会性质的科学社才能促进中国科学的发展。③

1918 年,这批留美学生大多学成回国,跟随迁回国内的科学社却遭遇诸多困难和挑战,成效也不尽人意。中国科学社作为民间社团,经费没有固定的来源,没有政府的支持,其学术活动的开展缺乏组织保障。1922 年的中国科学社向其会员发出紧急通知:

---

① 傅斯年:《大学研究院设置之讨论》,《独立评论》1934 年第 106 号。

② 任鸿隽:《中国科学社第六次年会开会词》,樊洪业、张久春选编《科学救国之梦——任鸿隽文存》,上海科技教育出版社 2002 年版,第 243—244 页。

③ 任鸿隽:《外国科学社及本社之历史》,《科学》1917 年第 3 卷第 1 期;《中国科学社社史简述》,《文史资料选辑》第 15 辑,中华书局 1981 年版。

年来社务日渐扩充,费用日增,而社员缴纳社费数反减缩,以致出纳不能相抵。今查历年社员积欠之数,已达数千,其中甚至有经数年未付者。推其原因,由于职员之办事不力者半,而由于社员疏略者半。现社中每年东移西补,竭力节省,甚至不惜妨碍事务之进行,幸免亏空。然长此以进,非特难言进步,对于社会不能有所贡献,现即欲保守现状亦有所不能。尚望诸君子体会社中困苦状况,与国中科学事业之幼稚,力与维持,将各应纳之费如数惠下,则非特本灶之幸而已,科学前途,实利赖之。①

因为经费的限制,中国科学社所办的《科学》杂志主编为兼职,有时稿件得不到及时编辑和处理,杂志几次不能正常出刊,抗战时期被迫停刊。② 其所办科研机构的研究人员也多为兼职,远远没有实现职业化,"尽管职业化不等于体制化,但职业化是体制化达到一定程度时的必然要求和基本条件。如果不实行职业化,科学就不可能作为一种社会建制长期存在。因此中国科学社还缺乏成为社会建制的客观基础,或者说,他的体制化程度还不高。"③另外,中国近代科学发展史上影响最大的三个综合性团体中国科学社、中华学艺社和中华自然科学社成为三足鼎立、互不统属的三个机构,致使科学社没有发展成为全国性的学会。④ 以致当时的学人对科学社团的表现非常不满,认为"近数年来我国由私人纠合同志所组成的学术团体,已日多一日,但都是分门别

---

① 中国社会科学院近代史所藏"胡适档案",档案号:2239—5,转引自张剑的《赛先生在中国:中国科学社研究》,上海科学技术出版社 2018 年版,第 134 页。

② 1941 年《科学》在完成第 25 卷后停刊,主持人在卷末的完成感言中痛楚地说:"兹以环境愈趋困难,物资愈感匮乏,致令本刊不得不暂时停止在沪发行,永久事业,一旦停顿,殊堪浩叹,然实逼处此,谓之何哉! 惟天道好还,不远而复,精神不死,恢复有期,希望不久将来,本志仍可以以崭新姿态与读者想见。"参见《科学论坛:〈科学〉第二十五卷完成感言》,《科学》1941 年第 25 卷第 11、12 期合刊。

③ 徐明华:《中央研究院与中国科学研究的制度化》,《近代史研究所集刊》1993 年第 20 期下册。

④ 张剑:《科学社团在近代中国的命运——以中国科学社为中心》,山东教育出版社 2005 年版,第 155—160 页。

类,自树一帜,对内既与政府不发生关系,对外亦不能为国家学术团体的代表"①。

　　徐明华指出,在民国时期众多的科学学会中,除中国科学社仅有一个生物研究所外,其余学会都缺乏研究实体的支撑。这些学会是散漫的、各自为政的,彼此之间缺乏必要的联系和合作,这对于整个科学的体制化是不利的。因此,成立一个能指导、联络、奖励全国学术研究的综合性学术团体已势在必行……中国科学社的实践表明,在中国的传统土壤上和背景条件下,英国皇家学会型的科学体制不可能得到良好的发育生长,必须借助政府的力量才能促成中国科学的体制化发展。事实上,也只有政府才有这种力量。因此,建立中央研究院既是中国科学社在长期探索经验基础上所提出的体制上的必然要求,又是当时国民政府的必然选择。②

　　1927 年 5 月 9 日,中央政治会议第 90 次会议,议决成立中研院筹备处,并推蔡元培等人为筹备委员。经过几个月的筹备工作,11 月 20 日,院筹备会通过《中华民国大学院中央研究院组织条例》,确定中研院为国家最高科学研究机构,举大学院院长蔡元培兼任院长,议决先设理化实业研究所、社会科学研究所、地质研究所和观象台 4 个研究机构,并选定各所常务筹备委员,积极开展筹备工作。③

　　当时中研院并无筹备史语所的计划,但组织条例刚颁布,嗅觉敏锐的傅斯年即于 1928 年 1 月赶到南京,向院长蔡元培慷慨陈词,指出在中国建立科学性质的历史学和语言学研究机构的必要性,"中央研究院固亦应设一研究语言学及历史学之机关,按之中国情形,方(仿)之欧洲通例,固不待斯年申说,

---

　　① 张元:《国际学术研究会议和中国科学的发展》,《科学》1926 年第 11 卷第 10 期。

　　② 徐明华:《中央研究院与中国科学研究的制度化》,《近代史研究所集刊》1993 年第 20 期下册。

　　③ 《国立中央研究院筹备经过及组织》,国立中央研究院文书处编:《国立中央研究院十七年度总报告》,国立中央研究院总办事处 1928 年版,第 45 页。

果先生有此意,则即以此研究所为中央所设置之一小部"①。傅斯年说服院长成立史语所,院长虽对傅氏的构想与目标不甚清楚,但仍"嘱照一切原定计划如样进行,勿以费用为虑,妨及工作"②。

傅斯年得到蔡元培的允诺,即在广州开始筹设史语所。3 月,蔡元培聘傅斯年、顾颉刚和杨振声为常务筹备员,正式筹备史语所。傅斯年以中山大学语言历史研究所为基础,以成就史语所。国立中山大学校长戴季陶、副校长朱家骅亦表示支持,中山大学文科和预科的许多教授积极参与,筹备处设在中山大学校园内。史语所与中山大学语言历史研究所在设备和人员等方面很难划清界限,傅斯年担心一旦中山大学人事变迁而影响到史语所的工作进行,于是他将史语所与中山大学在人事上作了切割,正式成立后,即从校园内搬出,迁至广州东山恤孤院后街 35 号柏园。

傅斯年计划成立九组研究单位,即历史学五组:一、文籍考订;二、史料征集;三、考古;四、人类及民物;五、比较艺术;语言学四组:六、汉语;七、西南语;八、中央亚细亚语;九、语言学。九组的研究单位,终因研究人才急缺,难以遽然成立。傅斯年展开了几项调查研究工作,即委托史禄国、杨成志和容肇祖赴云南的人类学知识调查;董作宾至洛阳故都和安阳的调查及安阳殷墟的第一次试掘;黄仲琴赴泉州调查;黎光明的川边调查;等等。最初没有一个项目产出重要成果,但因为经费充足,不断试错,"只有安阳发掘的成功,才使傅斯年和他的赞助者获得信任,证明了计划和资助这些项目的决定是合适的"③。

此时筹备稍有头绪,傅斯年便积极搭建自己的学术团队,有计划地聘请研究人员。他办史语所决心改弦更张,聘人主张用留学生,但在人事安排上很难摆脱旧有的联系,初期聘请的研究人员主要还是来自中山大学语言历史研究

---

① 《傅斯年、顾颉刚、杨振声呈大学院》,史语所档案:补 1—1。
② 《傅斯年、顾颉刚、杨振声呈大学院》,史语所档案:补 1—1。
③ 王汎森:《傅斯年:中国近代历史与政治中的个体生命》,生活・读书・新知三联书店 2012 年版,第 95 页。

所、清华国学研究院和北京大学研究所国学门。傅斯年向蔡元培、杨杏佛表示"此既系中央研究院之一部,自当一体收罗此两科(历史学与语言学)之学者,使国内名贤在此范围者无有遗漏,亦无滥举",因而开列了一份规模宏大的拟聘研究人员名单。第一类是中山大学的同事。傅斯年认为"中山大学同人,参与此事之筹备,及在中大之研究所有贡献者,亦当择聘若干人为研究员。中央研究院之有历史语言研究所筹备,起因在此,同人以两先生之雅,异常高兴,从事工作,似宜稍宽其格,以便利此时进行工作之速善,仍以有贡献及后来修长贡献可以预期者为限,不滋滥也",他开列了包括傅斯年、杨振声、顾颉刚、何思敬、罗常培、商承祚、丁山、容肇祖、董作宾、余永梁、黄仲琴和辛树帜共 12 人。但这些同事多半是未能留洋的本土学者,这样的团队恐怕难与西方汉学家竞争,因而傅斯年把眼光拓展至国内外的知名学者。

第二类是国内知名学者。包括蔡元培、胡适、陈垣、陈寅恪、赵元任、俞大维、刘复、马衡、林语堂、朱希祖、容庚、许地山、李宗侗、徐炳昶、李济、袁复礼、罗家伦、冯友兰和史禄国[①](S.M.Shirokogoroff,1887—1939)等共 19 人。另有单不庵、马太玄为通信员。傅斯年聘请上述研究人员曾在国外留学者达 20 人。

第三类是国际知名的学者。包括汉学家伯希和、米勒(F.W.K.Müller,1863—1930)和高本汉(Bernard Karlgren,1889—1978)。傅斯年认为中国历史学和语言学能与国际学界与时俱进,"外国人之助力断不可少",因而聘以上 3 人为外国所员,且"此格断不可泛,恐此三君外更少与之同等者,或者劳

① 史禄国出生于俄国中部的苏兹达尔(Suzdal)市,从小接受西方传统的古典教育,通晓多种语言,并赴法国深造,1910 年获得巴黎大学人类学博士学位。回国先后在圣彼得堡国立大学、俄国科学院和远东大学工作,曾在西伯利亚和中国东北做过多次调查。俄国十月革命后,国内教学科研环境变幻莫测,1922 年,史禄国离开苏俄,侨居中国,先后在厦门大学、中山大学、史语所和清华大学任教,1939 年客死于北平。史语所成立时,史禄国在中山大学任教,因而被聘为国内知名学者。

佛(Berthold Laufer,1874—1934)尚差强,宜后来详校量以定之"。① 从名单可知,傅斯年几乎将国内历史学、语言学、考古学乃至人类学的精英网罗殆尽,但此时傅氏还不能确定人员是否到职,选聘变动频繁,研究员职称和类型未定,过渡状态明显。

至8月底9月初,傅斯年已明确聘任人员,并向院长蔡元培申请拟发聘书,其中研究员25人,包括蔡元培、胡适、陈垣、陈寅恪、赵元任、俞大维、刘复、林语堂、马衡、李济、容庚、朱希祖、沈兼士、徐炳昶、袁复礼、许地山、冯友兰、罗家伦、顾颉刚、杨振声、傅斯年、史禄国、罗常培、丁山、辛树帜。傅斯年对研究员类型与职责有了明确划分,但专任研究员只有傅斯年和顾颉刚2人,史禄国兼任,未确定特约或兼任2人,特约20人;没有合适职称匹配者为董作宾、商承祚、容肇祖、余永梁和黄仲琴5人②;外国通信员3人没有变化。③ 至此,史语所仍未搭建起自己的学术团队,因特约研究人员太多,刘复写信提醒傅斯年:"国民政府把兼差不兼俸算作得意之笔,实际可弄了许多兼俸不兼差,你那一大批的研究员,十分之八九是特约,将来各特约研究员中,有几个能实际做事的,我就不敢说。"④

傅斯年要夺取"科学的东方学之正统",与国际汉学一争高下,须打造一支"学贯中西"、具有超出国界的眼光、拥有国际化视野的研究队伍。因而他急欲将已进入国际学术行列、当时在清华大学任教的陈寅恪、赵元任和李济延聘为研究员兼组主任,不免与清华的关系"紧张"。傅斯年向清华的负责人冯友兰、罗家伦和杨振声解释,聘任三人不是"与清华斗富",也不是"与清华决

---

① 《傅斯年、顾颉刚、杨振声致蔡元培、杨铨》,史语所档案:补1—3。
② 傅斯年认为这五人的学识水平超过了助理员,但又达不到研究员的资格,即"聘之为研究员则不能,任之为助理员则不能,未知可否设一名目介于两者之间者",史语所最终在二者之间设置了编辑员的职位[参见中国第二历史档案馆中央研究院档案:中央研究院历史语言研究所人员聘任的有关文书,全宗号三九三,案卷号421(1)]。
③ 中国第二历史档案馆中央研究院档案:中央研究院历史语言研究所人员聘任的有关文书,全宗号三九三,案卷号421(1)。
④ 《刘复致函傅孟真》,史语所档案:元29—5。

赛", 更不是"扯清华的台", "乃是思欲狼狈为善(狼狈分工合作本至善), 各得其所", 因为清华毕竟是学校, 而史语所是纯粹研究机关, 清华不便派人长期在外, 史语所则可以; 我们有聘请不起的人, 而清华也要请时, 就由清华请之; 有能合作的研究工作, 则合办之。"诸如此类, 研究的结果是公物, 我们决不与任何机关争名"。① 直到该年底, 陈寅恪、赵元任和李济确定加入史语所阵营, 齐集到傅斯年的麾下, 傅氏才组建成学术团队。他们留学欧美, 怀抱相同的学术使命, 秉持相近的学术理念。他们的结合象征中国学术已经超越"整理国故", 由传统向现代的过渡阶段, 正式进入现代学术研究领域。②

傅斯年不断延聘中青年学者, 在 1929 年 3 月中研院编印的职员录中, 史语所有职员 56 人, 但 25 名国内研究员只有专任 4 人、特约 17 人、兼任 4 人、7 名编辑员专任 3 人、特约和兼任 4 人。③ 此时史语所的人事还在不断变动, 参与建所的顾颉刚因未能按约定于 1929 年 2 月辞去中山大学职务, 4 月, 傅斯年将其由专任改为特约研究员。④ 7 月, 重新编印的职员录中, 史语所职员缩减至 45 人, 已没有蔡元培、杨振声、袁复礼、许地山、冯友兰、罗家伦、黄仲琴、黄淬伯、单不庵、杜定友、常惠等人, 李方桂和裘善元等人入职, 21 名国内研究员中专任 9 人、特约 12 人, 6 名编辑员中 4 位为专任编辑员、兼任 2 人。⑤ 史语所的研究队伍终于成军。

9 月, 史语所筹备完成, 傅斯年担任秘书并代行所长职务。因为史语所等人文社科机构的创建, 中研院在 11 月公布的组织法中对其重新定位, 将原来在《中华民国大学院中央研究院组织条例》中的"中华民国最高科学研究机

① 《傅斯年致冯友兰、罗家伦、杨振声》, 罗久芳、罗久蓉编校:《罗家伦先生文存补遗》, 近代史研究所 2009 年版, 第 366—367 页。

② 逯耀东:《傅斯年与〈历史语言研究所集刊〉》,《台大历史学报》1996 年第 20 期。

③ 中国第二历史档案馆中央研究院档案:中央研究院一九二九、一九三一、一九四一年职员录, 全宗号三九三, 案卷号 2579。

④ 《傅斯年致顾颉刚》, 史语所档案:元 107—8。

⑤ 詹福瑞主编:《国家图书馆藏国立中央研究院史料丛编》第 7 册, 国家图书馆出版社 2008 年版, 第 521—524 页。

构”改为现在的“中华民国最高学术研究机构”①。显然“学术”涵盖的内容比“科学”更宽广，寓意更深刻。组织法第六条明文规定设立物理、化学、工程、地质、天文、气象、历史语言、国文学、考古学、心理学、教育、社会科学、动物和植物共 14 个研究所。

当月，傅斯年给陈寅恪信中说：“此研究所本是无中生有，凡办一事，先骑上虎背，自然成功。”②史语所脱胎于中山大学语言历史研究所，研究核心来自清华国学院，研究骨干以留学生为主，研究主体可远溯至北京大学研究所国学门。③ 其成立是近代学术氛围孕育的结果，也与傅斯年的个人能力、才干、人脉有关系。史语所成立伊始，通过中研院，在行政隶属和经费来源上实现了“国立”，把人文学术研究纳入国家体制之内。

第二节　组织章程

1928 年初，傅斯年等人在筹备史语所时，中研院还没有制定研究所组织通则。傅斯年只得于当年 5 月拟定了《中央研究院历史语言研究所组织大纲》④（下称《组织大纲》）作为建所的制度规范。《组织大纲》共设 24 条，首先说明史语所设置的目的：（1）系统的并以科学的方法取得一切历史学及语言学范围内之材料，以免自然之损失及因鲁莽的搜集或发掘而生之损失。（2）研究一切新得及旧有材料，以增加历史学及语言学中各科目之科学的智识。其后

---

① 《国立中央研究院组织法》，国立中央研究院文书处编：《中央研究院十七年度报告总报告》，国立中央研究院总办事处 1928 年版，第 1 页。

② 《傅斯年致陈寅恪》，史语所档案：元 9—1。

③ 傅斯年筹备期间聘任的 30 名国内研究成员，有留学经历者 19 人，有 18 人曾在北京大学研究所国学门任职或为研究生者，包括蔡元培、胡适、陈垣、陈寅恪、刘复、林语堂、马衡、容庚、朱希祖、沈兼士、徐炳昶、袁复礼、顾颉刚、罗常培、丁山、董作宾、商承祚、容肇祖（参见《国学门概略》，北京大学 1927 年印行，第 1—5 页）。初建历史、语言和考古三组，组主任陈寅恪、赵元任和李济均出自清华国学研究院。

④ 《傅斯年、顾颉刚、杨振声呈大学院》，史语所档案：补 1—2。

指明组织成员包括所长、所员、研究员和责任秘书,并依次规定了所长、研究员等人的聘用任职条件、工资津贴与聘期,所务会议的职权、通信员、外国研究员的设置和聘任办法、学侣、研究生、技师与助手等的设置规划以及刊物出版的类型等。以后来史语所的发展观照这份筹备时期的《组织大纲》,含有不少设想的成分,甚至存有某些缺陷。①

8月,中研院第三次院务会议通过了《国立中央研究院研究所组织通则》。9月,傅斯年在原有组织大纲的基础上,修订为《国立中央研究院历史语言研究所暂行组织大纲》(下称《暂行组织大纲》)②。《暂行组织大纲》共设11章33条。其中第一章建置共5条,内容包括设所的依据、工作目的、组织成员、研究组别和行政建制。第二章所务会议及所长共4条,对所务会议的成员、主持、职责以及议决办法作了规定。第三章事务系统共2条,对行政人员作了具体安排。第四章组别共4条,对组主任、预算等作了说明。第五章研究员及编辑员共3条,对研究员和编辑员的类型、职责和任期作了限定。第六章外国通信员共4条,对外国通信员的聘任条件等作了说明。第七章通信员及其他共1条,对通信员的聘任条件等作了说明。第八章助理员共3条,对助理员的任用、职责和奖励等作了规定。第九章学生共2条,对招收学生条件作了详细说明。第十章出版共2条,对史语所的出版物类型作了安排。第十一章杂则3条。

此次修改将设所的目的改为“第一条国立中央研究院于院中设置历史语言研究所,以便用科学赋给之工具,整理历史的及语言学的材料”;“第二条历史语言研究所以从事下列工作为目的:甲、辅助从事单纯客观史学及语学之企业。乙、辅助能从事且已从事纯粹客观史学及语学之人。丙、择应举之合作工作次第举行之。丁、成就若干能使用近代西洋人所供用之工具之少年学者。戊、使此研究所为中国或及外国为此两类科学者公有之刊布机关。已、发达历

① 张峰:《历史语言研究所运作机制的生成》,《广东社会科学》2015年第2期。
② 《史语所暂行组织大纲》,史语所档案:补16—1—1。

史、语言两科之目录学及文籍检字学。"

《暂行组织大纲》较《组织大纲》最大的变化有了研究单位"组"的设置，傅斯年将《历史语言研究所工作之旨趣》(以下简称《旨趣》)中预设的九组研究单位在此大纲中改为八组，其中包括史料、汉语、文籍考订、民间文艺、汉字、考古、人类学及民物学、敦煌材料研究等组的设置，每组设主任一人，由专任研究员或兼任研究员担任，负责每组的具体研究工作。《暂行组织大纲》还对研究人员的职称和类型作了具体规定，其中将研究人员分为研究员、编辑员和助理员，研究员和编辑员又划分为专任、兼任和特约三类，并对不同类型的研究人员的职责作出了详细的规定。另外，《暂行组织大纲》对行政事务人员的职责进行了细化。傅斯年想从制度层面规范史语所的学术发展，但因研究工作未能进入正轨，只能根据形势的发展，不断修订完善组织大纲。

至1929年2月，史语所又根据修订的中研院研究所组织通则，颁布了《国立中央研究院历史语言研究所章程》，其内容如下：

国立中央研究员历史语言研究所章程

第一条　本章程依据国立中央研究院研究所组织通则第二条之规定制定之。

第二条　历史语言研究所暂设下列各组：

一、史料。

二、汉语。

三、文籍考订。

四、民间文艺。

五、汉字。

六、考古。

七、人类学及民物学。

八、敦煌材料研究。

第三条　历史语言研究所设所长一人，综理全所事务。秘书一人，执行所中事务。所长及秘书为专任研究员。

第四条 历史语言研究所所务会议由所长、秘书、各组主任及专任研究员组织之。

第五条 所务会议以所长为主席,秘书为书记。

第六条 所务会议职权如左:

一、审议本所基金之筹建保管方法及其他财政事项。

二、审议本所预算及决算。

三、审议本所各项规则。

四、议决本所工作进行计划。

五、议决本所图书设备事项。

六、议决著作出版及奖励事项。

七、议决本所与国内外学术机关联络事项。

八、审查研究工作之成绩。

九、审议研究员助理员及其他人员任免事项。

十、审议其他中央研究院院长或本所所长交议事项。

十一、所务会议于必要时得设置各项特殊委员会。

第七条 因各组不设一处,所务会议得以传函签注之法举行之。所长因事实之需要及急切得为便宜之处置。但必须于一个月内向所务会议请求追认,如所务会议五分之三以上否决时,此项便宜处置无效。

第八条 所长秘书之下设图书员一人至三人,工程员一人至三人,庶务员一人,书记若干人,技术员若干人。

第九条 秘书为事务之总负责者。秘书考核职员之规则另定之。

第十条 每组设主任一人由专任研究员任之。

第十一条 各组均须定有一预算。

第十二条 凡不属于各组之集合工作及研究员之工作,由秘书综其事务。

第十三条　研究员得于组外作研究,其工作之性质虽属于某一组,然若不愿于以此工作加入该组时,得向所务会议声明理由、

第十四条　研究员分专任、兼任、特约三类。

专任研究员应常川在研究所从事研究。

兼任研究员应于特定时间内到所工作。

特约研究员于有特殊调查或研究事项时,临时委托到所或在外工作。

第十五条　专任及兼任研究员任期一年,期满经续聘得连任。

第十六条　本所得酌设编辑员分专任、兼任、特约三种。

此三类之责任与待遇准用第十四条关于各研究员之规定。

第十七条　本所于必要时得置通信员,其章程另定之。

第十八条　历史语言研究所任用助理员若干人,助理员之任用依国立中央研究院设置助理员章程行之。

第十九条　历史语言研究所得设研究生其资格及选拔方法依国立中央研究院设置研究生章程之所定。

第二十条　历史语言研究所得依所务会议之议决及院长之核准设置额外研究所。

第二十一条　本章程得由所务会议提议,经国立中央研究院核准修改之。

第二十二条　本章程由院长核准之日施行。①

新颁布的章程对研究组别、所长权责、所务会议的职权、各组主任的设置、研究员的类型职责、以及助理员和研究生的任用培养等作出了明确规定。章程简化了《暂行组织大纲》烦琐的条目,更有利于操作和施行,最终取而代之。《国立中央研究院历史语言研究所章程》初步奠定了史语所的组织基础,从制

---

① 中国第二历史档案馆中央研究院档案:中央研究院一九二九年度总报告(铅印),全宗号三九三,案卷号2800。

度上规范了史语所的运行。①

第三节　组织结构

一、人事结构

根据研究所组织章程,史语所配置的人员分为行政事务人员和研究人员。在行政事务人员中,设所长一人,其资格在《组织大纲》第三条中有明确的规定:"所长须负国内外历史学或语言学伦辈中重大物望并能领袖表率此数种学科之进行者;在必要时,得由中央研究院院长兼任之。"②其后又在章程中增加了所长的职能为"综理全所事务"。③ 史语所步入正轨后,再次修改所长的任命条件,"院长就专任研究员中聘任一人为所长综理所务"。④ 傅斯年在筹备之初拟请蔡元培兼任所长,以隆重史语所,但蔡氏坚辞不就,傅氏只得以秘书兼代行所长职务,直到 1929 年正式担任所长职务。

傅斯年,字孟真,山东聊城人,出生于 1896 年 3 月 26 日。1913 年夏,傅氏考入北京大学预科,三年后升入文科国文门,1919 年夏毕业。同年秋,考取山东官费留学,先在英国伦敦大学攻读实验心理学,并选修了化学、数学和物理学等自然科学的课程,1923 年 9 月转入德国柏林大学,选修比较语言学和历史语言学、物理学、地质学等。他留学期间广泛涉猎西学,但没有获取学位。

1926 年秋,傅斯年回国,经朱家骅推荐,被聘为中山大学教授,担任文学

---

① 后因形势的发展和研究的需要,史语所迁平后对组织结构进行了一次大的调整,研究小组由八组改为三组,相应地对章程也进行了修改。其后,除 1934 年增设第四组人类学组外,组织形式保持了相当稳定,章程亦未有大的修改。

② 《傅斯年、顾颉刚、杨振声呈大学院》,史语所档案:补 1—2。

③ 中国第二历史档案馆中央研究院档案:中央研究院一九二九年度总报告(铅印),全宗号三九三,案卷号 2800。

④ 《国立中央研究院历史语言研究所章程》,国立中央研究院文书处编:《国立中央研究院二十年度总报告》,国立中央研究院总办事处 1931 年版,第 17 页。

院院长,并兼任国文和历史两系主任。1927年8月,傅斯年创办了中山大学语言历史研究所,与顾颉刚、杨振声、罗常培等人编辑出版了《国立中山大学语言历史研究所周刊》,确立研究宗旨,购置图书资料,招收研究生,以振兴历史学和语言学的研究。但当时中山大学地处南方一隅,人才难以罗致,研究风气不浓厚,经费和设备也不充足,研究所发展不容易。恰在此时国民政府决定筹建中研院,任命蔡元培为院长。随即傅斯年向蔡元培建议在中研院中设立了史语所。

傅斯年为给史语所定位,找寻意义以便树立史学革命的大旗,于1928年5月,写就《旨趣》①。在《旨趣》开篇,傅氏提出"历史学不是著史;著史每多多少少带点古世中世的意味,且每取伦理家的手段,作文章家的本事。近代的历史学只是史料学,利用自然科学供给我们的一切工具,整理一切可逢着的史料"。傅氏认为历史学和语言学在中国古代还很发达,反而近代落后了,他概括了判断学问进步与否的三条标准:

一、凡能直接研究材料,便进步。凡间接的研究前人所研究或前人所创造之系统,而不繁丰细密的参照所包含的事实,便退步;

二、凡一种学问能扩张他研究的材料便进步,不能的便退步;

三、凡一种学问能扩充他作研究时应用的工具的,则进步,不能的,则退步。

正因为能开拓地使用材料,中国古代的语言学和历史学才有光荣的历史,而"近几世中中国语言学和历史学实不大进步",是因为"题目固定了,材料不大扩充了,工具不添新的了"。

傅斯年在《旨趣》中解释设置史语所的原因,因为在中国境内历史学和语言学的材料最丰富,欧洲人求之尚难得,我们却坐看它毁坏遗失。"我们着实不满意这个状态,着实不服气就是物质的原料以外,即便学问的原料,

---

① 傅斯年:《历史语言研究所工作之旨趣》,《历史语言研究所集刊》1928年第1本第1分。

也被欧洲人搬了去乃至偷了去。我们很想借几个不陈的工具,处治些新获见的材料,所以才有这历史语言研究所之设置"。傅斯年提出了史语所的学术宗旨:

> 第一条是保持亭林、百诗的遗训①;
>
> 第二条是扩张研究的材料;
>
> 第三条是扩张研究的工具。

为了区别史语所与其他学派的界限,傅斯年又对宗旨的负面补充了三点:"(一)我们反对'国故'一个观念","(二)我们反对疏通","(三)我们不做或者反对,所谓普及那一行中的工作"。

为了划清与当时国故学术研究的界限,傅斯年宣称:"中央研究院设置之意义,本为发达近代科学,非为提倡所谓固有学术。故如以历史语言之学承固有之遗训,不欲新其工具,益其观念,以成与各自然科学同列之事业,即不应于中央研究院中设置历史语言研究所,使之与天文地质物理化学等同伦。今者决意设置,正以自然科学看待历史语言之学。此虽旧域,其命维新。材料与时增加,工具与时扩充,观点与时推进,近代在欧洲之历史语言学,其受自然科学之刺激与补助,昭然若揭。以我国此项材料之富,欧洲人为之羡慕无似者,果能改从新路,将来发展,正未有艾。故当确定旨趣,以为祈响,以当工作之径,以吸引同好之人。此项旨趣,约而言之,即扩充材料,扩充工具,以工具之施用,成材料之整理,乃得问题之解决,并因问题之解决引出新问题,更要求材料与工具之扩充。如是伸张,乃向科学成就之路。"②傅在给蔡元培和杨铨的信

---

① 傅斯年在《旨趣》中认为顾炎武"搜求直接的史料订史文,以因时因地的音变观念为语学"和阎若璩"以实在地理订古记载,以一切比核辩证伪孔,不注经而提出经的题目,并解决了他,不著史而成就了可以永远为法式的辩史料法",因而称"亭林百诗这样对付历史学和语言学,是最近代的:这样立点便是不朽的遗训。"参见傅斯年的《历史语言研究所工作之旨趣》,《历史语言研究所集刊》1928 年第 1 本第 1 分。

② 《国立中央研究院历史语言研究所十七年度报告》,国立中央研究院文书处编:《中央研究院十七年度报告总报告》,国立中央研究院总办事处 1928 年版,第 215 页。

中讲到,"因此并非整理国故之机关,其耗费以'动手动脚找东西'而兹大","其故皆由发掘、调查等为普通所谓'国学院'不甚用得到者,在我等乃是切己之工作"。①

傅斯年强调原始资料的重要性,而追求客观性的第一手资料,就必须动手动脚去找材料,给予田野工作同样的重视。傅斯年批评传统的读书人,知识的来源仅限于书写的文本,认为读书就是做学问,而且是一个人坐在书斋中做孤立的研究,他进而指出书面记载之外也存在着学问,学者除了在书斋中读书,还应该拿着工具挖掘和四处搜寻。② 严谨的学术研究应该运用各种学术工具,调查和搜集各种材料,"总而言之,我们不是读书人,我们只是上穷碧落下黄泉,动手动脚找东西!"

在《旨趣》结尾,傅斯年为史语所立定戒规,标明了学术立场并响亮地喊出了学界的共同心声:

一、把些传统的或自造的"仁义礼智"和其他主观,同历史学和语言学混在一气的人,绝对不是我们的同志!

二、要把历史学语言学建设得和生物学地质学等同样,乃是我们的同志!

三、我们要科学的东方学之正统在中国!

李济认为,"以历史语言研究所为大本营在中国建筑'科学的东方学之正统',这一号召是具有高度的鼓舞性的;举起这面大旗领首向前进的第一人,是年富力强的傅斯年;那时他的年龄恰过三十不久,意气丰盛,精神饱满,浑身都是活力;不但具有雄厚的国学根柢,对于欧洲近代发展的历史学语言学,心理学哲学以及科学史都有彻底的认识。他是这一运动理想的领导人;他唤醒了中国学者最高的民族意识;在很短的时间内聚集了不少的能运用现代学术

---

① 《傅斯年、顾颉刚、杨振声致蔡元培、杨铨》,史语所档案:补1—3。

② 王汎森:《傅斯年:中国近代历史与政治中的个体生命》,生活·读书·新知三联书店2012年版,第88页。

工具的中年及少年学者。"①傅斯年在策划史语所成立,把握发展方向,组织各种学术活动等各方面用力甚多,对史语所发展而言功不可没,可以说是史语所的灵魂。

所长之外,史语所还设置事务秘书一人,"执行所中事务","为事务之总负责者"。② 史语所秘书由李济担任,襄助所长处理所中事务。1932 年 5 月,中研院第一次各所馆主任会议,议决取消各所秘书名义,所中秘书和事务工作,由所长在专任研究员中指定一人或数人分任。8 月,史语所所务会议通过修正章程,取消所内秘书。另外,史语所在所长秘书之下还设置了图书员、工程员、技术员、庶务员和书记若干人,这些行政人员负责处理所中的日常庶务。

史语所在《组织大纲》中将研究人员分为所员和研究员外,增设了学侣,"凡于历史学或语言学范围内之学科已开始为研究之工作,有良好之成绩,以后可因与本所关系,得研究之方便,助成其研究之前进者,随时由所务会议议决,经所长函任之"③。并设置研究生,"以训练成历史学及语言学范围内共为工作之人,而谋集众工作之方便以成此等学科之进步"④。另外还规定"为某种研究之进行需要技师或助手时,得随时添置"。⑤ 显然傅斯年刚开始筹划史语所,对研究人员的设置还没有一个整体规划,职位设置随意性较强。

1928 年 9 月,史语所筹备就绪,傅斯年在《暂行组织大纲》中将研究人员修正为研究员、编辑员、外国通信员、通信员以及助理员和学生。其中研究员和编辑员由中研院院长聘任,任调查和研究工作,分为专任、兼任和特约三类。史语所之所以增设编辑员,因傅斯年考虑有些研究人员已作出一定成绩,资格

① 李济:《傅孟真先生领导的历史语言研究所》,傅故所长筹备委员会编:《历史语言研究所傅所长纪念特刊》,历史语言研究所 1951 年版,第 12—13 页。
② 中国第二历史档案馆中央研究院档案:中央研究院一九二九年度总报告(铅印),全宗号三九三,案卷号 2800。
③ 《傅斯年、顾颉刚、杨振声呈大学院》,史语所档案:补 1—2。
④ 《傅斯年、顾颉刚、杨振声呈大学院》,史语所档案:补 1—2。
⑤ 《傅斯年、顾颉刚、杨振声呈大学院》,史语所档案:补 1—2。

不够研究员但又不能任之为助理员，因此设有介于二者之间的编辑员名目。①

1929 年 2 月，史语所颁布了章程取代了组织大纲，将外国通信员统合于通信员之中，将学生改为研究生，至此研究人员的类型和职级固定下来。为了激励研究人员的积极进取以及保证学术成果的质量，史语所完成了一个由研究生至助理员、编辑员最后到研究员，一个完整的专职研究人员聘任制度。这一套严格的职称聘任标准加速了学术研究职业化的进程，保证了史语所人才上的优势，高资格、高标准和高质量成为史语所人才构成的一大特征。

1939 年 5 月，史语所召开第二次所务会议，认为编辑员的名目不合中研院体例，因而废除了此名目。② 除研究员外，中研院还设有研究生、助理员，后添设练习助理员、助理研究员、副研究员等。史语所最终完成一个由研究生到助理员、助理研究员、副研究员，最后到研究员的职称晋升序列。③

二、工作分组

在筹备史语所期间，傅斯年"拟定次第设立八组，以事为单位，故组别较多"④。其名称和研究工作范围如下：第一组为史料学组。此组由研究员陈寅恪在北平主持。陈寅恪，原籍江西修水，1890 年出生湖南长沙，儿时启蒙于家塾，自幼好学，遍读群书。1902 年，随兄陈衡恪东渡日本求学。1905 年，因足疾从日本辍学回国养病。1906 年就读上海复旦公学。1909 年秋，陈寅恪赴欧洲留学，曾在德国柏林大学、瑞士苏黎世大学、法国巴黎大学，以及美国哈佛大学等处就读，研究一般欧洲文字，还涉及梵文及其他东方古文字，并对西学新

---

① 中国第二历史档案馆中央研究院档案：中央研究院历史语言研究所人员聘任的有关文书，全宗号三九三，案卷号 421(1)。

② 中国第二历史档案馆中央研究院档案：中央研究院历史语言研究所人员聘任的有关文书，全宗号三九三，案卷号 421(8)。

③ 1941 年，史语所根据院组织通则还一度在副研究员和研究员之间，增设编纂一职，后又废除，此不再赘述。

④ 《国立中央研究院历史语言研究所十七年度报告》，国立中央研究院文书处编：《中央研究院十七年度报告总报告》，国立中央研究院总办事处 1928 年版，第 218 页。

观点和方法有很深的造诣。1925年,陈寅恪回国被聘为清华国学院导师。史语所成立后,傅斯年聘请陈寅恪担任研究员,并兼任历史组主任。傅斯年爱惜陈氏的才华,破例允许其常驻清华大学,而以专任研究员的名义享有兼任的待遇。

史料学组利用北平寻到的史料,整理研究清代历史中的重要问题。傅斯年和陈寅恪积极接洽、购买明清内阁大库档案,为该组的明清研究奠定了史料基础。明清内阁大库档案原为清代内阁大库收藏的明档、盛京档案和清档。①1909年,大库屋坏,部分档案遭风吹雨淋,凌乱不堪,阁议以"旧档无用",奏请焚毁。学部参事罗振玉知道此档案的珍贵,因而请管理学部的大臣张之洞奏罢焚毁之举。1913年,教育部成立历史博物馆筹备处,将档案移交给该机构典藏保存。但历史博物馆筹备处得到此为数巨大的档案,没有好的处置方案,又因储存档案的麻袋遭窃严重,因而呈请教育部核示处理办法。教育部认为没有太多保存价值,开始派人"整理"档案,他们将其中比较整齐的检出一些保存,其余破碎认为不值得保留,装了八千麻袋约十五万斤。1921年,历史博物馆筹备处以经费短缺为由,以四千银圆的价格,卖给了造纸料的同懋增纸店。

罗振玉知悉此事后,以三倍的价格将原物赎回,内阁档案再次免遭厄运。罗氏买回档案后,招聘十余人整理,并将其中一部分编成《史料丛刊初编》出版,即引起中外学者的注意,但终以财力的限制不能继续整理。稍后罗氏以一万八千元的价格转售于藏书家李盛铎。李氏打算将档案卖给日本的满铁公司,为马衡等人所阻。燕京大学也有购买档案之意,马衡与陈寅恪商议由史语所出资购买,以免落入外国人之手。于是陈寅恪敦促傅斯年从速办理此事,"观燕京与哈佛之中国学院经费颇充裕,若此项档案归于一外国教会之手,国

———————————

① 明档即清初征集的明末天启、崇祯朝的档案以及旧存的实录、诰敕等;盛京旧档即为后金天聪、崇德朝的文件,清初由沈阳运来北京;清档即为清代入关以后的揭帖、书表、图册和碑记等。

史之责,托于洋人,以旧式感情言之,国耻也"①。

傅斯年深知内阁档案的史料价值,"其中无尽宝藏,盖明清历史,私家记载,究竟见闻有限,官书则历朝改换,全靠不住,政治实情,全在此档案中也"②。1928年9月,傅斯年致书蔡元培,请求院长"以大学院的名义买下(档案),送赠中央研究院,为一种之 Donation,然后由中央研究院责成历史语言研究所整理之"③。蔡元培接函后,请杨杏佛设法筹措,但院中经费窘迫,无力筹措,经多方联系磋商,史语所从购置费中取出两万元,最终从李盛铎手中购回。蔡元培认为这次购买档案,"公家旧物仍归公家,其中损失已经不可计数了,但毕竟大部分依旧归到公家,还是痛定后差可安慰的事。这次买回在本院历史语言研究所具有甚大的决心,牺牲了甚多其他工作,然后成就"④。至此,这批迭经劫难、散失严重的档案为史语所购得,才真正得到科学的保存、管理和利用。

第二组为汉语组。此组由研究员赵元任主持。赵元任,祖籍江苏常州,1892年出生于天津。他的教育从传统的家塾开始,1907年考入南京江南高等学堂预科。1910年考取公费留学美国康奈尔大学,主修数学、哲学并选修物理和音乐等。1915年转入哈佛大学学习哲学,对语言学越来越有兴趣,后获哲学博士学位。毕业后执教于康奈尔大学、哈佛大学,并赴欧洲游历。1925年回国后担任清华国学院的导师,教授语音学和语言学。史语所成立后,赵元任认为语言学是他最大的兴趣,史语所语言组的工作将是他毕生的事业,遂接受傅斯年的聘请,离开清华大学,担任史语所汉语组主任。⑤

汉语组工作分为三类:一、方言调查。傅斯年认为在各地方音变化、助辞

---

① 《陈寅恪致函傅孟真》,史语所档案:元4—6。
② 《傅斯年致函蔡元培》,史语所档案:元308—4。
③ 《傅斯年致函蔡元培》,史语所档案:元308—4。
④ 蔡元培:《〈明清史料档案甲集〉序》,高平叔编:《蔡元培全集》第5卷,中华书局1988年版,第513页。
⑤ 赵新那、黄培云编:《赵元任年谱》,商务印书馆2001年版,第155页。

变化等尚未深晓之前,汉语学中其他工作,诚感艰难,因而委托赵元任先从广东广西粤语客语开始,调查两类音变和助词等事并涉及南海沿岸语类,再做闽北和赣南地区语类调查;二、方言的研究。傅斯年认为"必若干方言研究有条贯,然后汉语统纲,可建筑于稳固的基础之上。如此成就之汉语系比核语学"①,因而委托研究员罗常培习粤语,兼分头托人搜罗粤语材料;三、韵书研究。韵书研究,为汉语史的基础,由罗常培任其事,罗氏作《韵镜》诸书之审音及宋元等韵说与明清等韵说之演变。助理员黄淬伯继续其一切经音义的反切研究。

第三组为文籍考订组。文籍考订组原由参与建所的顾颉刚主持,其已拟定详细的工作计划,但因顾颉刚未能按约定如期辞去中山大学教职,傅斯年将顾颉刚由专任改为特约研究员。傅氏坚持特约研究员不能兼任组主任,结果他最为看重的文籍考订组终未办成。②

第四组为民间文艺组。此组由研究员刘复在北平主持,李家瑞、郑祖荫、

---

① 《国立中央研究院历史语言研究所十七年度报告》,国立中央研究院文书处编:《中央研究院十七年度报告总报告》,国立中央研究院总办事处1928年版,第218页。

② 性格差异和学术观点不同导致傅斯年和顾颉刚友谊破裂,应是顾氏不想加盟史语所的主要因素。顾颉刚在写给胡适的信中说:"我和孟真(傅斯年),本是好友,但我们俩实在不能在同一机关作事,为的是我们俩的性质太相同了:(1)自信力太强,各人有各人的主张而又不肯放弃;(2)急躁到极度,不能容忍。又有不同的性质亦足相拂戾的,是我办事太喜欢有轨道,什么事情都欢喜画了表格来办,而孟真则言不必信,行不必果,太无轨道。又我的责功之心甚强,要使办事的人都有一艺之长,都能够一天一天的加功下去而成就一件事业。孟真则但责人服从,爱才之心没有使令之心强,所以用人方面,两人的意见便时相抵触。"(参见中国社科院近代史研究所中华民国史研究室编:《胡适来往书信选》上册,社会科学文献出版社2013年版,第384页)另外,从顾颉刚1928年11月13日的日记来看,两人多年的交谊此时似乎要断绝了,其在《日记》中说:"今日上午,与孟真相骂,盖我致适之先生信,为孟真所见,久乃不慊于我,今乃一发也。予与孟真私交已可断绝矣。"(《顾颉刚日记》第2卷,《顾颉刚全集》,中华书局2010年版,第222页)1973年7月,顾颉刚又在日记中追记他与傅斯年交恶的原因,"傅在欧久,其欲步法国汉学之后尘,且与之角胜,故其旨在提高。我意不同,以为欲与人争胜,非一二人独特之钻研所可为功,必先培育一批班子,积迭无数数据而加以整理,然后此一二人者方有所凭借,以一日抵十日之用,故首须注意普及。普及者,非将学术浅化也,乃以作提高之基础也。此意本极显明,而孟真乃以家长作风凌我,复疑我欲培养一班青年以夺其所长之权。予性本倔强,不能受其压服,于是遂与彼破口,十五年之交谊臻于破灭"(《顾颉刚日记》第2卷,《顾颉刚全集》,中华书局2010年版,第160页)。

刘天华和常惠等分任研究工作,研究范围为歌谣、传说、故事、俗曲、俗乐、谚语、歇后语、切口语、叫卖声等,凡民众所用语言、文字、音乐等,能表示大众思想情绪的作品,无论有无意识和作用,均加以搜集研究。民间文艺组正在进行中的研究工作如《俗曲提要》、《车王府俗曲提要》和《宋元以来俗字谱》等。

第五组为考古组。此组由研究员李济主持。李济,字济之,湖北钟祥人,1896 年出生。李氏发蒙于私塾,1911 年考入清华学堂。1918 年,他自学堂毕业,由学校选送公费赴美留学,先入麻省沃斯特城克拉克大学三年级攻读读心理学,一年后获得学士学位;第二年转读社会学,获取了硕士学位。1920 年,李氏转入哈佛大学研究院,选读人类学,获得博士学位。1923 年,李济回国,被南开大学聘为教授,并担任了文科主任,讲授人类学和社会学等课程;1924年赴河南新郑进行田野调查;1925 年担任清华国学院人类学讲师。1926 年,李济将新郑的材料用英语写成《新郑的骨》一文。傅斯年读到此文,决定聘请李济担任考古组主任,"李仲揆(即李四光)盛赞李济之(即李济),我见其驳史禄国文,实在甚好。我想,请他担任我们研究所的考古一组主任,如他兴趣在人类学,亦好。"①

第六组为汉字组。傅斯年认为此组学问在中国最为发达,史语所从事于此,事业既大,不可不有长期的准备。此组正在编纂经籍词典,由特约研究员丁山提出编辑计划,拟以卡片式抄辑唐以前经籍的字词,其字的每一用处和每一解释,逐字分析,编成《经籍词典》一书,于是集合唐以前一切及见之字及其一切应用,并可衍生对于字义、字形、成语、古方言、制度、名物和版本等的考订工作,其规模内容必远超阮元的《经籍纂诂》和朱骏声的《说文通训定声》。

第七组为人类民物学组。此组未聘定主任,人类学工作室由史禄国负责,民物学由特约研究员辛树帜、特约编辑员容肇祖两人搜集材料。

第八组为敦煌材料研究组。此组由研究员陈垣主持,负责编刊一种确实

---

① 《傅斯年致冯友兰、罗家伦、杨振声》,王汎森、潘光哲和吴政上主编:《傅斯年遗札》,社会科学文献出版社 2015 年版,第 153—154 页。

目录。因敦煌材料藏于外国很多,巴黎和伦敦便于观览,傅斯年拟派编辑员余永梁赴巴黎从事抄写。

但从研究进展情况来看,史语所的人力资源难以支撑以"事业为单位"的八个工作组。如汉字组的丁山自 1928 年 12 月份开始编纂《经籍词典》,至 1929 年 5 月份,"积了五个月的经验,知以我们三四人力量拼命干下去,一部十三经注疏,也非三五年功夫所能整理完竣,辞典的成功也非待至千百年后,恐怕无望"①。丁山雇用三个书记抄录经籍,费时五个月后发现原拟计划不切实际,请求扩大编纂词典计划,但短时间内很难见其成效。②

史语所迁往北平后,决议一致集中,并作根本的改组,以期达到事半功倍。史语所根据现有人力资源、工作难度和经费支出等情况,改成为以学科为中心的三个研究组,各组很快选定了集众研究的大型学术工程,集中组织的人力、物力和财力,有计划和步骤地从事个人难以完成的搜集、整理和研究工作,在很短的时间内取得了享誉海内外的辉煌的学术成绩。裁撤合并研究组别说明傅斯年一方面期望尽可能地扩大历史学、语言学材料搜集与整理的范围,以拓展研究的规模;另一方面却受到研究人员、经费筹措、研究地域等方面的牵制,不得不将研究组别一再缩减。③

第一组历史组主要从事档案整理和文籍校订工作,把整理内阁明清档案、校勘《明实录》和考释居延汉简作为重点。1929 年 3 月,史语所购定内阁大库档案,开始着手接收李盛铎分别藏在北平和天津两处的档案,并很快选定将教育部所属历史博物馆的午门城楼作为保存整理的地方。7 月,教育部将该馆拨给史语所管理。8—9 月,编辑员徐中舒同书记员尹焕章将平津两处档案陆续运存午门城楼上。9 月由傅斯年、徐中舒筹备,雇用书记 6 人、工人 19 人,作初步整理,包括去灰、铺平、分类、捆扎、理碎、装潢和抄副等程序。

---

① 《丁山致函傅孟真》,史语所档案:元 60—3。
② 《丁山致函傅孟真》,史语所档案:元 60—6。
③ 张峰:《历史语言研究所运作机制的生成》,《广东社会科学》2015 年第 2 期。

在档案整理过程中,傅斯年充分发挥了他能治事、善用人的才干。罗振玉在《史料丛刊初编》的序中认为,这批档案"检理之事,以近数月为比例,十夫之力,约十年当可竟"①。而傅斯年因为组织和用人得力,初步的整理工作在一年内完成,然后又用了两年将档案做了更精密的分类整理和上架,并编有简明的目录,可按年检索,供研究之用。另外,档案开始整理时,史语所还成立了"明清内阁大库档案编刊会",后改为"明清史料编刊委员会",并推定陈寅恪、朱希祖、陈垣、傅斯年以及徐中舒五人为委员,为档案的整理提供学术咨询,审定编印明清史料丛书。

史语所在整理明清内阁大库档案时,发现档案中夹有明朝内阁进呈《熹宗实录》的散页。北平图书馆藏红格本《熹宗实录》缺十三卷,既然发现这些散页,傅斯年想从散页中找寻缺卷,并改正红格本的误字和脱漏。内阁大库所藏明清档案都是原始资料,可以纠正官书的讳饰,使人们对明清史有新的了解。而实录系根据档册修成,而明代档册多已散佚,《明实录》也可以说是原始资料。历代修正史,多取材于实录,《明实录》是研究明代历史最重要的典籍。因此傅斯年决定筹划校勘《明实录》。②

1931年,傅斯年洽借国立北平图书馆所藏《明实录》红格抄本予以晒蓝。1932年,红格本晒蓝和熹宗实录散页装裱完毕。1933年,李晋华入史语所,被任命为助理员,负责校勘整理《明实录》,其助手有书记那廉君、邓诗熙、潘悫。傅斯年原以为只要将史语所藏晒蓝红格本与广方言馆抄本互相校勘,校正其中错误,补其残缺即可刊印,但后来寻到嘉业堂本,以及陆续增加的各种版本,校勘工作变得异常繁重,并屡次中断。邓诗熙1936年离职,潘悫调往考古组,李晋华因连年工作辛劳,于1937年2月病逝,此年夏天那廉君改任图书管理

---

① 转引自徐中舒:《再述内阁大库档案之由来及其整理》,《历史语言研究所集刊》1933年第3本第4分。

② 黄彰健:《影印国立北平图书馆藏红格本〈明实录〉并附校勘记序》,《历史语言研究所集刊》1961年第32本。

员并兼任所长的秘书,校勘中止。

　　校勘工作暂时搁浅,但傅斯年认为《明实录》"为一代重要史料,至今尚无刻本,而所存抄本,国内只有此数,且均错误百出",因而下决心"继续勘正,俾为定本,以便付刊"。① 1937 年 7 月,傅斯年又请北京大学高才生王崇武、吴相湘和姚家积从事明实录的校对工作,但因日本全面侵华战争,史语所西迁,吴相湘和姚家积相继离所,长期从事此工作的王崇武因无人员协助,进展缓慢。傅斯年虽有时也参加具体的校勘工作,但为人力和财力所困,校勘工作不得不一再拖延。王崇武也于 1948 年赴英国留学,校勘工作再次停顿。直至 1955 年,时任史语所所长的李济请黄彰健主持恢复校勘《明实录》的工作,终于在 1968 年全部出版,其中校印本《明实录》133 册,外附校勘记 29 册,附录《崇祯长编》等书 21 册,合计 183 册。由发现《熹宗实录》散页至明熹宗实录校勘记出版,共历时 39 年,此工作费了史语所学人的许多心血,集腋成裘,终告完成。②

　　史语所还派出众多的田野工作团队,以收集和研究新史料。如傅斯年对敦煌材料进行了搜集和整理。他派编辑员余永梁赴巴黎抄写敦煌卷子,将特约研究员刘半农在法国国家图书馆所藏敦煌写本中辑录的文学、社会以及语言文字材料予以出版。③ 特约研究员陈垣将北平图书馆所藏敦煌写本八千多轴,分别部居,稽核同异,编为目录,也由史语所出版。④ 历史组的工作除了大量的文献校注,还有研究古代的经典文献和后代的文稿,如整理和编撰由中国和瑞典联合组成西北科学考察团发现的汉朝木简的内容,以及大规模搜集青

---

① 《历史语言研究所二十六年度至二十八年度报告》,欧阳哲生主编:《傅斯年文集》第 4 卷,中华书局 2017 年版,第 552 页。

② 黄彰健:《历史语言研究所校印〈明实录〉的工作》,历史语言研究所四十周年纪念特刊编辑委员会:《历史语言研究所四十周年纪念特刊》,历史语言研究所 1968 年版,第 207—213 页。

③ 刘复:《敦煌掇琐》上辑,历史语言研究所 1931 年出版;中辑,历史语言研究所 1932 年出版;下辑,历史语言研究所 1935 年出版。

④ 陈垣:《敦煌劫余录》(史语所专刊之 4),历史语言研究所 1931 年出版。

铜器和石碑拓片,并由刘半农带领广泛收集民间口传文学、歌谣和俗文学。

傅斯年在中研院报告中叙述史语所历史组"研究历史上各项问题,因史料上的关系,暂以甲骨文金文为研究上古史的对象;以敦煌材料及其他中央亚细亚近年出现之材料,为研究中古史的对象;以明清档案为研究近代史的对象。"①历史组因为材料的搜集,为个人研究提供了大量新鲜素材,拓展出新课题,因而研究范围贯穿了整个古代史。

第二组语言学组以研究汉语,中国境内其他语言及实验语音学为工作范围,并附有语言实验室。傅斯年在德国修习梵文和藏文语言学(Philology)的课程,并在教学与著作中屡屡提及语言学,回国后创办史语所,英文名字定为Institute of History and Philology,以语言学与历史学并重。② 傅斯年在《旨趣》开头即提出"历史学和语言学在欧洲都是很近才发达的"。傅氏在论述他认为的语言学时,先讲"欧洲近代的语言学在梵文的发现影响了两种古典语学(即希腊和拉丁)以后才降生",在18世纪和19世纪之交,经过几个语言学大家的研究和整理,"印度日耳曼系的语言学已经成为近代学问最光荣的成就之一个,别个如赛米的系(Semitic 今译闪特语系)、芬匈系(芬兰和匈牙利)也都有相当的成就,即在印度支那语系(包括藏语、缅语和汉语等)也有有意味的揣测",至19世纪的下半叶,人们又注意到与欧洲不同的语言如黑人语言等。接着他提到实验语言学的出现,"审音之功更大进步,成就了甚细密的实验语音学",再接着论述"一语(言)里面方言研究之发达,更使学者知道语言流变的因缘",最后他认为"以前比较语言学尚不过是和动物植物分类学或比较解剖学在一列的","最近一世语言学所达到的地步,已经是生物发生学、环境学、生理学了",语言学已与自然科学处在相同阶段和水平了。

---

① 《国立中央研究院历史语言研究所十七年度报告》,国立中央研究院文书处编:《中央研究院十七年度报告总报告》,国立中央研究院总办事处1928年版,第222页。

② 语言学(Philology)对傅斯年的意义以及傅斯年为何将史语所建立为研究历史与语言学并重的机构,参见张谷铭的《Philology 与史语所:陈寅恪、傅斯年与中国的"东方学"》,《历史语言研究所集刊》2016年第87本第2分。

傅斯年论断"本来语言即是思想，一个民族的语言即是一个民族精神上的富有，所以语言学总是一个大题目，而直到现在的语言学的成就也很能副这一个大题目"。①

傅斯年以西方 Philology 的视野检视中国本土的学术，断言古代中国没有哲学只有方术，中国的方术论者"大多数是些世间物事的议论者，其问题多是当年的问题，也偶有问题是从中国话的特质上来的（恰如希腊玄学是从希腊语的特质出来的一样），故如把后一时期，或别个民族的名词及方式来解决它，不是隔离便是添加。所以不用任何后一时期，印度的、西洋的名词和方式"。他认为研究古代方术、六朝玄宗、隋唐佛学和宋明理学"不是需要同一方法和材料"，研究古代方术"用具及设施尤多是言语学及章句批评学"，而研究佛学则需要梵文知识而非汉学的章句批评学了。研究古代至南朝历史，"这些东西，百分之九十是言语学及文句批评，故但严追亭林（言语学）百诗（章句批评）之遗训，加上些近代科学所付我们的工具而已"。②

傅斯年论断中国语言学发达很早，"虽然没有普日尼"，语言学也出了《说文解字》，"当年总是金声玉振的书"，但"现在看来只是一部没有时代的观念，不自知说何文解何字的系统哲学"，没有语言演变和地方差异的观念。傅斯年看重清代的顾炎武和阎若璩，认为依循顾和阎的遗训会有好的成绩，可惜随后衰落了，傅氏尤其不满章太炎迷恋书面材料，没能拓宽语言学资料的范围，"以《说文》为本体，为究竟，去做研究的文字学，是书院学究的作为，仅以《说文》为材料之一种，能充量的辨别着去用一切材料，如金文、甲骨文等，因而成就的文字学，乃是科学的研究"。傅斯年批评章太炎仅依靠文本材料，没有用到田野调查整理出来的第一手资料，而难以取得超过前人的成就。近代中国

---

① 参见傅斯年的《历史语言研究所工作之旨趣》，《历史语言研究所集刊》1928 年第 1 本第 1 分。

② 《傅斯年致胡适》，耿云志主编：《胡适遗稿及秘藏书信》第 37 册，黄山书社 1994 年版，第 357 页。

学术没落时,西方学术经过 19 世纪的发展,已经遥遥领先中国,傅斯年等人尤其不服气,他说"在历史学和语言学发达甚后的欧洲如此,难道在这些学问发达甚早的中国,必须看着他荒废,我们不能制造别人的原料,便是自己的原料也让别人制造吗?"①于是史语所语言学组在赵元任、李方桂和罗常培的带领下进行汉语方言调查和材料的整理、汉藏系其他各种方言的比较研究、汉语史的研究以及建立语言实验室,用科学的方法对语言进行分析和研究。②

第三组考古组的工作包括考古调查、发掘与研究。最能体现史语所"集众"工作精神是在河南安阳进行的考古发掘。傅斯年很早就对史语所的考古工作作了规划,在《旨趣》中明确写道"我们最要注意的是求新材料,第一步想沿京汉路,安阳至易州,安阳以前盗出之物并非彻底发掘,易州、邯郸又是燕赵古都,这一带又是卫邶故域。这些地方我们既颇知其富有,又容易达到目的,现在已着手调查及布置,河南军事少静止,便结队前去。第二步是洛阳一带,将来一步一步的西去,到中央亚细亚各地,就脱了纯中国材料之范围了。为这一些工作及随时搜集之方便,我们想在洛阳或西安,敦煌或吐鲁番、疏勒,设几个工作站,有志者事竟成!"③

傅斯年急于寻求新材料,1928 年 10 月曾派董作宾在安阳试掘。毫无发掘经验的董氏虽在发掘前制订了计划,但一接触到实际情况,变得复杂而难以应付,他发掘试用了很多"土"办法,结果还是不理想。试掘 18 天后经费虽然充足,董作宾还是决定收工。董作宾停工有安全的考虑,更因为所获有字甲骨较少,认为继续发掘无意义,"观以上情形,弟甚觉现在工作之无谓,不但每日

---

① 参见傅斯年的《历史语言研究所工作之旨趣》,《历史语言研究所集刊》1928 年第 1 本第 1 分。

② 语言学组的具体学术活动,参见第七章第二部分"中国现代语言学研究的开拓",此不再赘述。

③ 参见傅斯年的《历史语言研究所工作之旨趣》,《历史语言研究所集刊》1928 年第 1 本第 1 分。

获得之失望,使精神大受打击,且劳民伤财,亦大不值得。……试想发掘已三十六坑,而得甲骨文字者,不过六七处,且有仅此三数片者,有为发掘数次之残坑者,有把握者不及全工五分之一,岂敢大胆做去?"①没有考古学训练的董作宾以发掘带字甲骨为主要目的,一旦没有发现这些东西,便认为没有进一步工作的必要。董作宾深感"此事业之大体已全超于文字彝器范围之外,遂于后来主持发掘之事谦让不遑"②,辞去考古组领导人职务。董氏试掘两个月后,李济与傅斯年在广州完成了历史性的会面。③

　　1928 年夏,尚在清华大学的李济赴美国,与弗利尔艺术馆(The Freer Gallery of Art)商谈进一步合作事宜。商谈结束后绕道欧洲回国,路经香港,顺便到广州新成立的中山大学去看看。在校门口,李济遇到他的朋友庄泽宣。庄泽宣告诉李济,傅斯年正在找他。李济回忆和傅斯年见面时的情景:"他一见面就像是老朋友一样一定要我在他那儿住。而我是乘坐 P&O 的船从印度加尔各答转过来的,船在香港只停泊三天,我说:不行啊,我不能在这里待这么久,我的船期后天就到了,今天就得走。他说:不行,你的船可以延期。他马上就陪我到香港去办交涉,延期一个礼拜。这次,他跟我谈的事就是在中央研究院办历史语言研究所这件事。谈了不久,他就要我担任田野考古的工作。"④李济认为陈寅恪和赵元任都已承诺来史语所工作,并分别主持历史学组和语言学组,现在傅斯年要他来主持考古学组,地位和陈、赵相等,"而我年纪比较轻,这使我感到非常荣幸"。⑤

---

　　①　《董作宾致函傅孟真》,史语所档案:元 23—41—9。
　　②　傅斯年:《本所发掘安阳殷墟之经过》,欧阳哲生主编:《傅斯年文集》第 3 卷,中华书局 2017 年版,第 111 页。
　　③　陈洪波:《中国科学考古学的兴起:1928—1949 年历史语言研究所考古史》,广西师范大学出版社 2011 年版,第 129 页。
　　④　李济:《傅所长创办史语所与支持安阳考古工作的贡献》,《传记文学》1975 年第 28 卷第 1 期。
　　⑤　李济:《傅所长创办史语所与支持安阳考古工作的贡献》,《传记文学》1975 年第 28 卷第 1 期。

李济同意加盟史语所,并担任考古组主任。李济受命后,即赶到开封,与董作宾商讨日后的发掘计划。李济晚年回忆:"直到现在,我与这位富有魅力、令人敬佩的同事第一次会见时的情景仍历历在目。他的头脑机智灵活,富有实践知识。"①李济和董作宾的会面与合作,意味着西方科学思想和中国传统学术在实践层次上走向结合。缺少现代科学知识,田野发掘将不成其为现代考古学,难以取得新材料新知识;而不具备传统学术修养,不精通文献、甲骨学和古物学知识,也很难将殷墟研究推向深入。② 从此两人携手合作,开创了中国考古学的未来。

第四组民族学组成立时间虽晚,但成绩也很大。傅斯年在广州筹备史语所,设置的八个工作组中有一组为"人类学民物学组",其中的研究计划即包括了若干民族调查的题目,并请史禄国担任此事。由于社会科学研究所也设有民族学组,为避免重复,明确研究范围,故在北平改组时,史语所将人类学民物学组取消。1933 年 1 月,中研院决定将院中的史语所和社会科学研究所合并,改称为历史语言社会研究所,将原社会科学研究所的民俗组并入史语所考古组,又将原社会科学研究所的社会和经济两组合并,顺次改为第四组。

但因中研院两所合并的计划迟迟没有得到政府核准,院内也只将两所工作合并处理,两所名义仍各自存在。直至 1934 年 4 月,中研院决定社会科学研究所与北平社会调查所合并以充实建制,史语所和社会科学研究所重新分离。分开后的社会科学研究所研究范围有所调整,最终将其民族学组并入史语所,并命名为人类学组。史语所增设第四组,专门从事人类学、民族学和民俗学等方面的研究工作,并附有标本陈列室。5 月,院长蔡元培聘请李济兼任第四组主任,至 12 月,李济请辞,院方改聘伦敦大学人类学博士吴定良担任组

---

① 李济:《安阳》,张光直主编:《李济文集》第 2 卷,上海人民出版社 2006 年版,第 357 页。

② 陈洪波:《中国科学考古学的兴起:1929—1949 年历史语言研究所考古史》,广西师范大学出版社 2011 年版,第 129 页。

主任,至此四组组织人事尘埃落定,研究工作进入轨道。①

三、所务会议

1928 年 5 月,史语所制定的组织大纲十分重视所务会议,大纲第八条、第九条、第十条、第二十条、第二十一条对所务会议的职权、运行机制、任期等作了具体规定。当年 9 月史语所筹备就绪,依照中研院各所组织条例第十条,由院长就研究员中指定胡适、陈寅恪、赵元任、顾颉刚、刘复及代理所长组织所务会议,代理所长为当然主席。

1929 年的史语所章程对所务会议职责进行了调整,责权更加重大。其中第四条扩大了参加所务会议的人数,规定所务会议由所长、秘书、各组主任及专任研究员组织之;第五条规定所长为会议主席,秘书为书记;第六条扩大所务会议的职能,对所务会议的职权作了详细的规定:其负有经费预决算、学术规划、学术交流、图书设备购买、研究成果的审查与刊布,人事聘用和考核等重要事项,是史语所的议事和决策中枢。所务会议由各个学科领域的专家学者组成,群策群力,保证了史语所决策、学术发展方向的高度和质量,这恰恰体现了现代学术体制组织化、制度化、集众化的优势。下文以1931 年 1 月 25 日史语所十九年度下届第一次所务会议为例,以窥史语所的组织运作。

历史语言研究所十九年度下届第一次所务会议

时间:二十年一月二十五日上午十一时至下午二时。

地点:本所(北平北海静心斋)图书室。

---

① 1944 年 3 月,中研院评议会议议决将人类学组扩建为体质人类所,设立了筹备处,聘请吴定良担任筹备处主任。史语所将体质人类学工作划出后,还有文化人类学和民族学等的研究,经院长批准,仍保持第四组的建制,并聘请凌纯声担任主任。至 1947 年,中研院决定暂停体质人类学筹备处的筹备工作,筹备处所有工作仍由史语所接收。人类学组的具体学术活动与成就参见第七章第四部分"现代人类学研究的开创",此不再赘述。

出席者:赵元任、李济、裘善元、陈垣、陈寅恪、罗常培、董作宾、傅斯年、徐中舒。

主席:傅斯年。

记录:徐中舒。

报告:傅斯年君报告。

一、上次议案中历史博物馆筹备处所在地之午门交还故宫博物院案以事不急,尚未接洽。

二、整理本所图书室所需各专门书目,仅李济之、梁思永两君已草就,陈寅恪君亦草就,须另行誊写,其余未交来者希望仍照前案延期一月至2月15日以前交下,以便汇齐整理。

三、《蔡孑民(蔡元培)先生六十五岁纪念论文集》送来题目者已不少,蔡先生得前次议决案及函后曾来函谦致谢意。

四、商锡永君待遇案以同容庚君例改为五十元。

五、彰德发掘交涉已办好,乡民盗掘古物亦由该县县政府严惩,本所今年二三月间即可继续以前发掘工作。

六、李济、董作宾两君下月到南京讲演,并展览殷墟、龙山两次发掘品。

七、本所三年计划案希望下次由各组拟好交下,以备下次会议中讨论。

议案

一、建议于(中研院)院长改聘朱希祖君为本所专任研究员案。陈寅恪提议。

说明

陈寅恪:第一组工作关于近代者最为重要,如整理档案是朱先生,关于近代史的知识既极其丰长,而十余年所搜集之此项史料在国内亦无有出其右者。现在朱先生倦于教授,本所正可藉此机会,俾得利用其所搜集之史料为精湛之研究,此于朱先生于所双方均大有裨益。现在学期结束时,朱先生所任各校功课亦已结束,正宜在此时改聘为本所专任研究员。

傅斯年:关于此事可以补充几句,本所特约研究员本有请求改为专任研究员之权利,而所方因研究上之需要,亦可请求其改为专任研究员。在本所常务会议中曾邀约第一组同人商议改聘朱先生事,在原则上均承认有改聘朱先生为专任之必要。惟本所因此所增加之经费,在目前实觉困难,陈先生及同人之意见极当尊重,故拟在暑假前一组少买书若干,以便对付暑假以后。本所经常费当呈请本院增加,求其免于不能维持。

陈寅恪:关于薪给方面,朱先生资格学问应以本院研究员最高级薪俸待遇为标准。

议决:建议于院长改聘朱希祖君为本所专任研究员,并以本院研究员最高级薪俸(每月五百元)待遇。

二、建议于院长聘丁文江君为本所特约研究员。李济提出。

说明

李济:第三组工作与地质方面有密切关系,国内人类学、人文学、地理学、地质学之有今日,丁先生提倡之力甚多,又手创地质调查所,成绩斐然,为本所同人所共悉。丁先生既为地质学专家,而同时对于历史亦具有极浓厚之兴趣,从地质立场来观察历史,当有极多新见解供我们参考,将来于第三组工作上必获益不鲜。

傅斯年:从别一方面说,丁先生创办地质调查所经验丰赡,亦可为本所事务方面之顾问。

议决:照原提案通过。

三、追认任刘屿霞君为本所助理员。李济提出。

说明

李济:第三组自助理员张蔚然君辞职后,关于绘图方面无人担任,前在龙山工作时极感困难。前周本所曾登报招任绘图员,应征者约十余人。经傅斯年、董作宾两君及济按应征者所缴来之成绩,以刘屿霞君为适宜,因工作上的需要即请刘君为助理员。

刘君福中矿物大学毕业,与本所规定之资格符合,薪给暂定每月八十元,又拟以周英学君为画图员并应报告。

议决:照原案通过。

四、本所助理员书记听课案。傅斯年提出。

附办法四条

傅斯年:本所助理员、技术员、书记等为增高其学识及资格,在大学听课者亟应规定办法,以资遵守。兹拟定办法四条,以待公决助理员等在外兼习学科办法。

(一)助理员、练习助理员、各技术员、书记等之兼有学校学籍者以兼职论。

以上各项人员,如因助成其学业或技能之需要而往大学或其他机关听讲或练习者,在工作时间以外听其自便,以内须由所属于之研究员提请本所常务会许可。

(二)第一条之许可以不超过每周四时为限。

(三)其有由本所感于某种需要而嘱托某员往习某学科者不在此限,其在所已久并有成绩之助理员或其他本所得助其完成某种学业,其规定另定之。

(四)上列办法自经院长核准后施行。

议决:原案办法四条由本会委托陈寅恪、李济两君审核实施。

五、本所房屋不敷,应设法救济及继续上次未决之所址所在案。本所交议。

本案说明及决议不付油印,已另函呈报。

临时议案

一、建议于院长,助理员因公与外界接洽准予暂用调查员名义案。陈寅恪、李济提出。

说明

傅斯年:外界对于本所各员性质多不明了,因此与外界接洽殊多困难,如假用调查员名义或不至于发生许多无意义之误会。

议决:照原案通过。

二、本所出版品封面题签款式划以案。傅斯年提出。

议决:本所出版品封面题可依著作者之意见拟定款式,但题者不得署名,并不得题为"甲子"字样。

三、本所集刊每本最后一分须附此本所有论文译成英文提要案。傅斯年提出。

说明

傅斯年:此与本所宣传极有关系,有英文提要即可唤起国际学术界之注意。

讨论

陈寅恪:此事极难,本所同人研究方向不同,恐无人能任此翻译之责,即个人自作亦有许多窒碍,最好只附英文题目,如内容复杂者题目,不妨长些,提要可不必要。

李济:择重要著作另出一本英文摘要。

傅斯年:另作一本英文摘要困难更多,不如试作第一本集刊英文提要。

议决:保留待下次讨论。

附第四案陈、李两君审核修正条文。

助理员等在外兼习学科规则:

(一)助理员、练习助理员、各技术员、书记等其兼有学校学籍者以兼职论。不适用本规则之规定。

（二）以上各项人员，如因助成其学业或技能之需要，而往大学或其他机关听讲或练习者，在工作时间以外听其自便，以内须由所属于之研究员提请本所常会许可。

（三）第二条之许可以不超过每周六小时为限。

（四）此项人员在同时期至多不得超过三名。

（五）其有由本所感于某种需要而嘱托某员往习某学科者不在此限。

（六）其在所已久并有成绩之助理员或其他第一条所列之人员，本所得助其完成某种学业，其规则另定之。

（七）上列办法自经院长核准后施行。①

四、图书室（馆）

现代图书馆和学术研究密切相关，文献资料是研究人员从事研究的资源和工具。现代学术研究机构唯有建立专业图书馆，并使其制度化，才能称得上健全完善的学术研究机关。傅斯年深知图书馆是学术研究的重要基础，因而自筹备史语所时，即积极建设图书馆，将其作为学术研究体制的重要组成部分，拟定《历史语言研究所图书备置大纲》，为史语所的馆藏建设规划了蓝图。史语所不仅大量搜购国内的图书档案等文献，还陆续与欧美、日本的重要学术机构以及学者建立联系，搜集了很多法、德等国际汉学以及日本东洋学的学术期刊和重要著作，使史语所的学人能够及时了解国外学术研究资讯，促进了史语所与国际学术的交流，最终于世界学术界争得重要地位。

另外，史语所接管了教育部所属历史博物馆，改名为国立中研院史语所历

---

① 《历史语言研究所十九年度下届第一次所务会议》，欧阳哲生编：《傅斯年文集》第4卷，中华书局2017年版，第294—299页；《十九年度下届第一次所务会议纪录》，史语所档案：杂23—2—1。

史博物馆筹备处,从而为其后参与博物馆的创建与管理积累了丰富的经验。史语所不仅践行了文物公有公藏的观念,推动了政府将其立法,还组织参加了众多的文物展览和国际交流,培养了一批博物馆研究人才,其对中国博物馆事业的发展作出了重要贡献。

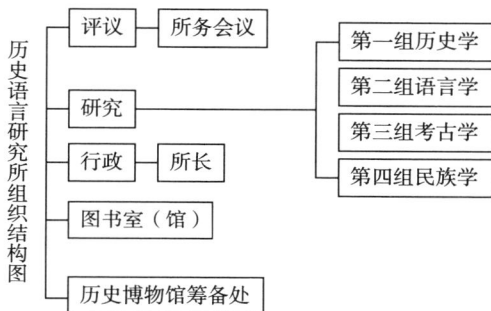

小　　结

初创时期的史语所,傅斯年积极进行组织制度的设计和建设,首先不断修订完善组织章程,最终从制度层面规范了自身发展;其次又不断调适人员配备,优化研究组别和组建所务会议以及建设研究型的图书室(馆)等等,其建制化、规范化的组织结构保障了学术研究的稳定性和连续性。史语所的建立标志着国家级人文学术研究机构在中国的诞生。

20 世纪 20 年代,在傅斯年等人的努力下,终于将欧美式专业化的人文研究机构,成功移植到中国的文化土壤之上。史语所机构运作的模式不仅促进了史语所自身学术的良性发展,也为中国学界树立一个示范榜样,对中国人文社会科学的发展发挥了重要的作用。卢于道总结专业研究机构在推动国内养成研究风气时说:"以如此短暂时间,与少量金钱,平情而论,堪称优异,吾人试将各研究机关之刊物报告,无论从数量方面或质量方面,细加考计,当可知吾国二十年来振兴科学,系一成功之事业,较之其他政治的、经济的或社会的建设之成绩,皆有过之而无不及。又今年国内各大学教授于教课之外,咸知趋尚研究工作,此种风气心理之进步,尤为可贵。"①显然,史语所对中国人文社科学术研究的推进作用是巨大而深远的。

---

① 卢于道:《二十年来之中国动物学》,刘咸选辑:《中国科学二十年》,中国科学社 1937 年版,第 15 页。

第二章　历史语言研究所学人群体研究

　　本章所谓史语所学人群体①,主要是指自史语所成立到迁往台湾之前,即 1928—1949 年在大陆存在这一时间段,曾经在史语所担任过助理员以上的研究人员②。本章虽以 1949 年前史语所的研究员、副研究员、助理研究员、助理员为主要研究对象,但史语所还有一些工作人员如图书管理员等也具有一定的研究能力且在学术领域已取得一定成绩,其影响一直持续到后

---

　　① 目前学界对史语所学人群体的研究主要集中在第一代领军人物像傅斯年、胡适、陈寅恪等的个案研究。如欧阳哲生的《胡适先生与中研院史语所》,中国文化研究 1999 年冬之卷(总第 26 期);杜正胜《从疑古到重建——傅斯年的史学革命及其与胡适、顾颉刚的关系》,《新史学之路》,台北三民书局 2004 年版;王汎森《傅斯年与陈寅恪》,台北《中国文化》第 12 期;马亮宽《两代学人的情谊与风范——杨志玖与傅斯年关系述论》,《史学月刊》2004 年第 5 期;布占祥、马亮宽主编的《傅斯年与中国文化》天津古籍出版社 2006 年版,涉及史语所学人的研究。另外,为纪念史语所成立 70 周年,在台史语所发函征稿,编辑出版了《新学术之路——历史语言研究所七十周年纪念文集》历史语言研究所 1998 年版,以回忆、叙述史语所在大陆时期的学人为主,文集共收录 86 篇文章,带有比较浓厚的学术史意味。研究总体形势是个案研究多,缺乏系统、整体研究,仍有很大拓展空间。

　　② 1942 年,傅斯年在向中央研究院提交的《工作报告》中明确说明:"本所设所长一人,研究员、副研究员各若干人,研究员及副研究员分专任与兼任。另设通信研究员若干人。……此外,并设助理研究员及助理员各若干人,其不属于研究人员者,则有技正、技士、技佐、管理员、事务员及书记。参见中国第二历史档案馆中央研究院档案:历史语言研究所工作报告,全宗号三九三,案卷号 1373。

来,因此本章也将他们纳入讨论范围。综合以上情况,纳入本章讨论范围的史语所研究人员共计 144 人,其中本国研究人员 136 人、外籍研究人员 8 人。这 136 人就是本章要重点讨论的对象。以上几个统计数字,是笔者根据中国第二历史档案馆中央研究院档案中研院历年职员录及相关人员聘任的有关文书①,逐年排校而得。档案缺失或记载矛盾,则以出版物、人事记录、工作报告等资料加以补充、修正。本章将这 136 名本国研究人员作为一个群体,就他们的年龄分布、教育背景等最基本的问题,进行了初步研究,以便更好地透视史语所学人群的团队结构及其新学术取得成功的原因。

第一节　史语所学人群的整体考察

史语所作为一个以研究人员为主体的研究单位,研究人员以生产、传播知识为其主要职责的特殊群体,研究工作与所受教育有密切关系。因此考察他们的教育背景如何,接受过怎样的教育就成为了解史语所学术团队的一项重要参考。尚小明在研究近代史学教授群体时就指出,我们对一个跨度较大的

①　史语所职员录可参见中国第二历史档案馆中央研究院档案:中央研究院一九四一至一九四四年度职员任免登记簿,全宗号三九三,案卷号 148;中央研究院一九四三年度职员录及有关文书,全宗号三九三,案卷号 1650;国民政府各院科员以上职员录、中央研究院一九四四至一九四六年度各处所姓名册及工友登记簿,全宗号三九三,案卷号 1651;中央研究院一九四六至一九四七年职员录,全宗号三九三,案卷号 1652;中央研究院职员录、人员录及评议会第二届第二、第四、第五次会照片(内有 1929 年、1948 年职员录),全宗号三九三,案卷号 2647;中央研究院一九二九至一九三零、一九三七至一九四零年职员录,全宗号三九三,案卷号 2670;中央研究院职员录、人员录及气象研究所概况(内有 1937 年、1939 年、1941 年、1942 年、1948 年职员录),全宗号三九三,案卷号 2864;大学院及中央研究院职员录及《钦天山气象台落成纪念刊》(内有 1928 年、1931 年、1932 年、1933 年职员录),全宗号三九三,案卷号 2862;中央研究院职员录、气象研究所概况(内有 1934 年、1935 年、1938 年职员录),全宗号三九三,案卷号 2863 等。以上史语所职员录从 1928—1948 年除 1936 年外其余全部涵盖,1936 年暂缺职员录可用中央研究院历史语言研究所人员聘任的有关文书(内含 1936 年 5 月开会议决续聘人员名单)弥补其不足。另外,中央研究院档案中有大量关于史语所人员聘任、升迁、奖励的有关文书如中央研究院历史语言研究所人员聘任的有关文书全宗号三九三,案卷号 421(1)至 421(8)等可更加完善史语所人事记录。

时段内教授群体的教育背景进行考察的时候,应该特别注意由于不同时期教育发展状况不同,人们接受教育的情况是有区别的。一个人接受教育的状况以及他生活的时代之间,实际上存在一个大致的对应关系。① 这句话同样适用于史语所学人群的研究。因而,对史语所学人群体教育背景的考察,与他们的年龄结构结合分析显得尤为必要。

本章考察的 136 名本国研究人员中,年龄最长的是生于 1868 年的蔡元培,最年轻的是生于 1922 年的傅婧。我们以 5 年为一个年龄段,通过 12 个年龄段将 136 名研究人员的出生时间纳入其中。下表是出生每个年龄段的研究人员人数与其教育背景所做的统计(见表 1)。

表 1　史语所研究人员年龄结构与教育背景统计

出生年龄段	该年龄段人数	教育背景				百分比			
		有功名者	中等教育	大学以上	留学历	有功名者	中等教育	大学以上	留学经历
1865—1869	2	2		1	2	100%		50%	100%
1870—1874									
1875—1879	2	2		1	1	100%		50%	50%
1880—1884	3	1	2			33.3%	66.6%		
1885—1889	5	1	1	4	4	20%	20%	80%	80%
1890—1894	16		1	15	11		6.3%	93.8%	68.8%
1895—1899	18			18	7			100%	38.9%
1900—1904	28		3	25	9		10.7%	82.3%	32.1%
1905—1909	22		1	21			4.5%	95.5%	
1910—1914	21			21	1			100%	4.8%
1915—1919	15			15				100%	
1920—1925	4			4				100%	

① 尚小明:《近代中国大学史学教授群像》,《近代史研究》2011 年第 1 期。

续表

出生年龄段	该年龄段人数	教育背景				百分比			
		有功名者	中等教育	大学以上	留学历	有功名者	中等教育	大学以上	留学经历
合计	136	6	8	125	35				
占研究人员总数比例		4.4%	5.9%	91.9%	25.7%				

说明:"有功名者"指曾经考取进士、举人及各类生员头衔人员。"中等教育"指中等普通教育和中等专业教育,如北京高等专门税务学校、京师译学馆等。"大学以上"教育包括高等师范学校、国内外大学及研究院所受教育。"百分比"指各种教育背景人员在各年龄段研究人员总人数中所占比例。另外,因研究人员可能有多项教育背景,如有人既获得过科举功名又接受过大学教育等,在统计中百分比都有重合。

史语所研究人员以出生于 1890 至 1919 年的 6 个年龄段者占绝大多数,共计 120 人,占到研究人员总数的 88.3%。出生于 1865 年至 1889 年 5 个年龄段者,总计只有 12 人,占 8.8%。1920 年到 1925 年年龄段出生者只有 4 人,约占研究人员总数的 2.9%。这个年龄段出生的研究人员至抗战胜利前后始完成大学的专业教育,因国内局势动荡,史语所迁往台湾,史语所在大陆引进人才终止而致。

1890 年以后的研究人员占到总人数 91.2%,之所以成为研究团队的主体,因傅斯年"不满意"有悠久历史传统且甚发达的中国历史学和语言学到近代反而落伍的现状,更"不服气"欧洲人搬去或偷走中国的学术资料。傅斯年喊出了中国学术界的共同心声,"要科学的东方学之正统在中国!"[1]在史语所筹办之初,傅向胡适表达创办史语所的决心,为"实现理想之奋斗,为中国而豪外国,必黾勉匍匐以赴之"[2]。傅斯年的民族主义情结没有仅仅表现为情绪化,而是以学术研究作了相当严谨有力的表达。为了与欧洲汉学争胜,傅斯年提倡集众的工作,他认识到"历史学和语言学发展到现在,已经不容易由个人

---

[1]　傅斯年:《历史语言研究所工作之旨趣》,《历史语言研究所集刊》1928 年第 1 本第 1 分。

[2]　《傅斯年致胡适》,耿云志主编:《胡适遗稿及秘藏书信》第 37 册,黄山书社 1994 年版,第 371 页。

作孤立的研究了"。①

　　傅斯年要建立一支现代学术研究的队伍,就必须找新的人才,新才必须受过新学科专门训练,具有超出国界的眼光和实证研究能力的学者,这样才能"发达我国所能欧洲人所不能者,同时亦须竭力设法将欧洲所能我国人今尚未能者亦能之"②,最终超过西方汉学家。因 19 世纪 90 年代以后出生的研究人员完全接受的新式教育,受过新学科的专门训练,他们秉持相近的治学风格,怀抱相同的学术理念,成为傅斯年延揽入所的主要对象。

　　1890 年前出生的成名前辈入史语所只有 12 人,占总人数 8.8%,且多为特约或兼任研究员。杜正胜在解释傅斯年舍弃老一辈学者进入史语所的原因时,将之归结为治学风格、工具、方法、心态不同,谓"道不同,不相为谋"。③ 此解释恐不尽然,北京大学的马衡,长期致力于考古发掘,其治学方法、工具不见得就不现代,主动要求加入史语所的考古工作,却被傅斯年拒绝,只能担任特约研究员或通信研究员。傅斯年考虑更多的应是人脉关系,即如何减少老师辈学人的束缚干扰,这样才能"避免近代中国学术界既有代与派的人事纠葛,以及相应存在的旧学惯性牵制的负面作用"④。傅斯年迅速组织一支拥有相同学术使命的现代学术研究团队,从容而有序地实现他们的学术主张。

　　"有功名者"和"中等教育"者共 14 人,占研究人员总数的 10.3%,说明史语所引进人才不只重视高学历,更注重真才实学。傅斯年对只有"功名"而无学历的单不庵和黄仲琴(廪生)不以为意,分别聘为兼任编辑员,黄因不能到所由专任改为特约编辑员。傅斯年对自学成才的陈垣推崇备至,"静庵先生

---

①　傅斯年:《历史语言研究所工作之旨趣》,《历史语言研究所集刊》1928 年第 1 本第 1 分。

②　傅斯年:《致蔡元培、杨杏佛》,欧阳哲生主编:《傅斯年文集》第 7 卷,中华书局 2017 年版,第 85 页。

③　杜正胜:《无中生有的志业——傅斯年的史学革命与史语所的创立》,《新史学之路》,三民书局 2004 年版,第 151 页。

④　桑兵:《近代学术转承:从国学到东方学——傅斯年〈历史语言研究所工作之旨趣〉解析》,《历史研究》2001 年第 3 期。

驰誉海东于前,先生鹰扬河朔于后,二十年来承先启后,负荷世业,俾异国学者莫我敢轻,后生之世得其承受,为幸何积!"①傅极力劝说陈垣加盟史语所,主持敦煌材料研究组(后改组并入第一组历史组),陈氏最终成为史语所特约研究员。另外,经傅斯年多方努力,只有中等学历且不善交际的岑仲勉,于1937年被聘为史语所专任研究员。② 最能说明史语所学术开放性的是安徽省立第一师范学校毕业后入所的李光涛。1929年,李氏在徐中舒引荐下,入史语所北平史料整理处为临时书记,李氏工作积极、认真负责,业余时间刻苦自修,傅遂授以实缺,由书记升为练习助理员,积资为助理员、助理研究员、副研究员、编纂,最终升为专任研究员。

第二节　新学术的开拓者

1928年和1929年作为史语所初创时期,其人事和制度还在不断变动中。傅斯年聘请了大量学界名流作为史语所的研究人员,但专任研究员太少。1928年底,陈寅恪、赵元任与李济确定加入学术团队后,史语所才算有了基本班底。此后傅斯年减少兼任人员,增加专任。至1929年7月,史语所职员录中已包括专任研究员即傅斯年、史禄国、罗常培、赵元任、李济、丁山、李方桂、陈寅恪等,专任编辑员有董作宾、余永梁、徐中舒、裴善元,特约编辑员容肇祖、赵万里,特约研究员有顾颉刚、商承祚、胡适、陈垣、林语堂、刘复、朱希祖、马衡、沈兼士、徐炳昶、容庚、辛树帜等,外国通信员有米勒、伯希和、高本汉,另外,傅斯年还聘任了一批"少年学者"并加以训练培养。至此,史语所才搭建成"元和新脚"的学术团队。

表2是史语所初创时期,其聘任的58名研究人员在国内外接受教育的情

---

① 《傅斯年致函陈援庵》,史语所档案:元109—1。
② 傅斯年在致陈垣信中流露出爱才若渴的心情,如"岑君僻处海南,而如此好学精进,先生何不招其来北平耶?""弟时时思欲为之效劳,终想不出办法来。"参见陈智超:《陈垣先生与中研院史语所》,《新学术之路——历史语言研究所七十周年纪念文集》,历史语言研究所1998年版,第236页。

况及史语所学人的学术渊源,根据就读高校所做的统计。

表 2 初创期史语所研究人员出身学校统计

	校名	在该校就读或毕业人数			校名	在该校就读或毕业人数	
		大学	研究院（所）			大学	研究院（所）
国内教育	北京大学	11	4	国外教育	美国哈佛大学		5
	清华大学	1	6		美国哥伦比亚大学		5
	中山大学	2			美国芝加哥大学		1
	燕京大学	1			美国宾西省大学	1	
	东南大学	1			英国伦敦大学		3
	河南大学	1			法国巴黎大学		4
	西北大学	1			德国莱比锡大学		2
	上海南方大学	1			德国柏林大学		4
	岭南大学	1			日本早稻田大学	1	
	齐鲁大学	1			菲律宾大学	1	
	金陵大学	1			东京物理学校	1	
	香港大学	1		国内教育	齐鲁大学	1	
	齐鲁大学	1			岭南大学	1	
	武昌明达大学	1			获得功名者	3	
	上海南方大学	1			其他学校①	5	

说明:同一人可能在两所或两所以上学校接受大学或研究院(所)教育的情况,表中"大学"和"院(所)"两列统计数字有重复计算的;"在该校就读或毕业人数",指在国内外大学接受本科和研究院(所)教育的情况;在国外大学受教者,以最终受教育程度为据,计入"大学"或"研究院(所)";因民国时期北大研究所国学门和清华国学研究院的毕业生均无授予硕士学位以及不少到国外留学者并不以获取学位为目的,但这不代表其水平就不如那些获得学位者,这样以大学本科或研究院(所)来区分教育背景,可能更为客观。

由表 2 可以清楚地看出,就国内教育背景来看,史语所研究人员主要出自

---

① "其他学校"是指在大学及研究院(所)以外其他各种国内新式学堂或学校受教者。学校不详者 3 人,但可以肯定王湘、唐虞、程霖接受的是中等教育。

北大或北大国学门与清华研究院的毕业生。北大有 15 人,傅斯年、顾颉刚、杨振声、罗常培、李家瑞、罗家伦、冯友兰、常惠、张尉然、容肇祖、王庆昌、容庚、董作宾、商承祚、丁山等。清华大学有 7 人,徐中舒、余永梁、赵邦彦、朱芳圃、王庸、黄淬伯、陶燠民等。傅斯年领导的史语所吸收了北大国学门和清华研究院两个机构积累的人力资源和学术硕果,使研究团队更加壮大。

国外教育背景来看,史语所研究人员以赴欧美者最多,他们亲沐了西方现代学术的浸染,其研究方法承继西方学术研究范式,其学派特征更多体现了西方现代学术精神。在国外接受大学教育有美国宾西省大学董光忠,日本早稻田大学的朱希祖和菲律宾大学的杜定友。在国外接受本科以上教育人员有美国哈佛大学陈寅恪、俞大维、赵元任、李济、杨振声,哥伦比亚大学许地山、胡适、袁复礼、罗家伦、冯友兰,芝加哥大学李方桂,柏林大学有陈寅恪、辛树帜、傅斯年、罗家伦,莱比锡大学蔡元培、林语堂,巴黎大学陈寅恪、刘复、徐炳昶、罗家伦,伦敦大学傅斯年、辛树帜、罗家伦。这些史语所加盟者在留学之前接受传统文化教育,打下了深厚的中国学术基础,而后的留学经历使他们对西方学术也有很深切的了解,对中国学术未来的发展方向已了然于胸。他们的加入为史语所新学术擘画了范围,指明了方向。

但史语所开创时期成员结构并非如杜正胜所讲从"'本土派'变成'西洋派'"①,而是本土派和西洋派结合。如享誉中外的殷墟发掘就是本土派和西洋派完美结合,如果没有西洋派带来的科学发掘方法,就难以获得新知识、新材料,殷墟发掘很难成为中国现代考古学的典范;而没有本土派的传统学术修养,不熟悉古典文献,不精通金石学、甲骨学等知识,更难以将殷墟发掘与研究推向更高阶段。不可否认,史语所内西洋派挟"科学方法"自居,难免有轻视本土派的思想,对此晚年的李济有深刻的反思,"他(董作宾)对于学术的看法,以及他的治学方法。董先生是一个很好的例子,用以说明中国之传统及人

---

① 杜正胜:《无中生有的志业——傅斯年的史学革命与史语所的创立》,《新史学之路》,台北三民书局 2004 年版,第 139 页。

生观与现代学术思想不是一种不可调和的关系"①。史语所本土派和西洋派的结合,传统学术与西方学术的融合,象征了中国学术"由传统向现代的过渡阶段,正式进入现代学术研究领域"②。

第三节　新学术的继承与发扬

史语所创立之初,作为领导人的傅斯年很早就意识到培养后备人才对新学术事业发展的重要性,他把培养能够使用多种历史语言学工具的"少年学者"作为史语所最重要的工作之一。傅斯年承认北大国学门是未来学术"甚好之萌芽",但也认识到其问题所在,他说"北大所领导对付'国故'之新态度,为最有潜力者。然工作多事零碎的,而成绩总是个人的,一时的,在组织上未能应付已熟之时机也。自民国十五六年以来,有一派文史学者,颇思大规模的新方向走,以为文史之发展,绝非个人单独工作,或讲学的风气,所能济事,必须有一广大精研的组织,方可收大效力。"③

他认为现代的研究工作,不能仅靠个人,必须依靠一个严密的组织机构,才能收其成效。而严密的组织机构,落实到史语所的人才结构上不仅需要新学术的开拓者登高一呼,还须有后继者沿着大师指明的方向不懈努力,不断积累丰硕的成果,才能继承和发展新学术成就。

史语所要想组织一支持久作战的研究队伍,须不断延揽研究人员入所,傅斯年主张"找新才",强调实学,注重专精断代。而作为研究机关而非教育机关的史语所,新人的招收就不能不依赖国内各国立、私立大学的培养。史语所在广州成立时,傅斯年就选拔中山大学未毕业的陈槃担任史语所秘书处的书

---

① 李济:《南阳董作宾先生与近代考古学》,《新学术之路——历史语言研究所七十周年纪念文集》,历史语言研究所1998年版,第264页。
② 逯耀东:《傅斯年与〈历史语言研究所集刊〉》,《台大历史学报》1985年第20期。
③ 《傅故所长孟真先生手迹释文》,历史语言研究所四十周年纪念特刊编辑委员会:《历史语言研究所四十周年纪念特刊》,历史语言研究所1968年版,第205页。

记和毕业生黎光明担任人类学民物学组助理员①,他们都是作为史语所后备人才培养的。史语所迁往北平后,北平众多高水准的高校为其选拔人才提供了良好的条件。傅斯年打破了他制定的,为保证研究人员能够集中精力研究"所外工作,一致取消"②的规定。傅斯年、李济、董作宾等在北大兼课,赵元任、陈寅恪、罗常培等在清华兼课,这样可以方便、快捷地发现、选拔优秀人才入史语所。李济曾说"历史语言研究所建置的初期,各大学历史系的高才生,每年都被他罗致去。他的'拔尖主义',往往使各大学主持历史系的先生们头痛。"③

前文把 1928 年、1929 年作为史语所初创时期,其人事、制度还在不断变动中的话,1930 年后可以说进入稳定发展期。为了更好呈现史语所选拔后备人才工作情况,现以史语所进入发展期的年代为横坐标,以各年录用人数为纵坐标,绘出史语所历年录用人员分布曲线(见图 1)。

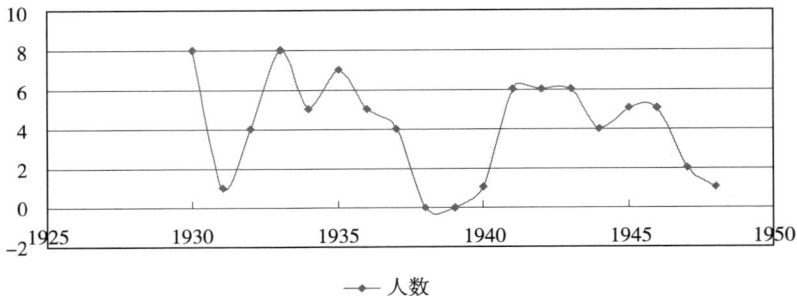

图 1 发展期史语所历年录用人员曲线

说明:历年录用人员是据中国第二历史档案馆中央研究院档案中研院历年职员录及人员聘任的有关文书,逐年排校而得。

从图 1 可以看出,进入发展期的史语所除 1931 年,抗战初期 1938 年、1939

① 中国第二历史档案馆中央研究院档案:中央研究院一九二九年、一九三一年、一九四一年职录,全宗号三九三,案卷号 2579。

② 中国第二历史档案馆中央研究院档案:中央研究院一九二八年度总报告,全宗号三九三,案卷号 2799。

③ 李济:《值得青年们效法的傅孟真先生》,朱传誉主编《傅斯年传记资料》第 1 册,天一出版社 1979 年版,第 68 页。

年、1940年史语所在动荡中忙于搬迁外,每年都有不少优秀的后备人才被选拔入所。吸收"一派少年文史学者"参加为史语所补充了新的血液,优化了人才团队结构,使得史语所充满了生机和活力,更保证了学术研究的持久战斗力。

表3对史语所发展时期聘任78名研究人员在国内外接受教育的情况,根据就读高校所做的统计。

表3 发展期史语所录用人员出身学校统计

	校名	在该校就读或毕业人数			校名	在该校就读或毕业人数	
		大学	研究院（所）			大学	研究院（所）
国内教育	北京大学	18	2	国外教育	美国哈佛大学		3
	中央大学	9			美国芝加哥大学		1
	清华大学	5	1		美国伍斯特工学院		1
	东南大学	4			英国伦敦大学		3
	燕京大学	2	2		英国格拉斯哥大学	1	
	辅仁大学	3			英国剑桥大学		1
	中山大学	2			比利时鲁文大学		1
	武汉大学	2			法国巴黎大学		1
	河南大学	2			德国柏林大学		1
	四川大学	2			德国汉堡大学		1
	南开大学	2			东京法政大学	1	
	北平师范大学	2		国内教育	民国大学	1	
	中央政治学校	2			湖南湖滨大学	1	
	岭南大学	1			福中矿物大学	1	
	西北大学	1			华西大学	1	
	东北大学	1			齐鲁大学	1	
	西南联合大学	1			其他学校	4	

说明:同一人可能在两所或两所以上学校接受大学或研究院(所)教育的情况,表中"大学"和"院(所)"两列统计数字有重复计算的;"在该校就读或毕业人数",指在国内外大学接受本科和研究院(所)教育的情况;在国外大学受教者,以最终受教育程度为据,计入"大学"或"研究院(所)";"其他学校"指在大学及研究所以外其他各种国内新式学堂或学校接受中等教育者。

　　从表 3 中可以看出,史语所选拔人才并不再局限北方几所高校且非只重学历,体现其学术的开放性。但史语所在北京大学选拔的人才仍最多,原因之一北京大学在国内最早设立文史哲等各专业且水平较高,20 世纪 20 年代初又建立高等研究机构研究所国学门及后演变而来的文科研究所,其造就了大量高素质研究人才。史语所成立前三位筹备委员傅斯年、顾颉刚、杨振声,创所核心罗常培、刘复、董作宾、容庚、丁山、商承祚、容肇祖等都来自北大。其二,正是因上述创所人员出自北大,并且大部分又在北大兼课,史语所与北大建立了密切的学术联系①。史语所近水楼台延揽了很多北大高才生,如北大文学院丁声树、高去寻、周祖谟、王崇武、马学良、逯钦立、胡庆均、王明等,史学系劳幹、余逊、全汉升、胡厚宣、张政烺、傅乐焕、吴相湘、杨志玖、何兹全等。

　　中央大学由东南大学发展而成,东南大学的前身是南京高等师范学校。表 3 在统计时把中央大学单独统计。治学风格与北大不同的南高师后虽更名为东南大学,但同样造就了大批高质量人才,如来自南高师—东大的吴定良、凌纯声、芮逸夫、向达等亦成为史语所研究团队的骨干力量,严格来讲,前三人因 1934 年社会科学研究所的民俗组改归史语所,他们应属于史语所第一代的创所核心。20 年代末,东南大学更名为中央大学。中央大学同样为史语所输送了很多优秀的后备人才,如周法高、吴汝康、王玲、黄彰健、游戒微(游寿)、王志曾、李孝定、张秉权、藩绪年等。

　　清华大学研究院高质量的教学、学术水平也为史语所输送了大量人才,创所之初就有数人加盟史语所。进入发展期的史语所又延揽了来自清华研究院的王静如、吴金鼎等入史语所。清华研究院停办后,因陈寅恪、赵元任、李济与清华大学的特殊关系,罗常培亦被清华聘为兼课教授,20 世纪三四十年代的清华高才生仍不断被"拔尖"到史语所,如祈延霂、吴宗济、董同龢、张琨、夏鼐等。

---

　　①　参见欧阳哲生《傅斯年与北京大学》,《北京大学学报》(哲社版)1996 年第 5 期和尚小明:《中研院史语所与北大史学系的学术关系》,《史学月刊》2006 年第 7 期。

除以上几所大学外,燕京大学研究院毕业生李晋华、俞大纲,史学系周一良、姚家积,辅仁大学孙德宣、赖家度、傅婧,中山大学钟素吾、葛毅卿,武汉大学严耕望、杨希枚,河南大学刘耀、石璋如,四川大学王叔岷、刘念和,南开大学李景聃、陶云逵,北平师范大学陈述等亦先后被选入史语所。

傅斯年优中选优,将各大学高才生招入史语所。傅氏要求新人入所后要踏实读书,或为助理员,或为研究生,或为图书管理员,通过多年历练后,才能晋升。这种"打磨"使他们静下心来从基础做起,在学术上的成长中起着极其重要的作用。张政烺说:"当时的史语所为每个青年人创造了优越的学术环境和充足的实物和文献资料,只要能坐下来,钻进去,都会在或长或短的时期内收到成效,这是我在史语所十年间的亲身体会。"①至 20 世纪 30 年代晚期,新一代研究人员"在学术上日臻成熟,几乎可以同史语所当年的建立者们分庭抗礼了"②。

进入发展期的史语所聘用出国留学人员大幅减少,并多为归国后已做出相当成绩的研究人员,一般担任史语所特约研究员或通信研究员。如美国哈佛大学建筑学博士梁思成 1933 年开始就被聘为通信研究员,哈佛大学哲学硕士汤用彤 1942 年开始被聘为通信研究员,留学欧洲的韩儒林 1946 年被聘为通信研究员,等等。当然,对于史语所急需的专业人才如 1930 年回国的哈佛大学考古学硕士梁思永,很快被史语所聘为专任编辑员,不久升任专任研究员。伦敦大学埃及考古学博士夏鼐回国后不久就由中央博物院转入史语所,担任专任副研究员。史语所大幅减少聘用留学人员,因史语所招收和培养的"少年学者"已成长起来,并在其研究领域卓有建树。

---

① 张政烺:《我在史语所的十年》,《新学术之路——历史语言研究所七十周年纪念文集》,历史语言研究所 1998 年版,第 538 页。

② 王汎森:《傅斯年:中国近代历史与政治中的个体生命》,生活·读书·新知三联书店 2012 年版,第 95 页。

小　结

　　就年龄段和教育背景考察,历史语言研究所的研究人员可分为两代。1890 年到 1904 年出生的研究人员称为史语所第一代,作为史语所创所核心,他们完全接受的新式教育,受过新学科的专门训练,留洋派和本土派结合,既熟悉传统文化,又了解近代西方学术,成为史语所新学术的开拓者。

　　1905 年至 1925 年出生的研究人员称为史语所第二代,作为语所研究人员主要组成部分,这一代研究人员主要选拔于国内高校。对第二代的选拔并非局限于北方几所高校且不仅只重学历,体现了史语所学术的开放性。史语所对年轻一代人才的培养为其补充了新的血液,使得研究机构充满了生机和活力,成为新学术的继承和发扬者。

　　两代人结合优化了史语所人才团队结构,汇聚成一股巨大的力量,走出了一条学术的康庄大道。新学术的开拓者登高一呼,后继者沿着大师指明的方向不懈努力,不断累积丰硕的成果,史语所最终"为中国二十世纪的学术树立一个新典范,也替中国争取到世界性的学术发言权"[1]。20 世纪 20 年代末,在北京陈寅恪寄诗与广州的傅斯年,慨叹当时学术界"正始遗音真绝响,元和新脚未成军"[2]。面对史语所取得的成就,把后一句改为"元和新脚已成军"应不为过矣!

---

　　[1]　杜正胜:《无中生有的志业——傅斯年的史学革命与史语所的创立》,《新史学之路》,台北三民书局 2004 年版,第 119 页。
　　[2]　陈寅恪:《寄傅斯年》,《陈寅恪诗集》,清华大学出版社 1993 年版,第 17 页。

第三章　历史语言研究所的
人才培养模式

　　史语所在大陆的二十年已成为中国现代学术研究的重镇,是 20 世纪前半期最重要的人文研究机构。史语所不仅以其以丰硕的学术研究成果享誉大陆、港澳台乃至国际学界,更为中国历史学、语言学、考古学和民族学培养了一大批人才。① 史语所取得如此瞩目的成就,与其成熟、完善的人才培养模式是分不开的。本章拟在梳理相关资料基础之上,对史语所的人才培养模式作初步的考察。

第一节　用人唯才原则

　　在史语所筹备期间,作为常务筹备委员的傅斯年就意识到培养后备人才对新学术事业发展的重要性。1928 年 5 月傅氏草拟史语所《组织大纲》,并上呈大学院院长蔡元培,其中一条"本所得设置研究生,无定额,以训练成历史学及语言学范围内共为工作之人,而谋集众工作之方便以成此等学科之进

---

　　① 　布占祥、马亮宽主编:《傅斯年与中国文化——傅斯年与中国文化国际学术研讨会论文集》,天津古籍出版社 2006 年版,何兹全序第 1 页。

步"①。9 月,史语所筹备完成,在颁布的章程中规定"任用助理员若干人","设置研究生"②,为聘用年轻的研究人员奠定了制度基础。在组织大纲以及年度报告中,史语所都把训练和培养年轻的学术继承人作为所内重要的工作目的。

史语所是研究人员所组成的学术团体,以研究工作为中心,成立后百业待兴,未能把研究生培养工作提上日程,至 1931 年所务会议中才提出试设研究生办法。③ 同年 7 月,在安阳殷墟实习的河南大学毕业生石璋如、刘燿入所为研究生,由中华教育文化基金会资助,每月津贴 50 元。④ 但研究生的培养并不顺利,傅斯年谓"数年中,颇思在研究所中大招研究生,终以各种不便,未能实现,初招四名,未到所而战事(1937 年日本全面侵华战争)起矣"⑤。新学术的开拓不仅需要前瞻者的披荆斩棘,还需后继者不断累积研究成果,才能将新学术发扬光大,因而需要不断延揽年轻研究人员入所。因此,国立、私立大学文史等学科的优秀毕业生成为史语所争取的对象。

史语所汲引人才,主要有两个途径,其一是由史语所新学术的开拓者们推荐优秀人才。傅斯年在北大史学系兼课期间,为史语所选拔了一批优秀的后备人才,如劳幹、高去寻、张政烺、傅乐焕、王崇武等。研究人员陈寅恪、陈垣、胡适、徐中舒等也在各大学兼课,为史语所推荐了很多优秀人才。如陈寅恪为史语所推荐了青年才俊像于道泉、周一良等,即使在时局动荡的 1948 年,陈寅恪还写信给代理所长夏鼐,推荐新人。⑥ 陈垣推荐陈述等人入所,胡适推荐丁

---

① 《傅斯年、顾颉刚、杨振声呈大学院》,史语所档案:补 1—2。

② 《国立中央研究院历史语言研究所十七年度报告》,国立中央研究院文书处编:《国立中央研究院十七年度总报告》,国立中央研究院总办事处 1928 年版,第 34—35 页。

③ 中国第二历史档案馆中央研究院档案:中央研究院历史语言研究所呈送助理员在外兼习科学规则及试设研究生办法等文书,全宗号三九三,案卷号 445。

④ 《本所致函石璋如、刘燿》,史语所档案:元 159—9。

⑤ 《傅斯年致杭立武》,傅斯年档案:Ⅰ:1275。

⑥ 此信中说:"作铭兄左右,周一良兄转来手示,甚感。程君(即北京大学毕业生程曦)履历附上,请于最近开院务会议时,提出通过后即求速达,并通告驻北平办事处余(余逊)、陈(陈钝)诸君,如开会时需要推荐书,即请兄代弟拟就。"参见《陈寅恪函夏鼐》,史语所档案:京 28—30—4。

声树,徐中舒推荐李广涛,李济推荐吴金鼎、李景聃等。被推荐的年轻人以后皆成长为某一方面的专家、学者,说明推荐人在引进人才时还是坚持了很高的学术标准,称得上知人善任。

新学术的开拓者们为史语所推荐了众多人才,但史语所并非毫无保留地接受。如 1933 年,陈寅恪极力向傅斯年推荐张荫麟,"其人记诵博洽而思想有条理,以之担任中国通史课,恐现今无更较渠适宜之人。若史语所能罗致之,则必为将来最有希望之人才,弟敢书具保证者,盖不同寻常介绍友人之类。"傅氏却批示:"此事现在以史语所之经费问题似谈不到,然北大已竭力聘请之矣。"①没有聘请张氏,经费固然是一面,在傅斯年回绝北京大学的学生杨向奎重入史语所的信中,兴许能找到部分理由,傅氏向其申明史语所提倡"以甲骨、金文、器物及考古学解决问题也,故近十年中,未曾增添治古史者一人",接着说"一机关应有其学风,此即为本所之学风也"②。无疑,张氏学哲学,讲博洽贯通的学术风格与史语所重史料、讲专精断代研究的学风不符,才是被拒的真正原因。③ 学者往往认为傅斯年"存在很深的门户之见"④,但傅斯年选拔人才更看重他们的治学取径和研究表现,无疑,这也树立了史语所自己的学术风格。

其二是考试录用。史语所倡导新学风,"我们不是读书人,我们只是上穷碧落下黄泉,动手动脚找东西",招考能够从事新学术的年轻研究人员。为了体现公平公正,史语所预先在南京、上海、北平等报纸上登载招聘信息,并在南京、北平等处分设考场,通过考试择优录取。吴宗济讲,"一九三五年夏天,我

① 陈寅恪:《致傅斯年》,《陈寅恪集·书信集》,生活·读书·新知三联书店 2015 年版,第47 页。

② 《傅斯年致杨向奎》,傅斯年档案:Ⅱ:148。

③ 另有 1934 年,已成名的学者吴廷燮,由罗文干、汪精卫、蔡元培作为介绍人欲入史语所,但傅斯年认为其不具备"新观念"和"新工具","彼之所习仍为掌故一派之学问",最终被拒。参见《傅斯年致蔡元培》,傅斯年档案:Ⅲ:78。

④ 胡振宇:《考据与史料——胡厚宣先生治学与史语所的传统》,《新学术之路——历史语言研究所七十周年纪念文集》,历史语言研究所 1998 年版,第 674 页。

见报载中央研究院历史语言研究所招考助理员的广告,就抱着试试看的希望去报考,竟被录取了。"①所中档案有一份关于招考助理员的通告,其中对学科、学历、证书等要求明确,规定严格,招考程序完整。为选拔出优秀的人才,采取宁缺毋滥的原则,"无合格者不取"。② 若发现了优秀人才,史语所便打破成例而多录取,如1936年计划招考一名语言学助理员,因董同和与周祖谟两人非常优秀,傅斯年和赵元任商量的结果是皆被录取。通过考试入所的吴宗济、葛毅卿、吴汝康、董同和与周祖谟等人终成大器。

史语所用人坚持"唯才是举"的原则,以新进者的才气与潜在学术能力为标准。1937年所务会议决定聘无学历、资质,靠自学成才但"著作精辟"的岑仲勉为专任研究员。③ 而借重党国要人如汪精卫、丁惟汾、褚民谊、居正等请托介绍者,皆被傅斯年拒之于门外。傅斯年的老校长蔡元培院长经常向史语所荐人,皆被傅回绝。④ 毛遂自荐的严耕望,以著作反而得到傅斯年的嘉许而入史语所。傅斯年致信董作宾:"今年请求入所之人,甚多。凡无著作者,弟皆谢绝了,其有著作者,现有三人,兹将其著作分打邮包寄上。其中严耕望一人似是一难得之人才……兄(董作宾)召集所务会议讨论,严耕望之工作为弟之提议,惟一切均请会中决定。"⑤可见,傅斯年虽是一所之长,也不是独断专行,用人还得遵守制度,由所务会议决定。

---

① 吴宗济:《我对史语所的回忆》,《新学术之路——历史语言研究所七十周年纪念文集》,历史语言研究所1998年版,第606页。

② 《本所招考语言学助理员或练习助理员简章稿》,史语所档案:元241—10。吴宗济回忆1935年史语所只招收一名助理员,却在宁、沪、平(北平)和汉口四个城市都登了报,设了四个考场,最后吴被录取。吴宗济:《我对史语所的回忆》,《新学术之路——历史语言研究所七十周年纪念文集》,历史语言研究所1998年版,第606页。

③ 中国第二历史档案馆中央研究院档案:中研院史语所人员聘任的有关文书,全宗号三九三,案卷号421(8)。

④ 蔡元培介绍如蔡哲夫(傅斯年档案:Ⅲ:89)、钟凤年(傅斯年档案:Ⅲ:110)、藤固(傅斯年档案:Ⅲ:776)、毛汶(傅斯年档案:Ⅲ:777)、吴廷燮(傅斯年档案:Ⅲ:78)等人入史语所均被傅斯年回绝。

⑤ 《傅斯年函董作宾》,史语所档案:杂23—13—8。

第二节 严格管理，督促学问

年轻研究人员的成长关系所中学术的未来，因而史语所非常重视助理员的管理与培养。一方面傅斯年对年轻人进行严格的管理、监督，要求他们对待研究工作具有心无旁骛和专心致志的献身精神。傅用铁腕手段管理年轻研究人员，经常有人因工作懈怠而遭受批评甚至处罚。如助理员黎光明在图书室中会客，"大妨害他人工作不言可喻荒谬如此"，加上"黎君平日疏忽更不止一端"，呈请院长记大过一次。① 所内不许研究人员在外兼职，吴宗济在昆明时因在所外担任《西南边疆》的经理兼责编，"被所里领导找去，要我放弃别干，理由是'你既吃语言所的饭，就不许干别的'。"②吴虽未言明领导是谁，但在史语所有此霸气的只有傅斯年了。

傅斯年不时敲打、打磨年轻人。在四川李庄，一天"一位助理员在院中散步较久，次日，他（傅斯年）请同屋的别位都到外面晒晒太阳，只是不让某君出门，向他说'你昨天已经晒够了'。"③社会科学研究所所长陶孟和称傅为"胖猫"，说"胖猫回来了，山上淘气的小耗子，这几天敛迹了"。④ 当然对年轻人的工作不只是督责亦有奖励，如1936年的一次所务会议议决，周祖谟、张政烺、傅乐焕等因在上年度"成绩优异，工作特勤，多于夜间加工赶成其著作"，"拟分别给予奖金（40元至100元不等），以资鼓励"。⑤

---

① 《傅斯年会稿陈骥尘》，史语所档案：元115—9和《本所呈院长》，史语所档案：元115—10。

② 苏金智：《赵元任学术思想评传》，北京图书馆出版社1999年版，吴宗济序第9页。

③ 董作宾：《历史语言研究所在学术上的贡献》，《大陆杂志》1951年第2卷1期。

④ 董作宾：《历史语言研究所在学术上的贡献》，《大陆杂志》1951年第2卷1期。

⑤ 中国第二历史档案馆中央研究院档案：中研院史语所人员任免迁调考绩薪给文书，全宗号三九三，案卷号1675（1）。

　　另一方面是指导、督促学业。史语所要求新人入所后要"闭门读书"①，"三年内不许发表文章"②。于道泉在法国认真读书未作文章，傅斯年去信"知兄以未作文为虑，此则不必，送你去是留学，不是作文"③，后又认为于在法学西藏文等科"实无多可学"，又写信提醒他"多知目录，领会语言学一般方法"④。傅斯年、陈寅恪和顾颉刚等皆主张专精的断代史研究，更是严格要求年轻人如此治学。钱穆提到，"凡北大历史系毕业之成绩较优者，彼必网罗以去，然监督甚严。有某生(王崇武)专治明史，极有成绩，彼曾告余，孟真(傅斯年)不许其上窥元代，下涉清世"。⑤

　　研究指导也因人而异。助理员黎光明政治兴趣较浓，傅斯年给赴川康地区调查民俗的黎氏写信，嘱咐"少发生政治兴味"，"少群居侈谈政治大事"，"千万不要在成都一带交际"而要"细心观察"，"多自己耐苦"。⑥ 杨成志在"云南人类学知识调查"中取得了一些成就，傅在致杨氏的信中告诫不可自满："若因此自负，则既与本所任执事之意不合，并恐于执事学业前途不无影响。一种专门学问，必须有严整之训练，方可取得可靠之成绩。执事上年之行，只可认为试做，如以为学业便是如此，自己已可负独立之责任，则非鄙所同仁所敢知矣。"⑦

　　傅斯年对杨成志的提醒看似不近人情，但从培养一个严谨学者的角度来看，不可谓不深刻，正如桑兵所言，因为缺少受过新学科专门正规的训练，又不能恰当地运用相关方法处理问题，最终让杨成志的云南民族调查理念上虽已

---

① 全汉升：《回首来时路》，《新学术之路——历史语言研究所七十周年纪念文集》，历史语言研究所 1998 年版，第 493 页。
② 王叔岷：《慕庐忆往》，中华书局 2007 年版，第 48 页。
③ 《傅斯年致函于伯原》，史语所档案：元 62—21。
④ 《傅孟真致函于伯原》，史语所档案：元 62—34。
⑤ 钱穆：《八十忆双亲·师友杂忆》，生活·读书·新知三联书店 2005 年版，第 161 页。
⑥ 《傅斯年致函黎光明》，史语所档案：元 115—20—10。
⑦ 《本所致函杨成志》，史语所档案：元 64—11。

逃出传统恶习的范围之外，但实际上还在既有学术的框缚之中。① 后杨成志也认识到系统学习专业知识和研究方法的重要性，他向中山大学校长朱家骅坦言"年少学陋"，认为将来要对中国民族学有所贡献，"非立刻离开文化落后之中国跑到外国去再求深造实不为功"。② 后杨成志赴法国巴黎大学继续深造，终成一代民族学家。

第三节　研究指导实行"师徒制"

中研院章程中对助理员的资格要求必须是国立、私立或国外大学本科毕业，且须对所习科目有相当研究并有成绩者。但大部分毕业生入所后还是面临研究能力不够、针对性不强、问题意识薄弱等问题，因而要求"助理员除辅助研究员研究工作之进行外得受研究员之指导自作研究"③。上述规定为史语所实行师徒制提供了制度依据。

史语所的"师徒制"是指师生结对，助理员帮助老师借书，搜集文献，校正、核对资料，专任研究员指导助理员，为其研究把握方向，指导方法，培养技能。师徒制既不是单纯的师生关系更不是上下级的关系。初始，有一定成绩的年轻人并不认同此制，傅斯年强调施行此制的原因："助理员之成就，在其受专门之训练而能于将来独立研究。故在助理员任内，必须虚心勤勉从事，而避去一切浮动不实之趋向及新闻式之工作，及类于此者。"④

因傅斯年等人的坚持，史语所的"师徒制"得以延续下来。在史语所档案

---

① 桑兵：《晚清民国的国学研究》，北京师范大学出版社 2014 年版，第 253 页。

② 杨成志：《关于请准予派往法国或美国留学等情的呈》，广东省档案馆：20—003—0113，转引自王传：《史禄国与中国学术界关系考实——以"云南调查事件"为中心》，《西南边疆民族研究》2015 年总第 18 辑。

③ 《国立中央研究院设置助理员章程》，国立中央研究院文书处编：《国立中央研究院十七年度总报告》1928 年版，第 10 页。

④ 《本所致函杨成志》，史语所档案：元 64—11。

以及学人的回忆录中均有提及，如历史组助理员的论文由专任研究员予以指导，傅斯年指导陈槃治研究《春秋》三传和李晋华治明史；傅斯年和陈寅恪指导俞大纲治唐史；语言组助理员马学良跟随李方桂治少数民族语言；考古组助理员张秉权随董作宾研习甲骨学。

"师徒制"的意义在于前辈学者能以其学力、经验与视野，指示后学者研究路径的选择、方法的指导和技能的培养，使得后学者能够快速成长。马学良回忆说，李方桂"治学严谨，工作认真，达到一丝不苟的地步，对学生要求极严。他善于启发，长于引导，极力培养学生的独立思考和创新精神。对任何问题都要你先思考，说出自己的看法，他再解释说明，提出自己的见解"，为了训练学生的技能"一有机会李先生都要召集研究汉语和民语的年轻人练习记音，在李先生的亲自带领下，请一位少数民族来发音，大家跟着他一起记录，听辨审评，问难质疑，最后按他的记录核对修正。这种练习几乎成为一种制度，培养了一代学术骨干。"[1]

张秉权讲到初学甲骨文，对董作宾让其先读郭沫若的《卜辞通纂》非常不解，"后来，读过很多书以后，才领悟到董先生的选择，最适合于初学的人"[2]，因郭书分类编排，条理清楚，初学的人读其书可收事半功倍之效。罗常培回忆师徒制的益处："马、刘两君（马学良、刘念和）受李方桂、丁梧梓（声树）两先生指导，李君（李孝定）受董彦堂（作宾）先生指导，李、董、丁三位先生对他们都很诚恳热心。据马君（马学良）告诉我说，李先生常常因为和他讨论撒尼倮语里面的问题。竟至忘了吃饭，这真当得起'诲人不倦'四个字。任君（任继愈）研究的题目是'理学探源'。他在这里（即史语所）虽没有指定的导师，可是治学风气的熏陶，参考图书的方便，都使他受了很大的益处。"[3]史语所迁往台湾

---

① 马学良：《历史的足音》，《新学术之路——历史语言研究所七十周年纪念文集》，历史语言研究所1998年版，第869—870页。

② 张秉权：《学习甲骨文的日子》，《新学术之路——历史语言研究所七十周年纪念文集》，历史语言研究所1998年版，第923页。

③ 罗常培：《苍洱之间》，辽宁教育出版社1996年版，第20页。

后,"师徒制"传统得以延续,台湾学者陈昭容说:"这种'师徒制'其实正是史语所久来的传统。"①

第四节 定期的讲论会

傅斯年在《历史语言研究所工作之旨趣》中指出,现代的学术研究需要在一个研究环境中,"大家互相补其所不能,互相引会,互相订正"。② 新学术的开创者们强调现代学术研究不同于个体、封闭的旧读书人,须脱离个人"孤立的制作",强调现代学术研究的"集众"特点。③

为营造良好学术氛围,便于"大家互相补其所不能,互相引会,互相订正",史语所举办了定期的讲论会。讲论会先由主讲人报告自己的最新研究成果,后由同仁就观点、方法和材料等提出商榷意见,进行讨论。④ 在所档中保存着1936年上半年"历史语言研究所同人讲论会本学期次序表",3月27日,赵元任先生讲《方言记录中的几个问题》,4月10日梁思永先生讲《河南安阳侯家庄尚待之墓地》,4月24日罗常培先生讲《绩溪方音述略》,5月8日吴定良先生讲《人类额骨凸度之比较》,5月22日李济先生讲《容量器分类问题》,6月5日李方桂先生讲《泰语比较研究(一)舌根音》,6月19日董作宾先生讲《整理全部甲骨文的问题》,7月3日傅斯年先生讲《车骑大道》,7月17日凌纯声先生题目未定。⑤

---

① 李孝定口述,陈昭容记录:《我与史语所》,《新学术之路——历史语言研究所七十周年纪念文集》,历史语言研究所1998年版,第922页。
② 傅斯年:《历史语言研究所工作之旨趣》,《历史语言研究所集刊》1928年第1本第1分。
③ 傅斯年认为"近代的学问是工场,越有联络,越有大结果"。参见耿云志主编:《胡适遗稿及秘藏书信》第37册,黄山书社1994年版,第410页。
④ 周一良回忆:"有一次会上讨论中,傅先生对张政烺说:'你是最critical的,你对这问题怎么看?'"参见周一良的《史语所一年》,《新学术之路——历史语言研究所七十周年纪念文集》,历史语言研究所1998年版,第557页。
⑤ 《本所同人讲论会次序表》,史语所档案:元232—8。

讲论会方便了研究人员之间的联系与交流,论辩弥补了学人观点、方法和材料的不足,更激发出很多新观点,开阔了学人的视野,促进了年轻研究人员的快速成长。何兹全回忆讲论会相互讨论和相互启发带来的益处,"史语所有个好传统,就是不定期的学术报告。在李庄期间,我记得傅先生(斯年)、董彦堂先生、劳幹、董同龢、逯钦立都做过学术报告。这是学术交流,对每个人的研究也是个督促。"①

讲论会给年轻人淬炼学术提供了宝贵机会。王利器回忆史语所"定期举行学术报告会,傅(斯年)先生指定我作一次报告。遂遵命作了《'家''人'对文解》的报告,颇获得傅先生和其他先生的好评。"②夏鼐的日记也多有记载,如1944年1月29日王崇武讲演《明成祖靖难问题》,2月7日高晓梅讲演《淮式铜镜之研究》。③

良好的学术氛围对年轻人成长至关重要。李济谈到这种学术辩难的好处时说,"近代的学术工作大半都是集体的,每一件有益思想的发展,固然靠天才的领悟和推动,更要紧的是集体合作的实验、找证据以及复勘。只有在这类的气氛中,现代学术才有扎根生苗的希望。"④王静如在史语所时,他和李方桂差不多每周六下午到赵元任老师家去"聊天儿",当然是谈学问,由赵老师讲语音学与方言学问题,李方桂师讲美洲印第安语的情况,王静如谈汉语音韵学及古代汉语,其乐融融,许多学问就是从聊天儿中做出来的。⑤

抗战时在三台东北大学主持东北史地经济研究室的金毓黻,给傅斯年写

---

① 何兹全:《李庄板栗坳·史语所——我终生怀念的地方》,《新学术之路——历史语言研究所七十周年纪念文集》,历史语言研究所1998年版,第824页。

② 王利器:《李庄忆旧》,《新学术之路——历史语言研究所七十周年纪念文集》,历史语言研究所1998年版,第797页。

③ 《夏鼐日记》第3卷,华东师范大学出版社2011年版,第155、157页。

④ 李济:《南阳董作宾先生与近代考古学》,《感旧录》,传记文学出版社1967年版,第112页。

⑤ 冯蒸:《大匠示人以规矩——从王静如先生教我音韵学看王先生的治学方法》,《新学术之路——历史语言研究所七十周年纪念文集》,历史语言研究所1998年版,第567页。

信,透露出一个研究者无书、无友的尴尬境况,因而向史语所借调陈述,"弟正苦研史颇乏良友,兹得陈君(陈述)之助,为之生色不少。我兄援手之惠,至可感也。此间地僻,颇便读书,只书少为之一病,他皆称心。古人云:恨不十年读书,兹可谓专心读书矣,不识何以教我。"①

1945 年,奠定董作宾学术地位的《殷历谱》出版。傅斯年为之作序,"吾见彦堂(董作宾)积年治此,独行踽踽,倍感孤诣之苦",因而常"反其说,说而不休,益之以怪",周围的朋友"知此,亦常无义而与之强辩以破寂焉"。② 相互辩难的结果是大家得到学问的刺激与兴趣,正是这种辩论激发出董作宾"点"、"线"、"段"的方法论,不断修改完善其著作,造就了《殷历谱》的不朽。

第五节 学术上的高标准要求

傅斯年最初对史语所的设想是半实体化的。当时把研究员的地位设计得很高,大概等于院士,必须是各学科中的全国代表人物。③ 1928 年 5 月,史语所还在筹备期间,傅斯年向院长蔡元培上呈组织大纲,其中规定研究员:"须于历史学或语言学范围内各科之一有超异之贡献,为同科学者所承认,并现在仍以继续做该科之研究者为业者。"④显然傅斯年的要求标准过高,不得不修改原先的设想,但还是尽其所能聘请了当时国内最优秀的历史学(陈寅恪)、语言学(赵元任、李方桂)、考古学(李济、董作宾、梁思永)和民族学(凌纯声、吴定良)人才,组建了一个优秀的学术团队。

傅斯年处处以现代西方的学术标准为范本来建设新学术,其所谓"求此研究所在标准、训练、工作效能上,能适用欧洲之标准"⑤。在此标准下研究学

① 《金毓黻致孟真函》,傅斯年档案:Ⅲ:407。
② 董作宾:《殷历谱》,历史语言研究所 1945 年版,傅斯年序第 2 页。
③ 王汎森:《傅斯年是一个时代的表征》,颜亮专访《南方都市报》,2012 年 9 月 2 日。
④ 《傅斯年、顾颉刚、杨振声呈大学院》,史语所档案:补 1—2。
⑤ 《傅斯年致吴定良函》,史语所档案:考 2—34。

术,超越西方汉学,实现"科学的东方学之正统在中国"。他们相信新学术标准的建设与成就的取得"关系于国家前途者不少也",如果"若能为若干科目建立一个较高之标准,各大学不得不奔从;若成一种讨论讲演之环境,不患不成风气"。①

这种标准的要求处处有所体现,如在晋升上添设了练习助理员。在此之前丁文江、傅斯年、李济等人发现大学毕业生直接任用为助理员,大多面临知识储备不充分、研究能力不够的问题。于是,李济写信给傅斯年,讨论在院中助理员之前再设练习助理员一职,"此后大学新毕业之学生,应概以'研究生'(练习助理员以研究生相称)待遇,津贴不妨略加,助理员之名义,留于大学毕业后之稍有经验者。"②于是史语所亦在助理员之前亦添设了练习助理员。

随着研究人才的积聚,各项学术工作走向正规,史语所对招聘的人才要求越来越高,更看重其专业水平和是否有研究成果。1936年招考语言学组助理员的条件规定:"报考练习助理员者,须在大学或大学相当之专门学校毕业,对于审音特别专长或具有汉语、方言知识者。报考助理员除上述资格外,须曾在学术机关服务二年,并须有专门著作。"③此时的招聘要求助理员必须在相关学术机关服务两年,并须有著作才能报考。

1941年,史语所依据院章修正章程,在助理员与副研究员之间设置助理研究员。而后所务会议决议,在晋升资格上要求助理研究员其著作须有"德国大学之 Habilitation 之标准"。又因新任的助理研究员仅以大学之硕士论文及年限规定为准,所务会议认为规定"似嫌太泛",决议以后新任助理研究员必须符合以下条件之一:(一)凡在大学有硕士学位,入所仍须为助理员,须于一年内完成论文一篇,合于组织通则第一条之规定,方能升为助理研究员。(二)凡在大学毕业后研究有年,著有优异论文,本所拟为助理研究员时,应预

---

① 《丁燮林、李四光、周仁、唐钺、李济、傅斯年致丁文江》,傅斯年档案:Ⅲ:210。

② 《李济致函傅孟真》,史语所档案:元17—4。

③ 《本所招考语言学助理员或练习助理员简章稿》,史语所档案:元241—10。

由所务会议审查,审查其资格是否合于组织通则第十一条之规定。①

　　而从助理研究员升任副研究员,副研究员升任研究员同样严格。周法高回忆所中的一次晋升,傅孟真(斯年)所长兼一组主任,要升第一组的助理研究员张苑峰(政烺)为副研究员。二组的董同和已完成了他的成名作《上古音韵表稿》和论文《广韵重纽试释》,李方桂便提名他升任二组副研究员。三组主任李济之(济)也提名高晓梅(去寻)为三组副研究员,但傅斯年不同意三个人同时升副研究员,不得已"所长和主任连开了两三天的会都僵持不下,结果还是所长让步,史无前例地通过了三个人同时升副研究员"②。

　　历史组张政烺升任副研究员,同年入所的傅斯年的侄子傅乐焕以及王崇武却没能晋升。傅斯年在致所务会议信中讲,"傅乐焕君著作见《集刊》,此外未刊者尚多",已刊的文章"堪称为重要之贡献",按入所年限已够六年,可以评副研究员了。但"六年之最小限度,专所以待特殊者也"。在史语所能按年限顺利评上副研究员仅有语言组的丁声树一例。在历史组傅乐焕的学力,"非可比张君者(张政烺)","故今年不拟审查"傅乐焕评职称事。王崇武"计入在北大研究所之年限,情形亦同傅君,劳绩、学力,均甚笃茂,以同理由,今年不拟付审查"③。

　　尤其是研究员,傅斯年认为地位甚高,不得轻易聘任。吴金鼎1923年毕业于齐鲁大学,后入清华国学院深造,毕业后回齐鲁大学任教。1930年转入史语所担任助理员,1933年入伦敦大学攻读博士学位,1938年学成回国后一直从事考古工作从未间断。梁思永在所务会议上提议升任吴金鼎为研究员,但傅斯年"坚持其不可","为此在前年、去年(1941年和1942年)之所务会议

---

　　① 中国第二历史档案馆中央研究院档案:中央研究院关于历史语言研究所一九四一及一九四二年部分所务会议记录及其他杂项文件,全宗号三九三,案卷号60。
　　② 周法高:《忆李方桂先生》,《新学术之路——历史语言研究所七十周年纪念文集》,历史语言研究所1998年版,第252—253页。
　　③ 《傅斯年致史语所所务会议研究人员升任意见书》,傅斯年档案:Ⅳ:52。

中,与思永大起争论,故看重专任研究员,即重视'所务通则'之 letter and spirit"。① 史语所只能聘任吴金鼎为副研究员。后从伦敦大学埃及考学专业毕业回国的夏鼐博士任史语所副研究员,且"须缴纳论文"经所务会议审查合格后,才加以聘任。②

另外,史语所对研究论文和著作出版的标准高而严格,须是积年研究所得,能经得起同行专家和时间的考验。马学良回忆说,史语所"不太重视论文著作的数量,重视科研成果对本专业或本学科的创新和贡献。如丁声树先生学贯中西,当时他的著述虽不多,但每篇论文都能发前人所未发,有一鸣惊人的卓识高见,不仅为国内外学者专家所赏识,同辈学人也莫不佩服。"③于道泉曾经想编一部藏汉佛教词典,但是傅斯年和陈寅恪都不同意,傅、陈认为"史语所出版的书,必须要有一定的水平"④,而编藏汉佛教词典,不仅要精通藏文和佛教,还要精通印度的梵文,而于道泉还不具备这些条件。

岑仲勉入史语所后,凭借优越的学术条件,阅读了大量的图书,打下坚实的资料基础,拓展了自己的研究。在史语所工作的 11 年时间,是岑"做学问最努力的十年",岑自入所后仅在《集刊》上就发表了 41 篇文章,出版了《元和姓纂四校记》等著作多种。如此优渥的研究环境,岑却在 1948 年 7 月辞职。从傅斯年与岑仲勉以及傅氏与代理所长夏鼐的信中可知岑辞职的原因,傅斯年希望岑的研究领域能以史学为限,注重专精,而不要涉及其不擅长的语言学,但岑坚持己见,史语所认为其"不顾忠告,固执己见,乱发表文章,损及所

---

① 《傅斯年致陶孟和》,傅斯年档案:Ⅱ:137。

② 夏鼐提交所务会议的论文是《古代埃及串珠》,参见《夏鼐日记》第 3 卷,华东师范大学出版社 2009 年版,第 119 页。

③ 马学良:《历史的足音》,《新学术之路——历史语言研究所七十周年纪念文集》,历史语言研究所 1998 年版,第 864—865 页。研究道教的王明说"史语所研究人员很少,精兵简政,闭门著作,不轻易发表文章,登载在《历史语言研究所集刊》上的论文,往往引人注目。"参见《王明自传》,巴蜀书社 1993 年版,第 102 页。

④ 王邦维:《于道泉先生小记》,《新学术之路——历史语言研究所七十周年纪念文集》,历一所 1998 年版,第 561 页。

方声誉"①。史语所考虑到人情,最终由岑氏同乡陈槃出面劝其辞职。②

小 结

史语所的开拓者对"少年学者"的吸纳与培养,使得史语所开创的新学术典范薪火相传,不断被发扬光大。史语所能取得如此成就,与史语所形成规范、完善的人才培养模式关系重大,从进人以新进者的才气与潜在学术能力为标准,入所后施以严格的管理与督促,在研究上师生结对,由专任研究员指导入所不久的年轻研究人员,为营造良好的学术氛围,所内举办定期的学术演讲会,鼓励年轻人出国深造(详见第六章第二部分),在职称和研究著作上的高水平要求,并终成一代典章。史语所在很短的时间成功培养了一大批人才,体现了成建制的现代学术体制的优势。上文对 1928—1949 史语所的人才培养模式略作申论,直观地展示了当时中国学术精英如何经营与培养年轻研究人员,其成功与弊端,都将给我国高校和研究机构的领导者和管理者提供一些借鉴。

---

① 《夏鼐致孟真函》,傅斯年档案:Ⅲ:533。
② 牟润孙在《傅孟真先生逝世二十周年感言》中对岑仲勉辞职事亦有记载:至于聘用人员,他(傅斯年)是非常严格,没有丝毫的徇情。岑仲勉他从来不认识,陈援庵先生看见岑的文章以为极难得,推荐给傅先生,傅先生也觉得好,便聘为研究员。岑到史语所果然作出了不少成绩,后来因为岑先生兴趣过泛,研究的方面太广,有时难免犯了错误。傅先生劝他少写,岑不肯听,终于胜利后不久离去。(参见《海遗丛稿》二编,中华书局 2009 年版,187 页)

第四章　历史语言研究所的
图书馆建设

中国传统的学术研究之所以被士绅为主的知识精英垄断,重要原因就是文献资料多为官府垄断或者隐匿于重藏轻用的私人藏书楼。清末民初,在现代西方图书馆理念的刺激下,藏书楼向现代图书馆转化,文献资料也由私有、封闭和独享转为公共、开放和共享。现代图书馆成为典藏图书档案资料,以及提供学术信息服务、交流的中心,为学术研究的组织化、专业化和职业化提供了可靠的保障。图书馆成为现代学术体制的重要组成部分。

第一节　现代学术研究须"靠图书馆
供给他材料"

胡适、傅斯年、陈寅恪和顾颉刚等人提倡新学术,认识到文献累积的重要性。而文献资料的积累需要建设新型图书馆,其不仅收藏善本古籍等各种图书,还要广泛收集包括地方志、报纸杂志、金石拓片、档案资料和民间契约等第一手的文献,以便为学术研究和交流提供资料来源。傅斯年站在时代的高度,指出现代学术研究须"靠图书馆或学会供给他材料,靠团体为他寻材料,并且须得在一个研究的环境中,才能大家互相补其所不能,互相引会,互相订正,于是乎孤立的制作渐渐的难,渐渐的无意味,集众的工作渐渐成一切工作的模式了"①。故此,他留学回国,担任中山大学文学院院长后,即聘顾颉刚来校任教。此时中山大学亟须图书资料充实文史学科,傅斯年很快就派顾颉刚赴江浙地区采购图书。

在傅斯年的支持下,顾颉刚作《购求中国图书计划书》,"以前人看图书是载圣人之道的,读书是要学做圣人,至下也是文人,所以藏书的目的是劝人取它作道德和文章的标准的。现在我们的目的是在增进知识了,我们要把记载自然界和社会的材料一齐收来,无论什么东西,只要我们认为是一种材料就可以收下,不但要好的,并且要坏的。这没有什么奇怪,研究动植物的人,不但要采集翠鸟奇花,并且要采集毒蛇恶草,态度正和我们一样。所以然之故,只为不把这些材料作为崇拜的偶像,也不把这些材料作为抚弄的玩物,而只要把它作为知识的对象,使得普通人可以得到常识,专门家也可以致力研究。"②按此计划,顾颉刚到了江浙一带收集资料时,他发现书商也受到传统文人的影响,过度迷恋经学、史学等传统经典,只给他提供诸如此类的图书。但他坚持扩大资料搜求的范围,最终收购了包括地方志、家谱、账簿、丛书和民间文艺等的12万册图书文献,极大地丰富了中山大学图书馆。

迨傅氏筹备史语所时,更积极建设史语所图书室(馆)③,为此专列《图书备置大纲》上呈大学院院长蔡元培。

历史语言研究所图书备置大纲

一、因南京、广州、北京、上海均有可用之中国文籍之图书馆,故目前本研究所迁就经济之限制,不为有规模之中国文籍购置,但备若干必备之参考书籍,并随时供给各研究员在其工作时(与本研究所商定之工作)所

---

① 傅斯年:《历史语言研究所工作之旨趣》,《历史语言研究所集刊》1928 年第 1 本第 1 分。
② 顾颉刚:《购求中国图书计划书》,《文献》1981 第 2 期。
③ 史语所图书馆开始规模较小因而称为室,但 1929 年迁往北平后,大力搜罗各种图书文献,购买了明清内阁大库等档案资料,积书渐多,收藏渐富,规模上已成图书馆,但习惯仍称为室。

必需之文书材料。

二、将来可由大学院分拨在北京之属于公家之图书馆之一为本研究所图书馆之基础,以便其中旧藏资此研究所为之作科学的整理及保存,比研究所资其旧藏以利研究。

三、现在先分步备置切要之外国书籍,其范围以必须常备之参考书及本所各组在工作时所需为限,并备置西洋人在历史学及语言学中之典籍,以资参考而作型鉴,又须订历史学及语言学报百种左右,年约千五百元,以便识此各种学问历年进步之情形。其尤要者,分期购备其以往若干年者。

四、由大学院呈请国民政府通令各省政府调取一切省通志、府厅州县等地方志。其有官书局之省份,并调取其官书局出版物,每种一份,须备价时,即由省政府理之,作为省政府赠送中央研究院。

五、由大学院或国民政府设法向外国各学院、学会接洽,请其赠送出版物。

六、由大学院及本研究所同人设法劝私人及出版商家捐助。

十七、四、三十①(1928 年 4 月 30 日)

傅斯年在《图书备置大纲》中提出了现代意义上的办馆理念,表现出卓越学者和新学术领导人的眼光、魄力。大纲为史语所图书馆的馆藏建设提供了开阔的视野。傅斯年因"经济之限制",提出图书馆建设的最低要求,"不为有规模之中国文籍购置,但备若干必备之参考书籍,并随时供给各研究员在其工作时所必需之文书材料",实际提出以文献资料为中心,为研究服务的办馆理念。

傅斯年要求"大学院呈请国民政府通令各省政府调取一切省通志、府、厅、州、县等地方志。其有官书局之省份,并调取其官书局出版物,每种一

---

① 《呈大学院》,史语所档案:元 380—1。

份……赠送中央研究院（史语所）"，其想利用行政的力量为史语所打造一个国立、以文史贮藏和研究为主的图书馆。此提议打破了旧图书馆以"经史子集"为纲的采购体系，重视地方志等第一手的文献资料的搜集，极大地扩展了史料网罗的范围。更能体现傅氏宽广博大的国际眼光是"现在先分步备置切要之国外书籍"，外文书籍包括"各种学术参考书"以及学报等。傅氏购买外文文献目的非常明确，尽快掌握西方汉学的研究成果，站在世界高度"以便识此各种学问历年进步之情形"，"以资参考而作型鉴"。

傅斯年不仅想把史语所图书馆办成典藏书籍、档案资料的重镇，更注重书籍、档案的整理、保存与出版，其计划"将来可由大学院分拨在北京之属于公家之图书馆之一为本研究所图书馆之基础，以便其中旧藏资此研究所为之做科学的整理及保存"，以利于学术研究与交流。傅氏的《图书备置大纲》指导了史语所图书馆的实践工作，擘画了图书馆的建设方向，开创了文献信息建设的新局面。

第二节　馆藏建设

傅斯年对文献资料非常重视，史语所成立时，图书档案等一无所有，为此更加重视图书的收集和图书室的建设，为了便于书商代为搜集图书资料，因而拟定中文图书的购书范围：一、丛书；二、类书；三、韵书字书；四、金石书；五、明清集部与政部掌故有关者；六、明清掌故书；七、其他。[①] 傅斯年开始有目的、有计划地发展和完善图书室。

史语所真正大量添置图书是在迁往北平以后，史语所学人与北平的琉璃厂各书店有广泛的联系，北平图书种类丰富，购书较易，于是重新开列了图书清单：

一、丛书及一人自著文集，二、金石书全买，三、小说书、字书、韵书等

---

① 王懋勤:《所史资料初稿》，未刊，现藏于历史语言研究所傅斯年图书馆，第 391 页。

全买，四、类书，五、明清掌故及官书，六、明清文集特别注重乾嘉以后乾隆以前，七，清代史学、汉学家集，八、未刻抄本（不拘类），九、希见之小说、戏剧集唱本（自明年度起）。凡不在此范围，但甚希见者，可并送。但不涉掌故之诗文集不必送。凡已有影印之书，买影印书。①

购书明细包括了丛书、类书、金石、字书、抄本、俗文学等，除了一般常用的专书以及各类工具书等，也列举了罕见的小说、戏剧。史语所注重书籍的学术价值，藏书家所嗜好的善本书则在此范围之外。最后补充"凡已有影印之书，买影印书"，可知出自务实的考虑，主要用于满足史语所的研究需求。②

史语所以收藏人文社科图书为主，还有大量的拓片、俗曲、地方志、民间契约以及研究人员采集的民族学材料和方言音档等，并大手笔地购买明清内阁大库档案。傅斯年认为"西洋人做学问不是去读书，是动手动脚到处寻找新材料，随时扩大旧范围，所以这学问才有向西方的发展，向上的增高"，所以他说"凡一种学问能扩张它所研究的材料便进步，不能的便退步"③。

傅斯年主张无限扩大史料，又对官书不信任，才极力主张购买内阁大库档案。傅斯年向院长蔡元培报告这批档案的价值："午间与适之先生（胡适）及陈寅恪兄餐，谈及七千袋明清档案事。此七千麻袋档案本是马邻翼时代由历史博物馆卖出，北大所得，乃一甚小部分，其大部分即此七千袋。……其中无尽宝藏。盖明清历史，私家记载究竟见闻有限，官书则历朝改换，全靠不住，政治实情，全在此档案中也。且明末清初，言多忌讳，官书不信，私人揣测失实，而神、光诸宗时代御虏诸政，《明史》均阙。此后《明史》修改，《清史》编纂，此为第一种有价值的史料。罗振玉稍整理了两册，刊于东方学会，即为日本、法国学界所深慕，其价值重大可想也。"④

① 《本所致函送书来阅诸君》，史语所档案：元315—1。
② 林圣智主编：《群碧楼藏书特展》，历史语言研究所2018年版，前言第5页。
③ 傅斯年：《历史语言研究所工作之旨趣》，《历史语言研究所集刊》1928年第1本第1分。
④ 《傅斯年致函蔡元培》，史语所档案：元308—7。

史语所注重外国出版品的购买和收藏。早在史语所筹备期间,傅斯年在呈院长蔡元培的报告书中说,"因我等建设此研究所之目的,本想开辟几条研究的新途径,故不能不广备西洋研究中国学问有大贡献之著作及报(特别注意其于方法有指示者),如此,则购备之范围已甚广,报之旧者搜集不易,书之缺者需价奇昂,然不如此固不能借西洋作学问之途径,故须日月求之,期于一年之后有可用之书藏耳。"①即使在抗战时期遭到封锁的西南大后方,史语所利用在国外的通信研究员如剑桥大学教授李约瑟(Joseph Needham,1900—1995)和牛津大学教授陶德思(E.R.Dodds,1893—1979)等为史语所代购国外期刊报纸②,以缓解战时图书资料的匮乏。

善本书不是史语所搜购的重点,但因为不同的机缘,史语所还是收藏了可观的善本书。史语所最早大批入藏善本书是来自南京邓邦述的群碧楼藏书。因邓氏生计困顿,不得不鬻书易米,1928 年 6 月,大学院院长蔡元培动用院中临时费,以五万五千元购入,由中研院总办事处出版品国际交换处接收。1934年,出版品国际交换处将要改隶中央图书馆筹备处时,傅斯年呈请院长蔡元培,"原在总办事所藏文史学书籍如群碧楼藏书之类,与本所工作有关者甚多,拟请院长批准拨给本所搜藏,以资参考",最终院长同意将"将出版品国际交换处藏书拨给贵所保存"。③ 史语所还从藏书家傅增湘处购进部分善本书以及抗战胜利后接收日本北平东方研究所所藏的善本书。史语所的善本书主要有宋、元、明及清初刊本、稿本,以及名人之批校本、手抄本、绘写本等,其中如北宋景祐监本《史记集解》、南宋刊本《南华真经》、宋刊本残卷《文苑英华》等弥足珍贵,为国内外学者所重视。

董作宾回忆傅斯年为购置图书所费的心血,因"图书是工作材料的大本

---

① 《傅斯年、顾颉刚、杨振声呈大学院》,史语所档案:补 1—1。

② 《本所函总办事处》,史语所档案:李 4—10—4。

③ 《本所致函蔡元培》,史语所档案:元 303—2 和《总干事(丁燮林)致函本所》,史语所档案:元 303—3。

营,他(即傅斯年)从筹备时开始,收罗古今中外的图书,下过极大的工夫,他在北平时,正是大量买书的时候,书店伙计,左手一包,右手一捆,接踵而来,踏破了号房的门槛,买了书,不许要回扣,可苦了门房的李庸。他的办公室内,货堆如山,他一天到晚忙着在书单上圈选批价,有时还要去逛琉璃厂求秘籍。他懂版本,又请赵万里、朱遏先(即朱希祖)作顾问。可以说现存的(截至1950年)十四万册中西文图书,多数都是经他一人之手买来的。"①

选书、看书费了傅斯年的很多心血。傅氏对书的重视可以从抗战时期民生公司运载史语所文物、书籍的趸船倾覆事件中看到,当他得知消息后,给李方桂、石璋如写信"查此次损失之大,恐不可胜计,弟今晨精神上'如丧考妣'矣。宋元刊本本自娇贵,何堪落江? 弟已电王育尹兄负责晒,同时乞告宛峰兄(即张政烺)迅速去(搭最近之车),弟在蓉觅工蒸治之,但决不如北平手艺也。若在箱中多耗几日,则不堪救药矣。心中焦急欲死也。怕的路上出事,不意事乃出于趸船自倾,此真梦想不到者也。"②

根据史语所每年的年度报告统计历年购书,1928 年史语所购买中文书籍 11725 册、西文书籍 2367 册。不包括寄赠和交换的杂志,有日文杂志 13种、西文杂志 120 余种。1929 年,史语所迁至北平后,图书有了较快增长,增置中文书籍 31974 册,增置西文书籍 1209 册,日文杂志 13 种、西文杂志120 余种,西文杂志以德文占多数,本年收藏拓片 400 余种。③ 1930 年,史语所增置中文书籍 20086 册、西文书籍 1165 册,增订日文杂志 3 种、西文杂志 40种。中文杂志计 48 种,拓片增积至 1000 多张,照相 200 多张。④ 1931 年,史语所增置中文图书 9567 册、西文图书 801 册,杂志中、日文的共 87 种,西文的

---

① 董作宾:《历史语言研究所在学术上的贡献》,《大陆杂志》1951 年第 2 卷第 1 期。
② 《傅斯年致李方桂石璋如函》,史语所档案:昆 16—10—7。
③ 《国立中央研究院历史语言研究所十八年度报告》,欧阳哲生主编:《傅斯年文集》第 4卷,中华书局 2017 年版,第 80 页。
④ 《国立中央研究院历史语言研究所十九年度报告》,欧阳哲生主编:《傅斯年文集》第 4卷,中华书局 2017 年版,第 186—187 页。

169 种。① 1932 年,史语所增置中文图书 6666 册、西文图书 56 册,添订杂志西文的 10 种、中文的 8 种。② 1933 年,史语所增置中、日文图书 2207 本,西文图书 188 册,新购善本书有明刊冯氏《古诗纪》、《亘史》、抄本《大明十五朝实录》等,西文杂志 155 种,中、日文杂志 64 种。③ 1934 年,院将旧藏购自江宁邓邦述"群碧楼"书籍拨交史语所,其中宋、元、明刊及校抄的善本多达 425 部。社会科学研究所民族组改隶史语所,前者拨交给史语所西文书上千册,期刊 60 余种、各省县志书 123 种。连同本年度内增购的图书,中文书已超过 10 万册,西文书超过 7000 册。④ 1935 年,史语所虽早已迁往南京,但在北平仍陆续购入将近 2 万册的图书,并运往南京整理。⑤ 1937 年 5 月,史语所购买了浙江南浔嘉业堂所藏的明实录。

七七事变后,史语所历经艰难,几乎将全部的图书设备运到西南大后方,"图书馆随本所转徙各地,而中文书一十二万六千二百九十九册,西文八千三百四十二册,以及杂志全份二百余种,拓片一万余份,皆无损失。"⑥即使如此艰难的时局,史语所仍然委托中央信托局香港代办处和北平图书馆等机构代购图书,傅斯年还请余逊等人在北平代买图书。1940 年仍入藏中文图书 510 册。在北平和香港购置的书,实在无法邮寄,只得暂存于北平和香港。1941 年入藏中文图书 53 种,西文书籍 30 种。

抗战胜利后,史语所在南京接收的中日文书籍 1182 册,整理历年所购的

---

① 《国立中央研究院历史语言研究所二十年度报告》,欧阳哲生主编:《傅斯年文集》第 4 卷,中华书局 2017 年版,第 311 页。

② 《国立中央研究院历史语言研究所二十一年度报告》,欧阳哲生主编:《傅斯年文集》第 4 卷,中华书局 2017 年版,第 395 页。

③ 《国立中央研究院历史语言研究所二十二年度报告》,欧阳哲生主编:《傅斯年文集》第 4 卷,中华书局 2017 年版,第 441 页。

④ 《国立中央研究院历史语言研究所二十三年度报告》,欧阳哲生主编:《傅斯年文集》第 4 卷,中华书局 2017 年版,第 469 页。

⑤ 《国立中央研究院历史语言研究所二十四年度报告》,欧阳哲生主编:《傅斯年文集》第 4 卷,中华书局 2017 年版,第 504 页。

⑥ 《本院二十六年至二十八年度总报告》,史语所档案:杂 34—3。

新书 10867 册、西文书 478 册入藏图书馆,其中不乏善本书,如北宋刊本《史记》、南宋蜀本《庄子》和敦煌卷子《佛国记》。① 1948 年,史语所选取日本人所办北平东方文化研究所及近代科学图书馆图书 1 万余册,接收苏浙皖区敌伪产业清理处南京分处移交的日文书 800 册,购买和受赠的西文书 300 多册等入藏图书馆。② 至 1949 年,由南京迁台的中文图书 15 万册以上。内有宋、元、明刊本的中文善本书 230 种、方志 1944 种、民间文学 1 万多种、西文图书 12000 册以上,中西文成套的杂志 400 多种。选存的内阁大库明清档案 99 箱,金石拓片计 2 万多份。

史语所图书室历年所购图书简表③

时间	书籍		期刊		拓片（种）	照片（张）	明清史料
	中日韩文（册）	西文册	中日韩文（种）	西文（种）			
1928 年增加	11725	2367	日文 13	120			
1929 年增加	31974	1209			400 多		
1930 年增加	20086	1165	日文 3	40	600	200	
1931 度增加	9567	801	中日文共 60 多				
1932 年增加	6666	56	中文 8	10			
1933 年增加	2207	188					
1934 年增加		1000					
1936 年增加	20000						
1938 年清点	126299	8342	期刊共 200 多	10000			
1940 年增加	510						

---

① 《国立中央研究院历史语言研究所报告》(1946. 10 — 1947. 9),欧阳哲生主编:《傅斯年文集》第 4 卷,中华书局 2017 年版,第 595—596 页。

② 《国立中央研究院历史语言研究所报告》(1947. 10 — 1948. 2)欧阳哲生主编:《傅斯年文集》第 4 卷,中华书局 2017 年版,第 619 页。

③ 此表参考了王懋勤《所史资料初稿》,未刊,现藏于历史语言研究所傅斯年图书馆的相关成果。

续表

时间	书籍		期刊		拓片（种）	照片（张）	明清史料
	中日韩文（册）	西文册	中日韩文（种）	西文（种）			
1941 年增加	53	30					
1946 年增加	12049						
1947 年增加	10800						
1948 年增加	10000	200					
1951 年清点	154664	12161	合订448 种	20000		99 箱	

第三节　图书馆的管理和服务

　　一个现代服务型的图书馆,不仅要有良好的硬件丰富的馆藏,还要有一流的软件即管理和服务。傅斯年的管理思想和实践使史语所图书馆成为典藏书籍、档案资料的重镇,并发展成为以学术交流和信息服务为中心的现代开放式、研究型图书馆。

　　图书馆的建设需要专业人才,史语所筹建之时,傅氏就聘请图书馆学专业人才杜定友加盟史语所,傅氏想借杜的专业知识为将来图书馆的创立和发展奠定坚实基础。版本目录学家单不庵和浙江图书馆馆长杨立诚不能相处,愤而辞职,傅斯年欲聘请其入史语所,因而极力向院长蔡元培推荐,称其版本目录学知识"此日中国,极为难得"[1]。傅斯年对精通版本目录学的北京大学毕业生张政烺寄予厚望,称张"壮年俊才,于金石版本每推翻公认之说,以成不移之论。此书(关于北宋刊,南宋补刊十行本《史记》的版本问题)问题非单独所能解决。若综合宋刊群书而论定,当有待于张君矣。"[2]张政烺入史语所后

---

① 《傅斯年致函子民先生》,史语所档案:元 31—3。
② 《北宋刊南宋补刊十行本史记集解跋》,史语所档案:杂 36—44—4。

就被傅斯年任命为图书管理员,管理所内的善本图书。

另外,史语所还借用中央博物院筹备处精通金石、甲骨的游寿任图书管理员,整理金石、甲骨、善本文籍,并编辑目录。① 傅氏认为图书馆学专业人才很重要,但除了专业知识外,更需要宽广的视野和知识储备,那廉君回忆,有熟人给傅斯年介绍图书馆专科学校的毕业生给史语所做图书管理员,但傅斯年认为管理图书"不仅是长于管理'技术'方面而已,至少要对版本学、目录学、年代学以及校雠学等有丰富的知识"才能胜任,因而被他拒绝了。②

张政烺说,"傅所长是一位博闻强记的学者,他对图书工作要求很严格,单就购书而言,规定买书不能重复,即使书名不同,内容重复的也不能买,但又不能漏掉有用的资料。"③傅斯年对图书管理人员严格要求,对自己购书也以高标准要求,史语所老一辈的先生们讲,琉璃厂各书肆送书(给傅斯年)来卖,经常是先将书放在傅先生那里,等他仔细看过,认为值得买,可以买,然后再与书商议价。常常往返磋商数次,一定要到傅先生认为价目合理,才能正式成交。④

傅斯年深知图书馆事业需要集思广益,除了图书专业人员外还动员研究人员参与其中。在图书购置上,为了发挥"集众"的优势,傅氏在所务会议上提出,"本所购置图书应请全所同人共同负责进行,所有各研究员、编辑员应将每组个人及公共研究范围内之书籍开列详细目录,以便选购案。"议决:

(1)关于语言学书目,由赵元任、刘复、罗常培、李方桂担任。

(2)关于明清史料,由朱希祖担任。

(3)关于文字方面书籍,由陈垣、徐中舒担任。

---

① 《本所函总办事处》,史语所档案:李4—1—31。

② 那廉君:《追忆傅孟真先生的几件事》,《传记文学》1969年第14卷第6期。

③ 张政烺:《我在史语所的十年》,《新学术之路——历史语言研究所七十周年纪念文集》,历史语言研究所1998年版,第534页。

④ 苏同炳:《史语所早期发展史》,未刊稿,现藏于历史语言研究所傅斯年图书馆,第8章第20页。据陶希圣回忆:"琉璃厂的书店,探听得一位教授喜欢的图书是哪些部门,他们随时把那些图书送上门来,好像不要钱的样子,过两三个月,到节气再结账。"参见陶希圣的《潮流与点滴》,中国大百科全书出版社2008年版,第122页。

（4）关于明清以来笔记，由陈垣、徐中舒担任。

（5）关于丛书及近代考订家集，由傅斯年、丁山、徐中舒担任。

（6）关于西人之东方学，由陈寅恪、傅斯年担任。

（7）关于四裔语言学，由陈寅恪、李方桂担任开列名目，交于道泉、王静如整理。

（8）关于考古学及人类学，由李济、梁思永担任。

（9）关于书目目录及普通书目，由傅斯年、徐中舒担任。

（10）杂志由同人各就所知者开列。

（11）关于通行俗曲及有精巧技术之雕版书籍之目录无从开列由刘复负责搜集。上列除第（11）项外所有书目统于二十一年一月十五日以前交徐中舒汇齐编订。①

史语所动员研究人员参与的模式极具实践价值，不仅拓宽了购书渠道，而且因研究人员洞悉学术前沿，根据学术和学科发展需要，可以及时更新、补充馆藏，保证了文献资料服务于研究的实用性。

文献资料的累积对研究的重要性，在抗战时期表现尤为突出。相较于史语所在傅斯年的指挥下，载着大批图书资料、仪器设备从容有序地西撤，平、津、沪等地的大学迁移显然准备不足，仓促西撤，如北大、清华、南开等高校大量的图书设备均未能迁出。中研院心理研究所和社会科学研究所也各自仅带了数十箱书籍，只能依赖史语所图书开展研究。②

北京大学教授汤用彤也向傅斯年抱怨因无书可读，研究生的学术水准大大下降。汤用彤致信傅斯年："迁校后，文科研究所毕业学生（即周法高一班）毕业情形有（1）论文不十分满意（2）毕业考试（口试）成绩欠佳者。然此次均得毕业。其愿意为一方面照章程须在二年内或三年（延长一年）内作成论文

---

① 《十九年度上届第一次所务会议纪录》，史语所档案：杂23—1—7。

② 社会科学研究所匆忙撤离，一部完整的二十四史也未能带出，而史语所仅普通的二十四史就带出了3部。参见《陶孟和致傅斯年》，傅斯年档案：Ⅲ：1003。

举行毕业考试。成绩不佳自不能毕业，毫无伸缩余地。但照现在研究生生活困难情形及书籍之缺乏及时局之不定，二年内望其有好论文、好成绩遂甚为困难。而且现在导师与学生之关系，较为密切，遂发生人情上关系。研究生在'理'上不能毕业，但在'情'上又似不能不予毕业。（学生随师苦修二三年，而不令其毕业，似非人情……）长此以往，恐研究所成绩日形低落。"①人多而无图书资料的西南联大文史学科的师生，不得不依赖史语所的图书文献从事教学与研究工作。

面对如此情况，人文社科类图书文献馆藏丰富的史语所，并没有封闭仅供所内研究人员使用，而是全部对外开放。傅斯年在所务会议上提出将史语所的图书设备尽量向学术界公开。1939年8月，史语所首先与西南联大订立阅览及借用办法。

中央研究院历史语言研究所与西南联合大学
订立图书阅览及借用办法

甲　阅览

一、史语所之汉文普通书阅览室（不包括藏书室）得由联大之教员前往阅读。往阅读者，史语所适用对其本所同人之待遇。

二、往阅读者，须遵守史语所各项管理图书及图书室章程。

三、往阅读者如将阅读之图书损污时由清华大学、北京大学、南开大学分别负其赔偿之责。

乙　借用

四、联大教员向史语所借书时，由联大图书馆汇开书单向史语所借用，每周一次。个人不能直接向史语所借书。

五、此项借出之书以一般书为限。凡常用参考书及贵重书不在出借之列。

---

① 《汤用彤致傅先生函》，傅斯年档案：Ⅳ:538。

六、全部借出之书,以三十种,六百册为限。

七、借用之期以六星期为限,必要时得延长二星期。不得再延。

八、凡联大声借之书,已为史语所同人借去者,应由史语所声明。如联大尚欲借用,得再通知史语所。史语所于收到通知后两星期内出借。此项出借期以三星期为限。

九、凡联大借用之书为史语所同人所急需者,应由史语所通知联大,联大于接到通知二星期内应将原书归还。

十、借出与送还之装运由联大图书馆负责办理。

十一、凡借出遇有损失(包括战争损失在内)应由清华大学、北京大学、南开大学分别赔偿其原书。

十二、上列阅览及借用办法史语所同人向联大图书馆阅读及借书时间同样适用之。

附条

十三、上列办法以史语所及联大均在昆明及其邻近地方为限。

十四、上列办法共印同样者五份,由史语所、联大及清华大学、北京大学、南开大学共同签字后,各存一份为据。①

考虑到同时迁往昆明的地质研究所、营造学社、中央博物院、中英庚款会补助人员等亦缺少图书设备,办法亦适用于上述学术研究机构。同时为了方便大后方学人来所查阅档案资料,明清史料编刊委员会于 1939 年 9 月制定了《借抄史料规约》。内容如下:

一、凡学术机关或供职于学术机关之研究员(简称借抄人),因研究需要欲来本会借抄史料者,须经本会正式之许可,方得来会借抄。

二、借抄机关或借抄人所抄史料,非得本会特许不得发表,凡经本会特许发表者,应注明抄自本会,并须将印本赠送本会两份,以资查考。

---

① 《二十八年度第三次所务会议》,史语所档案:杂 23—7—3。

三、借抄人须将所抄史料,按日报告本会。

四、借抄人应遵守本会一切规约,任明本会指定之座位,不得随意翻阅会内陈设之图书刊物。不经允许不得径入书库取书。

五、本会认为重要之史料,或各组工作人员需要之史料,不得借抄,正借抄者得随时停止。

六、本规约经本会委员会通过后实行,有未备时,得随时修正。①

史语所的图书、档案文献成为西南大后方中国文化的宝库,知识分子的精神食粮的"仓库"。这种影响从西南联大三位校长联合致傅斯年的感谢信中可见一斑:

孟真先生(即傅斯年)惠鉴:贵所与联大订立"图书阅览及供用办法",已由此签好奉上,请照签后按照办法第十四条之规定,各方分别存据。联大自迁滇后,图书至感困难,教学研究,两苦不足。贵所于联大图书缺乏之际,为此慷慨之举,同人等受惠多矣,谨表至谢。……

清华校长梅贻琦　北大校长蒋梦麟　南开校长张伯苓

民国二十八年八月二十四日②

1940年史语所准备由昆明迁至四川,北大文科研究所的郑天挺写信给傅斯年,"北大研究所址,非追随史语所不可。此事已数向兄言之,而兄皆似不甚以为然,但细思之,北大无一本书,联大无一本书,若与史语所分离,其结果必致养成一班浅陋的学者。"③搬至四川南溪李庄后,史语所的图书除供同人阅读外,也成为学者依赖的资料中心,吴晗、黎东方、王献唐和杨向奎等人或亲往史语所借住研究或者请人代抄资料。北大文科研究所、同济大学、四川大学的师生,社会科学研究所、中央博物院筹备处、中国营造学社的研究人员亦常来阅览或借书。南开大学、东北大学、中英庚款会补助的研究人员亦远道而来

---

① 王懋勤:《所史资料初稿》,未刊,现藏于历史语言研究所傅斯年图书馆,第671页。
② 王懋勤:《所史资料初稿》,未刊,现藏于历史语言研究所傅斯年图书馆,第398页。
③ 《郑天挺致傅斯年》,傅斯年档案:Ⅰ:1248。

阅读和著述。严耕望回忆说，"作为中国西南人文研究的最佳场所，尤其是在博士计划还没有设立的时候，史语所是唯一为获得硕士学位的学生提供研究场所的地方"，他还感叹在一个纷乱不安的社会中，如果没有"史语所的优良环境——图书丰富，工作自由并且生活安定"，要想在学术上有一点成就，那就绝对不可能了。① 无疑，史语所的图书馆不仅成为西南大后方人文社科藏书、典藏档案资料的重镇，也是人文研究者的文献阅读和知识传播以及学术交流、信息服务的中心。

小　　结

傅斯年不仅对现代学术藏书见解独到，更在实践上取得了巨大的成就。傅氏领导下的史语所图书馆不仅成为典藏书籍、档案资料的重镇，更发展为以学术交流和信息服务为中心的现代开放图书馆，推动了旧式藏书楼向现代开放式、研究型图书馆的转变。

1945 年 8 月，抗战取得胜利，史语所开始筹备复员回京的工作，终于在1946 年迁回南京。史语所（回南京）"一年来，院外来所阅览者，为数甚多，如国立编译馆、中央大学、独立出版社、国防部、中印学会等机关，随时有人来此阅读"②。正当史语所要大展身手时，国内战争发生了，因各种原因，史语所于1948 年底开始迁往台湾，1949 年初，史语所将其全部图书、档案、仪器、文物标本搬往台湾。运台图书达 14 万册，多为善本书以及精选的平装书、杂志、公报与西文书刊。③ 这些图书文献为史语所在台湾开展人文学术研究奠定了坚实的基础。

---

①　严耕望：《我对傅孟真先生的感念》，《仙人掌》1977 年第 1 期。

②　《国立中央研究院历史语言研究所工作报告》（1946. 10 — 1947. 9），欧阳哲生主编：《傅斯年文集》第 4 卷，中华书局 2017 年版，第 595 — 596 页。

③　蒋复璁：《蒋复璁口述回忆录》，"中研院"近史所 2000 年版，第 62 — 63 页。

第五章　历史语言研究所与中国博物馆事业的发展

史语所作为现代中国学术研究的重镇,给中国学术界、教育界和知识界带来的影响是全面性的。学界多注重史语所在史学、考古学和语言学等领域的突出成就,鲜有论述其在现代博物馆事业上的贡献。① 本章将在运用台湾史语所典藏的《史语所档案》、中国第二历史档案馆所藏《中央研究院档案》的基础上,并参照《傅斯年文集》、《李济文集》和《曾昭燏文集》等史料,从制度化、组织化的视角,探讨作为现代学术研究机构的史语所在博物馆领域所取得的学术成就,以期揭橥史语所于动荡的政治环境中对中国博物馆事业发展所作出的可贵努力。

第一节　推动文物公有公藏的实践及其立法

博物馆有系统历史,是文艺复兴以来,欧洲的王公大臣和富室学者出于好

---

① 目前学界仅有刘作忠的《李济与旧中国的文博考古事业》(《纵横》2005 年第 9 期)和徐玲的《李济与西方博物馆知识在中国的传播》(《中原文物》2011 年第 4 期)论及史语所学人李济在文博事业的贡献。另外杜正胜的《史语所与中央博物院》(《艺术殿堂内外》,台北三民书局2004 年版,第 93—98 页)一文回顾了两个机构的合作历程。笔者目力所及,学界还没有从制度化、组织化的视角,探讨作为现代学术研究机构的史语所在博物馆事业上的贡献。

奇心和探求知识的目的,竞相收藏古典书籍、艺术品以及珍奇的人类历史和自然历史标本,收藏成为当时的风气。① 至 18 世纪,博物馆的内容、形式和功能也不断延伸,随着大英博物馆、法国卢浮宫博物馆等的建立并向社会开放,收藏品由私人秘藏转向公有公展,博物馆不再是贵族和学者研究欣赏之地,也为公众和公共利益之用。

20 世纪初,古物公有公藏观念已成西方博物馆界的共识,各国博物馆都一致强调博物馆的公共性和开放性,并将之视为博物馆的基本要素之一。② 但此时的中国收藏仍缺乏公有、公益等观念。蔡元培批评古物秘藏的传统习气,一切收藏专供私人把玩,"我国人之特性,凡大画家及收藏家,家藏古画往往不肯轻以示人,以为一经宣布,即失其价格,已遂不得独擅其美。"③

中国文物公有公藏观念的产生和外人在我国对文物的掠夺、将发掘古物捆载而去的激发有关。在相当一段时间,中国没有专业人才和学术机构能够参与外人在中国的考察活动,导致文物流失严重。1924 年,在哈佛大学系统学习考古学课程的李济将学术重心转向考古学,在实践中提出了文物应该国有的观点。1926 年,他受美国弗里尔艺术馆资助,发掘山西夏县西阴村新石器时代遗址。但发掘出的文物如何处置?李济与弗里尔艺术馆签订了合作发掘办法,他提出了"发掘所得应为国家保存","为促进学术研究,清华学校有权安排出土物公开展览"。④ 李济深知文物的价值和重要性,提出文物归国家所有,由公共机构负责展览和保存的观点,这在当时可谓振聋发聩。

史语所建立后,李济就任考古组主任,带领考古队伍在河南安阳进行考古

① 曾昭燏:《博物馆》,南京博物院编:《曾昭燏文集·博物馆卷》,文物出版社 2009 年版,第 5 页。
② 徐玲:《西方博物馆观念在中国的早期传播》,《中国博物馆》2011 年合刊,第 99 页。
③ 蔡元培:《北大画法研究会休业式演说词》,高平叔编:《蔡元培全集》第 3 卷,中华书局 1984 年版,第 182 页。
④ 李济:《山西省历史文物发掘管理办法》,张光直主编:《李济文集》第 2 卷,上海人民出版 2006 年版,第 157 页。

发掘。此时李济把公有公藏的观念提升为考古队员的行规。"董（作宾）先生和梁思永先生和我对于现代考古学都有一个同样的信仰、同样的看法。我们三个人以及其他一块从事田野工作的同仁都认为近代考古学虽然应该接受不少的、过去的固有传统，但有一点我们是应该革新的。这一点就是我们不能、也不应该把我们研究的对象，当作古玩或古董看待"，史语所考古队达成了共识，"埋藏在地下的古物都是公有的财产；他们在文化上和学术上的意义及价值最大；没有任何人可以负荷保管他们的责任，所以一切都应该归公家保管。"①史语所作为国家学术机关和考古学的重镇，为中国考古学树立了新的标尺。不收藏古物成为每个考古人的职业道德规范，文物公有成为中国考古学界的传统。

史语所的诸多学者担任了古物保管委员会委员，他们为文物保护的专业化和专门化提供了保障。社会各界人士也认识到文物保护的重要性，为了维护文物主权，制止外人在我国随意发掘，"欧美学者以东方学术相号召，不惜重金购致（置）吾国古物……在（其）政府协助之下，任意捆载而去"②，中国政府成立了大学院古物保管委员会③，制定了《古物保管委员会组织条例》，专门

---

① 李济：《南阳董作宾与近代考古学》，张光直主编：《李济文集》第 5 卷，上海人民出版社 2006 年版，第 210 页。

② 古物保管委员会：《古物保管委员会工作汇报》，大学出版社 1935 年版，序，第 1 页。

③ 1928 年，大学院古物保管委员会成立，其负责全国文物古迹的保管、研究及发掘等事宜，由主任委员张继主持。委员名单：张继、高鲁、顾颉刚、蔡元培、徐炳昶、马衡、张静江、林风眠、刘复、易培基、易韦齐、袁复礼、胡适、傅斯年、翁文灏、李四光、沈兼士、徐悲鸿、李宗侗、陈寅恪、李石曾、朱家骅。由名单可知，大多委员为新派人物，支持史语所的考古发掘。（参见中国第二历史档案馆编：《中华民国史档案资料汇编》第五辑·第一编·文化（二），江苏古籍出版社 1994 年版，第 581 页。）后遵行政院令，大学院古物保管委员会改为中央古物保管委员会，直隶于行政院，下设文书、审核、登记三科，分掌各类事项。委员：张继、戴传贤、蔡元培、吴敬垣、张仁杰、陈寅恪、翁文灏、李济、袁复礼、马衡，另由内政、教育部各派代表两人，国立各研究院、国立各博物院各派代表一人，会同组织中央古物保管委员会委员。起初会址设于上海，北伐完成后，又设北平、江苏、浙江等分会。后因北平赖以保存之古物较多，于一九二九年将会址迁至北平团城，抗日战争爆发后，该会停止运作。（参见考罗桂环的《试论二十世纪前期中央古物保管委员会的成立及意义》，《中国科技史杂志》2006 年第 2 期和中国第二历史档案馆编：《中华民国史档案资料汇编》第五辑·第一编·文化（二），江苏古籍出版社 1994 年版，第 590 页。）

负责全国文物古迹的管理、保护、研究和发掘等事项。国民党元老张继担任古物保管委员会主任,所中学人傅斯年、陈寅恪、李济、胡适、刘复和顾颉刚等任委员。根据组织条例,江苏、山东和河南各省也成立了分会。在古物保管委员会的统筹下,各地文物保护组织成立,形成一个遍布各地的庞大的保护系统,最终实现了文物保护专业化、制度化和系统化,为文物的国有提供了组织基础。①

1929 年,李济和董作宾等人在安阳殷墟进行第二次发掘时,因躲避战乱而仓促收工,将发掘出的重要文物北运,结果引起以河南图书馆馆长兼民族博物院院长何日章为代表的地方人士的不满。何日章反对史语所继续发掘,并得到教育厅和省政府的支持,致使史语所第三次殷墟发掘中途停止。地方报纸《河南教育日报》,政府报纸《国民政府公报》和《中央日报》,商业报纸《时报》、《国民日报》和《益世报》(天津版),学术刊物《史地学报》、《安阳发掘报告》,以及学术机关报《国立中央研究院院务月报》等对纠纷均有报道。新闻将双方争论的实质即文物的归属权问题呈现在社会公众面前。

对于文物的处置和归属等问题,政府既没有专门的法律,也没有先例可以遵循,才导致中国与外国、中央与地方、私藏与公有聚讼不已。② 柳诒徵认为此次文化事业之争,只能通过"决定政治系统",明确机构权责才能避免。③ 傅斯年深表赞同,认为:"果中华民国有古物保管发掘法,如一切文化国家所当有者,则敝所在安阳之工作自可省去若干枝节。"④

傅斯年、李济等学人的奔走呼吁,促进了相关法律的颁布。为了推动古物保护法的制定,李济曾说:"我们当中许多人积极活动,要求中央政府制定一

---

① 李建:《我国近代文物保护法制化进程研究》,山东大学博士学位论文,2015 年,第 147—148 页。

② 外国学者和探险家在中国进行的田野调查和发掘,因文物采掘及归属问题缺乏法律依据和制约,致使他们以各种理由和手段将文物携带出境而流失。

③ 柳诒徵:《论文化事业之争执》,《史地学报》1930 年第 2 卷第 1 期。

④ 《中央研究院历史语言研究所傅斯年君来函》,《史学杂志》1930 年第 2 卷第 4 期,附录。

个古物保护法，包括遗址和有历史价值的遗迹、以及国家珍品出口规章和管理科学发掘的条例。"①终于在大学院古物保管委员会的推动下，政府于 1930 年 6 月公布了《古物保存法》。

《古物保存法》共 14 条，对文物的范围、所有权、归属权、发掘权、研究权等作出详细规定。古物法规定古物的范围："与考古学、历史学、古生物学及其他文化有关之一切古物而言"。"埋藏地下及地下暴露地面之古物概归属于国有"，在法律上规定了所有古物属于国家。针对中央与地方学术机构发掘权限模糊不明确的特点，古物法明确规定发掘文物的学术机构，"采掘古物应由中央或地方政府直辖之学术机构为之"。规定文物的研究权"呈请中央古物保管委员会核准，于一定期内负责保存，以供学术上之研究"。针对古物发掘核准机构，古物法规定"应呈请中央古物保管委员会审核转请教育、内政两部会同发给采掘执照，无前项执照而采掘古物者，以盗论"。针对文物的收藏、保护工作，根据古物法还成立专门的机构——中央古物保管委员会来统一负责，"古物除私有者外应由中央古物保管委员会责成保存处所保存之"。②

1931 年 7 月，为了便于贯彻实施《古物保存法》，国民政府行政院公布了古物保管委员会制定的《古物保存法施行细则》。施行细则的颁布使考古工作有了实践依据。后因考古存在乱挖私掘等现象，为了规范发掘的行为，中央古物保管委员会针对古物采掘等规则的制定进行了讨论，决定依据保存法与施行细则的相关规定执行采掘古物许可证制度。委员会制定了"采掘古物申请事项表"，颁布了《采掘古物规则》。1935 年 3 月 16 日，经行政院院务会议修正通过并公布施行。《古物保存法》、《古物保存法施行细则》、《采掘古物规则》、《暂定古物范围及种类大纲》和《外国学术团体或私人参加采掘古物规则》等一系列法规政策的颁布，从而为确立了文物公有公藏提供了法律基础，

---

① 李济：《安阳》，张光直主编：《李济文集》第 2 卷，上海人民出版社 2006 年版，第 359 页。

② 《古物保存法》，《中华民国史档案资料汇编》第五辑·第一编·文化（二），中国第二历史档案馆编，江苏古籍出版社 1994 年版，第 609 页。

明确向社会公众宣告了发掘的文物为国家所有,并有效地避免了乱挖私掘等现象,进一步规范了发掘主体,为落实文物公有提供了切实可行的法律规则依据。

第二节 参与博物馆的创建与管理

以傅斯年、李济为代表的史语所新学术的开拓者们,既有传统文化学术的底蕴,了解中国的国情,后又赴欧美留学,接受了西方学术的专业训练,对西方博物馆辅助科学研究、古物保存、思想启蒙和教育民众等作用留下了深刻的印象。傅斯年论及博物馆意义:"查欧美大国以及甚多小国皆有国立博物馆之设置,乃表示本国对于学术上贡献之最好场所,且以启发人民对于学术之兴趣而促进科学及文化之进步者。"①李济对博物馆的直观教育功能有切身感受,他回忆在哈佛大学读书时,"人类学的课程在一个博物馆的房子里上课。这座房子的建筑,是纪念一位彼包得(Peabody)先生的六层大楼,里面保有自然科学的陈列品。当时最有名陈列品是植物部门的玻璃化。若就科学的价值说,差不多每一层的陈列都有它的特别价值。"②

专业素养、广阔的知识面以及心系社会的责任感让史语所学人决定参与博物馆的管理和创建,以担负起启蒙民众和展示知识文化、推动科学技术的重任。1929 年,傅斯年向教育部部长蒋梦麟提出了接管北平历史博物馆。7 月,中研院公函教育部:"案博物馆之发达,端赖专门学者之整理,历年不断之增益,研究结果之报告,精编目录之刊行,盖保存之中寓有研究,研究之果在于著述,此通谊也。查北平之历史博物馆,藏物颇有根基,可据之以成大规模之博物馆,只以限于经费,未能多聘整理研究之人。而历史语言研究所不乏专家,

---

① 《拟博物馆设置之意义》,傅斯年图书馆藏史语所档案:元 381—3。
② 李济:《我在美国的大学生活》,张光直主编:《李济文集》第 5 卷,上海人民出版社 2006 年版,第 197 页。

从事整理之业,只以自无材料,亦感创始之艰。若以历史博物馆并入历史语言研究所,则以彼材料,用此人力,必感相得益彰之效。不特旧物得适当之保存、整理、与刊布,而历史语言研究所以后历年所获,盖以增益此博物馆,亦可日益发达。历史博物馆必有整理之人,历史语言研究所亦日获新出之具,合则两美,离之两伤。尤有进者,历史语言研究所近以二万元购李氏所有之明清内阁档案,实与历史博物馆馆藏者为一事,后乃无端分为两宗,合为一起,事半功倍。为此种种,拟请均院转向教育部商量,可否将历史博物馆拨归历史语言研究所。"①

8月,教育部将北平历史博物馆移交给史语所,改名为国立中研院史语所历史博物馆筹备处。史语所成立历史博物馆筹备委员会,由朱希祖任常务委员会主任,傅斯年、裴善元为常务委员,陈寅恪、李济、董作宾、徐中舒为委员,裴善元担任管理主任。② 历史博物馆筹备处成立后,史语所首先决定归并各项物品,使得历史博物馆筹备处收藏更系统化和专业化。史语所如将一架飞机和若干教育标本转移至专业的博物馆,以清系统。还将212126件藏品中不适合展览者庋藏,并分别储存,妥为看管,将展览件放于大小玻璃柜中分别门类置为7室展出。史语所还将开馆日期定为每周二、周六和周日,星期三为"特别研究日","以便学术机关学校团体以及专门学者从容入览,俾获有充分研究之时间"。③

此时傅斯年认为"博物馆之设置,于备公众观览之外,其重要意义在供学人研究"。④ 傅氏尤其关注博物馆的学术研究功能,将其向中外学者开放,把

① 中国第二历史档案馆中央研究院档案:中央研究院有关历史博物馆划归历史语言研究所的有关文书,全宗号三九三,案卷号276。

② 《国立中央研究院历史语言研究所十八年度报告》,欧阳哲生编:《傅斯年文集》第4卷,中华书局2017年版,第94页。

③ 《国立中央研究院历史语言研究所十八年度报告》,欧阳哲生编:《傅斯年文集》第4卷,中华书局2017年版,第110页。

④ 《国立中央研究院历史语言研究所十八年度报告》,欧阳哲生编:《傅斯年文集》第4卷,中华书局2017年版,第109页。

博物馆打造成学术研究基地。博物馆的日常工作包括征集、购置、调查、搜集、模制、塑造、仿绘、整理以及展览等多项工作。史语所"凡于保存古物,阐扬文化,关系重要者,均以馆内经济状况,勉力进行",因为积极推进博物馆的工作,"学者研究之旨趣日益增进,入览人数之统计亦形踊跃"。[①] 史语所接管博物馆的第一年即接待中外各界人士33000多人,后每年接待人数皆以"万"计。国内外学者到馆研究络绎不绝,北平协和医院邓乐普院长、北京大学俞平伯教授、清华大学黄宗昌教授、燕京大学博晨光教授、岭南大学谢扶雅教授,日本学者广濑都异、岛村孝三郎、水野清一、山本一郎、黑田源次、山下泰藏,美国学者盖安、溥爱伦,德国学者兰辛,等等,皆来馆进行相关研究。

历史博物馆筹备处每月经常费只有500元,史语所拟定的博物馆的征集、保管、研究和教育等业务,因"限于经费,未能积极进行"。[②] 1931年,九一八事变发生后,日本加紧侵略中国,北方局势日渐紧张,中研院决定将馆藏重要物品,先后分批南迁,存于中央博物院筹备处临时仓库。1936年,中央博物院筹备处经教育部批准,接管了历史博物馆筹备处,"中央研究院以二十五年度本院当可成立,该馆有归并必要。特于二十四年十一月致函筹备处声明自二十五年度起,该馆经费,改由本院支付。筹备处据函向教育部请示。奉准自二十五年七月实行接受合并。该馆藏品亦为本院基本物品"。[③]

蔡元培很早就留意西方博物馆的社会教育功能,并著文向国内介绍,主张在国内兴办图书馆、博物馆等公共设施以增益民智、民德和实施美育,"知道收藏古物与书画,不肯合力设博物院,这是不合于美术进化公例的"。[④] 蔡元

① 《国立中央研究院历史语言研究所十九年度报告》,欧阳哲生编:《傅斯年文集》第4卷,中华书局2017年版,第216页。

② 中国第二历史档案馆中央研究院档案:中央研究院关于职员任免及派遣等事项文书,全宗号三九三,案卷号418。

③ 《国立中央博物院筹备处九年来筹备经过简要报告》,傅斯年图书馆藏史语所档案:考28—22。又见中国第二历史档案馆中央研究院档案:中央研究院有关历史博物馆划归历史语言研究所的有关文书,全宗号三九三,案卷号276。

④ 蔡元培:《美术的进化》,高平叔编:《蔡元培全集》第4卷,中华书局1984年版,第19页。

培积极推动国内博物馆的建设,并有创办一座国家级博物馆的设想。中研院成立后,院中同仁蔡元培、丁文江、傅斯年和李济等人提议在南京建立一座国家级的博物馆,"南京为国民政府建都所在,施政中枢,人文荟萃,中外士宾,观瞻所系。政府及各学术团体,渴望有一完善之博物馆。"①1933 年 4 月,最终由中研院和教育部共同推动设立了中央博物院筹备处,聘请史语所所长傅斯年为筹备处主任。1936 年,中央博物院筹备处理事会成立,蔡元培当选为理事长,傅斯年为秘书。

傅斯年因有管理历史博物馆筹备处的经验,很快为中央博物院筹备处拟定了工作规划、编制预算、筹划经费、收购古物以及接洽各学术机关,从而为博物院的发展奠定基础。傅氏最初提出博物院的宗旨为"提倡科学研究,辅助民众教育,以适当之陈列展览,图智识之增进"。② 1934 年,宗旨简化为"提倡科学研究,辅助民众教育",其任务为"系统的调查、采集、保管和陈列,并说明一切自然科学、人文科学、及现代工艺之材料与标本"。③ 傅斯年规划了自然、人文和工艺三馆,其中自然馆"求能系统的、扼要的表示自然知识之进展";人文馆"表示世界文化之演进,中国民族之演进";工艺馆"表示最近物质文化之精要"。④ 傅斯年的博物馆理念大体上带有浓厚的自然史博物馆的意味,秉承欧洲文艺复兴以来博物馆的正统,即注重学术研究和社会教育功能,与受中国古董风气感染的博物馆人士截然异趣。⑤

中央博物院筹备处成立后一方面进行院舍的建造,另一方面收集文物资料以充实馆藏。1934 年 7 月,傅斯年辞去博物院筹备主任职务,由李济继任。

---

① 《国立中央博物院筹备处概况·沿革》,《国立中央博物院筹备处概况》,国立中央博物院筹备处 1942 年编印,第 1 页。

② 谭旦冏:《"中央博物院"二十五年之经过》,中华丛书编审委员会 1960 年版,第 15 页。

③ 《国立中央博物院筹备处暂行规则》,《国立中央博物院筹备处概况》,国立中央博物院筹备处 1942 年编印,第 4 页。

④ 《拟博物馆设置之意义》,傅斯年图书馆藏史语所档案:元 381—3。

⑤ 杜正胜:《史语所与中央博物院》,《艺术殿堂内外》,台北三民书局 1984 年版,第 95 页。

史语所积极支持博物院的建设工作,双方在业务和人才的合作与交流非常频繁,建立了密切的联系。1936年,中央博物院与中研院签订合作暂行办法,其中规定"考古部分,(中央博物院)应发展陈列技术;一切研究工作,由历史语言研究所主持之,在可能范围内,由博物院资助发掘费,津贴工作人员薪水,并与其他学术机关合作","民俗之研究工作,与历史语言研究所合作。"①1939年史语所所务会议决定,中央博物院研究人员阅读和借阅书籍适用所中同人待遇。② 两机构在研究与收藏上作了分工,形成了研藏互长、合作发展的局面。

20世纪30年代,随着各级和各类博物馆的建立,中国博物馆界意识到成立统一协会的重要性。1934年,由中央博物院筹备处主任傅斯年、故宫博物院院长马衡、北平图书馆馆长袁同礼等人共同倡议,筹备成立中国博物馆协会。1935年5月18日,经过将近一年的筹备,中国博物馆协会正式成立。史语所专任研究员傅斯年、李济、梁思永、裴善元、吴定良,通信研究员丁文江、梁思成、沈兼士、朱希祖、徐炳昶、顾颉刚、翁文灏、容庚、陈垣、赵万里和马衡等人成为协会会员,马衡、傅斯年、李济、丁文江、徐炳昶、沈兼士和翁文灏还担任了协会执行委员。史语所历史博物馆筹备处和中央博物院筹备处等学术机构成为协会机关会员。史语所学人通过组织制度改变了中国博物馆力量分散不利的现状,以团体的力量推动中国博物馆事业的长远可持续发展。

史语所学人还在博物馆学理论上进行探索,他们通过借鉴西方的博物馆学资料、方法和理论,结合国内博物馆工作实践,思考建构适合中国国情的博物馆理论体系。傅斯年和李济对博物馆功能的阐述以及规则的制定即开始了博物馆本土化的尝试。李济长时间担任中央博物院筹备处主任,不断地进行调查、思考和研究,写成《远古石器浅说》、《博物馆与科学教育》、《国立中央研

---

① 《中央博物院与中央研究院合作暂行办法》,《国立中央博物院筹备处概况》,国立中央博物院筹备处1942年编印,第13—14页。

② 《本所函中央博物院》,傅斯年图书馆藏史语所档案:昆7—127。

究院筹备处概况》等著作。1943年,他与曾昭燏合著《博物馆》,此书概括了中外博物馆的沿革,探讨了博物馆的组织、管理、建筑、设备、收藏、保存、研究和教育等功用和职能,从而奠定了中国博物馆史叙述的框架,对我国博物馆的建设和发展发挥了引导、参照和借鉴的作用。①

第三节　组织文物展览和参加国际交流

考古学并非象牙塔中的学术研究,其发展离不开赖以生存的社会环境和公众的认可。李济说:"田野考古工作者除了面临复杂技术问题外,还有某些非技术性的,社会和政治方面的艰难障碍。在中国这样一个受传统束缚的国家里,进行田野发掘经常会遇到这些障碍。"②1929年史语所与河南地方人士的争议促使傅斯年、李济考虑如何参与社会公众的互动,普及科学的考古学知识,获取社会文化事业的身份,以期社会能够理解、支持考古工作。

另外,社会公众认为考古就是挖人坟墓,寻找宝物,甚至连国民政府考试院院长戴季陶也将考古和掘墓简单对应,并上升至伦理道德的高度否定考古,"今诸君子何心,而自掘民族全体所应共爱共敬之古人坟墓,以自伤其祖先之德,败其同胞之行,而引后世子孙以不正之趋向耶。"③如何化解政治力量和社会公众对考古的误解,将考古学从盗掘、挖宝等的污名化活动中区隔开,成为史语所不得不重视的问题。

史语所考古组是当时国内最早进行大规模田野发掘的学术团队,随着发掘古物的大量增加,如何保护利用这些文物也成为史语所关注的问题。史语所学人认识到发掘品不仅仅是历史材料,还是文化的载体,有丰富的文化内涵,不仅能陶冶情操,还能启发民众的爱国之心。史语所决定通过吸纳地方人

---

① 曾昭燏和李济合著的《博物馆》,1943年在重庆由正中书局出版。
② 李济:《安阳》,张光直主编:《李济文集》第2卷,上海人民出版社2006年版,第359页。
③ 《陕西考古会之工作进行与戴院长之反对发掘古墓》,《燕京学报》1934年第15期。

士参与考古工作,积极出版、宣传和展示考古研究成果,揭去了考古的神秘感,以主动的姿态融入社会体系之中。

1930 年,中原大战爆发,河南成为主战场,史语所考古组不得不中断在安阳殷墟的发掘,撤出河南,将工作重心转向山东。史语所吸取在河南的经验与教训,探索出一条与地方政府合作的道路,与山东省政府合组山东古迹研究会。其中商定办法第一条是"由国立中央研究院与山东省政府各聘委员二人至五人组织山东古迹研究会",第四条为"其科学的指导之责,由国立中央研究院任之;其保护之则,由山东省政府任之"。① 古迹研究会既吸收了省方的优秀人员如山东图书馆馆长王献唐、国立青岛大学校长杨振声、青岛胶澳中学校长刘次萧和济南高级中学校长张敦讷等,又得到地方人士对考古工作的保驾护航,因而史语所在山东城子崖等地发掘取得极大的成功。

为宣传考古成绩,山东古迹研究会于 1931 年 1 月 1 日和 2 日两天在济南办事处开会展览,各界参观者极多,随后李济又在《山东省立图书馆季刊》上撰文介绍城子崖发掘成绩。② 2 月,史语所又在南京专门举办了河南安阳殷墟和山东历城城子崖考古成绩展览会,原定展会三天,不得不延长一天,"顷因参观者叠来请求延长展览,特定于明日再展览一日"。③ 李济和董作宾还就考古有关问题作了专题讲演,李济在中央电台作公开演讲"国立中央研究院三年来之考古工作"。展览会举办非常成功,党国要人蒋介石、胡汉民、孙科、于右任等先后到会参观,社会各界来参观者络绎不绝,媒体纷纷报道展会消息,在国内引起了极大的关注和良好的反响。

---

① 中国第二历史档案馆中央研究院档案:中央研究院为发掘谭国故城合组山东古迹研究会与山东省政府来往文书,全宗号三九三,案卷号 145 和《本所致函总办事处》,傅斯年图书馆藏史语所档案:元 169—3。

② 《本省图书文化消息:发掘龙山城子崖工作情形》和《发掘龙山城子崖的理由及成绩》,《山东省立图书馆季刊》1931 年第 1 卷第 1 期,第 531—532 页、第 224—227 页。

③ 《关于本院在京开考古成绩展览会之经过》,《国立中央研究院院务月报》1931 年第 2 卷第 6 期,第 229 页。

1931年,史语所重回河南进行考古发掘,这次借鉴了在山东的成功经验,决定吸收河南地方人士,与省政府合组河南古迹研究会。史语所的发掘最终突破安阳殷墟一域而覆盖河南全省,并取得了丰硕的考古成果。河南古迹研究会担心"社会人士未明吾人工作真相,或转有秘而不宣之疑虑,本会在职言职,似难以再缄默,故谨将研究过程中诸物,和盘托出",因而举办了两次出土文物展览会。古迹研究会陈述展览活动的宗旨之一,"盖欲借古物之接触,以促进社会对古物之重视,因古物之重视,以促进古物之保存,并间接冀影响于盗掘盗卖者心理之矫正"。① 史语所通过展览活动的开办,为河南树立了学术风气,向公众揭示了考古工作的价值,宣传了文物保护的意义。

史语所还与中央博物院合作,进行考古发掘、民族调查与标本采集。考古发掘品最终选择博物馆作为最终归属,不仅践行了文物国有的观念,也使得考古学最终摆脱私有和私流的命运,强化自身的法理地位,获取了公共属性。② 博物院的陈列和展览又向社会公众宣传了考古研究成果,促进了公众历史观念的发育,重塑了民众历史文化认同。博物院为史语所的第13、第14和第15次殷墟发掘提供经费,史语所将出土文物交付博物院保存。全面抗战爆发后,两机构合作交流更加频繁。1938年他们合组苍洱古迹调查团,三年间在洱海和大理发掘遗址38处;1941年合组川康古迹调查团,从事川康境内的调查与发掘;1942年合组西北史地考察团,赴敦煌、黑水流域考古调查;1943年合组琴台整理工作团,对前蜀王建墓发掘整理;1944年合组西北科学考察团,对甘肃一带进行考古调查与发掘。

1944年,两机构合力在四川李庄和重庆举办远古石器展览,并由李济捉刀,曾昭燏誊写,梁思永和夏鼐批注过的《远古石器浅说》作为展览会的专刊,

---

① 国立中央研究院、河南省政府合组河南古迹研究会:《国立中央研究院、河南省政府合组河南古迹研究会成立三周年工作概况及第二次展览会展品说明》,1935年,第28页。
② 徐坚:《名山:作为思想史的早期中国博物馆史》,科学出版社2016年版,第226页。

"以系统的陈列表示人类的进化","藉以宣扬人类文化最早的一步"。① 展览将进化学理通俗化和具体化,使人更容易理解历史的演变和文化上的进步,无论在李庄还是重庆,开展后得到公众的热烈回应。有参观过的人未免失望,认为"都是一些烂石块,没有惊人的东西,有什么好看,太不合我的理想了",杨钟健专门撰文投给媒体,重申此次石器展览的意义。②

史语所将展览与公益结合。史语所管理历史博物馆筹备处时,除了馆藏基本陈列开放之外,还经常办专题展览,并与公益结合。1931 年 3 月,历史博物馆筹备处联合故宫博物院与古物陈列所共同开放三天,售券筹款,全数充作慰劳上海抗日将士之用。历史博物馆筹备处除将各陈列室完全开放外,史语所又将明清两代重要档案与史料辟室陈列。③ 6 月,当东北伪满洲国傀儡登场时,"洪氏(即洪承畴)人格事迹颇有其相当刺激性","为供国人鉴戒计",史语所决定检集洪承畴馆藏史料和所中档案,做了九天有系统的展览。④

史语所发掘的文物多具有重大的历史文化价值。中国政府为了敦睦中外邦交,交流文化,多次征集史语所的文物,参加美国、英国和苏联等国家的展览会。在国外展览期间,国外的报刊"天天报道消息,刊载文章,杂志发行专刊、画刊","剪报公司剪取这类资料出售",结果导致参观人数剧增,不得不延长展览时间,往往掀起"中国热"高潮,使西人对悠久的中国历史、美妙的艺术和灿烂的文化倍加称誉。⑤ 徐坚论及伦敦中国艺术国际展览会不仅为中国赢得

① 李济:《远古石器浅说》,张光直主编:《李济文集》第 2 卷,上海人民出版社 2006 年版,第 3 页。

② 杨钟健:《五十万年以上历史的实证——记中央博物院专题展览的石器部分》,《大众报》(重庆)1944 年 11 月 19 日,第 3 版。

③ 《国立中央研究院历史语言研究所二十年度报告》,欧阳哲生编:《傅斯年文集》第 4 卷,中华书局 2017 年版,第 370 页。

④ 《国立中央研究院历史语言研究所二十年度报告》,欧阳哲生编:《傅斯年文集》第 4 卷,中华书局 2017 年版,第 371 页。

⑤ 傅振伦:《故宫古物首次出国展览始末》和《故宫藏品再次国外展览记》,《傅振伦文录类选》,学苑出版社 1994 年版,第 856 页、第 864—865 页。

了广泛的国际认可和尊重,开启了文物外交的先河,在文化层面的意义,其展现出的中国艺术全貌,使中国文化和艺术重新回到了东亚文明的中心位置,改变西方国家对中国文化艺术的模糊性形象。①

史语所学术展览简表

展览名称	地点	日期	附记
河南赈灾会在上海展览筹款	上海	1930 年 1 月	史语所将安阳出土文物选出一部分并附《安阳发掘报告》协助展出。
山东古迹研究会考古展览会	山东济南	1931 年 1 月	史语所在济南青岛大学工学院将城子崖遗址出土文物进行公开展览。
考古成绩展览会	南京	1931 年 2 月	史语所主办,河南安阳殷墟和山东历城城子崖出土文物。
美国芝加哥博览会	美国芝加哥	1932 年 7 月至1933 年 12 月	实业部主办,委托中研院征集科学展览品,组织科学组赛品征集委员会傅斯年、李济等任委员,北平分会有李济主持参赛文物六十二件。
河南古迹研究会考古展览会	河南开封	1933 年 2 月	史语所借河南省博物馆第一次展出河南浚县出土文物。
第二次全国铁路沿线出产货品展览会	南京	1933 年 9 月	史语所以出版品参展。
河南古迹研究会考古第二次展览会	河南开封	1935 年 2 月	史语所为纪念河南古迹研究会成立三周年,在开封第二次展出河南遗址出土文物。
伦敦中国艺术国际展览会(预展)	上海	1935 年 4 月	预展后运英国参展。
伦敦中国艺术国际展览会	英国伦敦	1935 年 11 月至1936 年 3 月	教育部主办,邀请史语所将历年发掘所获古物有艺术价值的代表参展,并请李济赴会,应英国各大学邀请讲学,便道考察欧洲考古与文博事业。
第二次全国美术展览会	南京	1937 年 2 月至6 月	教育部主办,以殷墟出土器物二七七件、影片二十件、图片十一件参展。梁思永、刘燿、祁延霈、胡福林襄助陈列。

---

① 徐坚:《名山:作为思想史的早期中国博物馆史》,科学出版社 2016 年版,第 94 页。

续表

展览名称	地点	日期	附记
苏俄中国艺术展览会	苏联莫斯科	1939 年 5 月至1942 年 10 月	行政院主办，征集安阳出土古物参展，以甲骨、戈矛车饰犬刀石刀等二十件照片八十幅参展。
中研院十三周年纪念展览会	四川李庄	1941 年 6 月	史语所主办，展出出土文物、研究著作、图书字画等。
第三次全国美术展览会	重庆	1942 年 12 月至1943 年 1 月	教育部主办，以殷墟出土各期甲骨文字参展，董作宾与会。
远古石器和铜器展览	四川李庄；重庆	1943 年 10 月；1943 年 11 月	中央博物院主办，史语所发掘出土的石器和铜器参展，技佐李连春襄助。
孟买国际文化展览会	印度孟买	1945 年 11 月	史语所、中央博物院和营造学社提供历代艺术文物照片。

第四节　博物馆人才培养

清末民初是近代博物馆在中国从无到有的一个特殊阶段。随着博物馆实践活动的开展，事业建设急需一批熟悉近代博物馆学理论与知识、拥有博物馆实践经验的人才。但作为一个新近舶来的专业，博物馆学迟迟未能在高校建立专业，整个民国时期未能改变博物馆学人才缺乏的现状。

史语所立足于国内人才现状，先派吴金鼎赴英国学习考古学和博物馆学，后又建议在英留学的夏鼐转学埃及考古学并兼习保存古物之技术。李济致信夏鼐，请其留心博物馆学人才，"现博物院建筑已开始，开院时需要专门人才处尚甚多！并祈留心代为物色为盼"。[①] 傅斯年建议曾昭燏转学博物馆学。曾昭燏回复傅斯年，认为以"博物馆学"为研究之目的，"我想是最好的方法，一则中国于此道尚不甚发达，专学此者似尚无人，二则于我自己也较为方便；

---

① 王世民：《夏鼐陈请梅贻琦校长准予延长留学年限的信函》，《清华大学学报》（哲社版）2002 年第 6 期。

所以我决定向此方面进行,现在即在柏林两个博物馆做'古物保存'的实验。"①李济也支持曾昭燏赴德国实地调研和观察、学习陈列和保管文物的方法,并补助其 15000 元,条件是一年后回博物院工作。

但派遣留学生费用甚高,并且缓不济急。史语所的考古研究人员具有文物发掘、鉴赏、研究以及管理的能力,这在客观上也为博物馆事业的发展训练了人才和储备了学术力量。李济身兼史语所考古组主任和中央博物院筹备处主任,中央博物院筹备处人才紧缺,史语所便将裴善元、郭宝均、李孝定、赵青芳和尹焕章等借调至博物院,赵青芳和尹焕章最后留在博物院。他们在史语所的考古发掘中掌握了技术,又在博物馆的工作实践中得到训练,很快成为博物院的中坚力量。② 因为博物馆应用性强的特点,没有实践基础,很难理解抽象的理论阐释,李济往往在日常工作中培养提携年轻人。李霖灿回忆,初至博物院,因为"听到了济老(李济)的一夕清谈,这才茅塞顿开地知道了一点起码的博物馆学,也首次知道他们办'中央博物院'的心胸抱负。"③

小　　结

史语所在推进专业化研究的同时,并没有推卸普及教育、提升文化以及促进科学进步的社会责任。其通过践行文物公有公藏的观念并促请政府将其立法,组织参加了众多的文物展览和国际交流,成功架起考古与社会公众之间的桥梁,孕育民众的公共历史观念,满足了公众对考古的兴趣,最终使公众了解并认同考古工作所揭示的文化遗产价值,并转化成为文化遗产保护的力量。

---

① 《曾昭燏致傅斯年函》,史语所傅斯年档案馆藏傅斯年档案:Ⅱ:460—1。
② 赵成华等:《怀念父亲赵青芳》,《东南文化》1996 年第 3 期和陈永清:《功勋卓著精神永存——缅怀尹焕章同志》,《东南文化》2002 年第 9 期。
③ 李霖灿:《"中央博物院"的悲剧——记博物院事业中一项理想的真精神》,李在中:《朵云封事》,北京出版社 2018 年版,第 3 页。

　　史语所还通过参与历史博物馆筹备处的管理、中央博物院的创建,推动中国博物馆协会的成立以及培养博物馆学术研究人才,使中国的博物馆发展既有成熟的实践经验和完善的运作机制,又有了群体和组织的支撑。考古学与博物馆的合作,研藏互长,相得益彰,使得考古学的社会文化公共属性地位得以确立。史语所的博物馆实践和理论探索为中国博物馆事业的进一步发展奠定了基础,产生了深远影响。

第六章　历史语言研究所与
域外汉学的交流

　　19 世纪以来,欧洲汉学因运用科学的研究方法、发掘新史料而取得了累累硕果,东邻日本步武法国汉学之后奋起直追,也取得瞩目的成就,但直至 20 世纪 20 年代,因留学生群体的壮大并向国内学界积极引介国外汉学的成果,域外汉学才对中国学人造成巨大压力。① 在域外汉学的强势冲击下,当时中国学界普遍存在着忧患意识和不服气的情绪,这种认识给中国学人带来沉重的压迫感和使命感,激励他们希望通过自身的努力与西学抗衡,为国家争光,"为中国而豪外国"②。史语所的成立使中国学者与域外汉学的竞争,由个人努力变为集体有组织的行动。

　　时彦好以学人为中心考察中外学术交流,但对现代学术研究机构在推动中外学术交流中所发挥的作用,罕有深入细致的分析。③ 鉴于此,本章试图从

---

　　① 李孝迁:《域外汉学与中国现代史学》,上海古籍出版社 2014 年版,第 15 页。

　　② 《傅斯年致胡适》,耿云志主编:《胡适遗稿及秘藏书信》第 37 册,黄山书社 1994 年版,第 371 页。

　　③ 目前学界对史语所与国外的学术交流研究有王汎森的《伯希和与傅斯年》(《傅斯年:中国近代历史与政治中的个体生命》,生活·读书·新知三联书店 2012 年版)。桑兵的《国学与汉学——近代中外学界交往录》(中国人民大学出版社 2010 年版)、张广智主编的《20 世纪中外史学交流》(北京师范大学出版社 2007 年版)、李孝迁的《域外汉学与中国现代史学》(上海古籍出版社 2014 年版)、周雷鸣的《中央研究院与民国时期中外学术交流研究(1928 — 1949)》(博士学位论文,南京大学历史学系,2009 年)亦提及史语所及其学人与国外汉学的交流。但研究仍以学人为中心,缺乏系统、整体的梳理与研究,拓展空间很大。

制度化、组织化的视角,对史语所与域外汉学的交流与互动情况做系统的考述,探析其影响,以丰富民国学术交流的诸多面相,彰显中外学术互动的借鉴价值及实践意义。

第一节　聘请外籍研究员

面对强势的域外汉学,如何与其竞争,重新取得学术话语权,傅斯年的言论颇能反映其团队对西学的态度:"此日学术之进步,甚赖国际间之合作、影响与竞胜,各学皆然,汉学亦未能除外。国人如愿此后文史学之光大,固应存战胜外国之心,而努力赴之,亦应借镜于西方汉学之特长,此非自贬实自广也。"①当时学界精英重视域外汉学的成果,取法汉学进而超越汉学,成为趋新学人的共识。未出国门深造的董作宾也认为,"我们现在无论治何种学问,都应该一面把眼光放大,要看到全世界的学人,他们走到何处? 在如何的工作?"②为了能与西学争胜,学到彼之长处,史语所与西方学界展开多方面的学术交流、合作与互动。

史语所甫一成立即积极聘请西方汉学家担任专任研究员或外国通信员或特约研究员,把自己打造成为一个具有世界眼光的国际学术研究机构。筹备之初,傅斯年向院长蔡元培报告,聘任伯希和、米勒、高本汉三人为外国研究员。傅斯年解释聘请外国研究人员不仅可以"为我们宣传"③新学术,更因"此研究所本不是一个国学院之类,理宜发达我国所能欧洲人所不能者(如文籍考订等),以归光荣于中研院,同时亦须竭力设法将欧洲所能我国人今尚未能者而亦能之,然后国中之历史学及语言学与时俱进,故外国人之助力

---

① 傅斯年:《论伯希和教授》,欧阳哲生主编:《傅斯年文集》第 5 卷,中华书局 2017 年版,第 502 页。

② 董作宾:《甲骨文研究的扩大》,《史学杂志》1930 年第 2 卷第 4 期。

③ 《傅斯年致函蔡子民、杨杏佛》,史语所档案:元 114—15。

断不可少"①。

20 世纪二三十年代,中国学界面对西学冲击,正如何炳松所言,"呈饥不择食活剥生吞之现象","吾国学者正在厌故喜新之时,露有急不暇择之态"。② 但史语所学人并没有跟风或仰视西人,而是有自己的评鉴标准。在创所之初,傅斯年聘请通晓梵文、藏文、回纥等多种文字,时任柏林民族博物馆馆长的米勒与伯希和、高本汉同为史语所国外通信研究员,而非柏林大学汉学讲座教授弗兰克(Otto Frank,1863—1946)。1936 年,陈寅恪在致傅斯年的信中揭示了原因:"此人在今日德国情形之下,固是正统学人,此无待论者,但除有他种可考虑之事实外,若仅据其研究中国史之成绩言,则疑将以此影响外界误会吾辈学术趋向及标准,此不能不注意也。"③傅斯年和陈寅恪等学人欣赏窄而深的专论,轻视综合性通论著作,他们尊敬西人掌握多种语言文献的能力,看重汉学家用历史语言学的方法解决中国文史问题的能力,而非弗兰克用汉文材料解释中国通史,因而陈氏反对就其中国学成就来给弗兰克奖金。④

傅斯年在《旨趣》中说:"西洋人研究中国或牵连中国的事物,本来没有很多的成绩,因为他们读中国书不能亲切,认中国事实不能严辨,所以关于一切文字审求、文籍考订、史事辨别等等,在他们永远一筹莫展,但他们却有些地方比我们范围来得宽些。我们中国人多是不会解决四裔问题的,丁谦君的诸史外国传考证远不如沙万君(现译为沙畹,Emmanuel-èdouard Chavannes,1865—1918)之译外国传,玉连(现译为儒莲,Stanislas Julien,1797—1873)之解大唐

① 《傅斯年、顾颉刚、杨振声致蔡元培、杨铨》,史语所档案:补 1—3。
② 何炳松:《《通史新义》,商务印书馆 2011 年版,自序第 7—9 页。
③ 陈寅恪:《致傅斯年》,《陈寅恪集·书信集》,生活·读书·新知三联书店 2001 年版,第 53 页。
④ Philology 对中国学者如傅斯年、陈寅恪的影响和意义。参见沈卫荣的《寻找香格里拉》(中国人民大学出版社 2010 年版,第 19—20 页)和张谷铭的《Philology 与史语所:陈寅恪、傅斯年与中国的"东方学"》(《历史语言研究所集刊》2016 年第 87 本第 2 分)。

西域记,高几耶(Henri Cordier,1849—1925)之注马哥博罗游记,米勒之发读回纥文书,这都不是中国人现在已经办到的。"①

史语所在拟定的组织大纲中专设"外国通信员"一章。② 后撤销了此专章,聘请通信研究员也不再分国内外,但仍为聘请外国研究人员提供了制度基础。史语所陆续聘请俄国人类学家史禄国为专任研究员,汉学家钢和泰(Alexander von Staël-Holstei,1877—1937)为特约研究员、加拿大步达生(Davidson Black,1884—1934)为特约研究员、法国德日进(Pierre Teilhard de Chardin,1881—1955)为特约研究员,英国古典文学家陶德思为通信研究员。

这些学者以他们的学术地位与影响力为史语所的新学术做了宣传,扩大了其学术影响。《通报》(T'oung Pao,下简称TP)作为西方汉学的权威期刊,主编伯希和被聘为特约研究员后尤其关注史语所的学术研究动态。伯希和在该刊上介绍了刘复的《敦煌掇琐》、史料丛书《明清史料》、发掘报告《安阳发掘报告》、赵元任的《广西猺歌记音》、罗常培的《厦门音系》、赵万里的《校辑宋金元人词》、吴金鼎的《山东人体质之研究》、于道泉编注的《仓洋嘉错情歌》等学术成果,为西人所熟悉。③

1936年1月,在伦敦举行的国际中国艺术展览会上,伯希和就史语所安阳殷墟发掘成就做了演讲,9月又在哈佛大学三百年校庆时做了同主题演讲。④ 伯希和还将殷墟发掘撰写成文,他认为这是20世纪30年代亚洲研究领域最惊人的发现,也使学者们获得了公元前一千多年以前中国人生活的证据,"如果不是安阳王陵的发现,对这一时期的认识仍旧很模糊"。⑤ 伯希和的

① 傅斯年:《历史语言研究所工作之旨趣》,《历史语言研究所集刊》1928年第1本第1分。

② 王懋勤:《所史资料初稿》,未刊,现藏于历史语言民傅斯年图书馆,第613—620页。

③ 以上文献参见TP28,1931,pp.180–181,p.187,pp.503–507。TP29,1932,pp.196–197,pp.216–217,pp.245–246,pp.259–260,pp.272–273。

④ Hartmut Walravens,*PaulPelliot*(1875—1945):*His Life and Works—a Bibliography*,Bloomington:Indiana University,2001,pp.139–140.

⑤ 参见王汎森的《傅斯年:中国近代历史与政治中的个体生命》,生活·读书·新知三联书店2012年版,第101页。

宣传使研究所的学术工作为西方学人所熟知,英国的考古学家乌里(Charles Leonard Woolley,1880—1960)希望来中国参观考察安阳的考古工作。①

1943年,李约瑟来华访问,史语所出面接待,李氏对中国古代科学技术感兴趣,得到史语所学人的帮助。他返国后大力宣传中国学术界的努力,并对史语所学人多有称赞。李约瑟还设法将王玲的《中国黑色火药的发明及其使用的历史作用》发表在西方科学史杂志《爱雪斯》(*ISIS*)上。② 西方学者对史语所学术的认可和推介,促进了欧美学界对中国文化和学术的了解与尊重。

从史语所与高本汉的交流和对话可以看到中外学术的相互渗透与交融会通,影响和推动了中国学术的发展。1924年赵元任从美国赴欧游学,拜访了高本汉,两人谈到翻译高氏《中国音韵学研究》(*Étude sur la Phonologie Chinoise*)的可能。③ 史语所聘高氏为通信员,为翻译准备了条件。从1931年始,史语所用国际音标注音,改正书中错误,加入新材料,历时五年由商务印书馆出版。中国学人以译介高氏著作为契机,对语言学上的许多问题,进行了深入的研究,刊发了一系列研究成果,得到高氏的积极回应。④ 双方的争鸣、交流与对话,"让中国的读者能够看到欧洲人用历史比较法研究隋唐的音韵","开启了

---

① 《傅斯年致电伯希和》,史语所档案:元114—26。
② 李约瑟、李大斐编著,余廷明等译:《李约瑟游记》,贵州人民出版社1999年版,第312页。
③ 高本汉著、赵元任等译:《中国音韵学研究》,商务印书馆1940年版,译者序。
④ 参见高本汉著、赵元任译《中国上古音当中的几个问题》(《历史语言研究所集刊》1930年第1本第3分,第345—401页),王静如《跋高本汉的上古中国音当中几个问题并论冬蒸两部》(《历史语言研究所集刊》1930年第1本第3分,第403—416),高本汉著、王静如译《中国古音(切韵)之系统及其演变》(《历史语言研究所集刊》1930年第2本第2分,第185—204页),高本汉著、王静如译《论考证中国古书真伪之方法》(《历史语言研究所集刊》1931年第2本第3分,第283—295页)、罗常培《切韵鱼虞之音值及其所据方音考——高本汉切韵音读商榷之一》(《历史语言研究所集刊》1931年第2本第3分,第358—385页)、李方桂《切韵â的来源》(《历史语言研究所集刊》1931年第3本第1分,第1—38页)、《东冬屋沃之上古音(英文)》(《历史语言研究所集刊》1932年第3本第3分,第375—414页)和《论中国上古音的 *—iwng, *—iwk, *—iwg》(《历史语言研究所集刊》1935年第5本第1分,第65—74页)及董同龢《与高本汉先生商榷"自由押韵"说兼论上古楚方音特色》(《历史语言研究所集刊》1938年第7本第4分,第533—543页)。

中国学者研究古音的大门,对后来的研究产生了深远影响"。①

第二节 派遣年轻人出国留学

傅斯年很早就认识到培养具有国际眼光和视野的青年人才的重要性。史语所在颁布的章程中规定"任用助理员若干人"、"设置研究生"②,这为培养年轻人奠定了制度基础。傅氏始终把"成就若干能使用近代西洋人所使用工具之少年学者"作为史语所的重要工作,并强调"此实后来历史语言学在中国发达命脉所系,亦即此研究所设置之最重要目的"。③

史语所的开拓者以其固有的传统文化底蕴,且大多有留学欧美的经历,接受了西方学术的专业训练,有国际化的视野。但新学术的继承者大多是国内大学的毕业生,对国外学术动态和治学方法等未必有深刻的理解和掌握,因而派遣年轻人出国深造,开阔其视野,培养能以国际眼光观照中国学术研究的高层次人才显得尤为重要。

史语所敦促青年人加强外语学习④,并不断派遣他们赴国外留学。为给年轻人创造出国进修的机会,傅斯年给中研院总干事杨杏佛写信,为培养专门人才,以求有所贡献于国家,有必要把年轻研究人员送出国,"造就之第一要

① 《李方桂先生口述史》,清华大学出版社 2008 年版,总序第 3—4 页。
② 《国立中央研究院历史语言研究所章程》,国立中央研究院文书处编:《国立中央研究院十七年度总报告》,国立中央研究院办事处 1928 年版,第 34—35 页。
③ 《国立中央研究院历史语言研究所报告第一期》,史语所档案:元 198—1。
④ 周一良回忆,有一晚他在史语所办公室读法文,傅斯年进来对他说:"你将来还可以学点德文,以便看兰克和莫姆森的原著。"参见周一良:《史语所一年》,《新学术之路——历史语言研究所七十周年纪念文集》,历史语言研究所 1998 年版,第 557 页。周法高也回忆自己在不断学习外语,"我在中大(即中央大学)时修了两年日文,在昆明时读了两年法文,在李庄时旁听了两年德文;在李庄时恰巧有个印度学者做访问学人,我正自修梵文。就向他请教,后来我到美国哈佛大学燕京学社做访问学人的时候,又跟英格尔教授念了一年多的梵文。这些都是我研究声韵学的基础"。参见周世箴:《周法高先生的学术与人生》,《新学术之路——历史语言研究所七十周年纪念文集》,历史语言研究所 1998 年版,第 852—853 页。

义,是使他们能到外国走一趟","到外国走,无非开开眼界(此事极要紧),带点工具回来。本所同人皆同此意,思之数年矣",最后提醒杨杏佛"吾等主持国家机关之人,本有此责任,且研究所为青年学人谋出路,亦是一种鼓励也"。①

傅斯年不遗余力地奖掖年轻人,为他们创造条件,争取经费,派遣出国。王静如以史语所海外研究员身份获得所内资助得以赴法、德学习与研究。吴金鼎作为山东公费生赴英留学,乃因傅斯年向教育部的推荐及与山东教育厅厅长何思源的良好个人关系。② 为敦促年轻人出国,史语所营造了浓厚的氛围。于道泉回忆出国留学,"是因傅斯年'再三催促',要他到国外进修"。③正是氛围的营造,年轻人竞相出国,张琨"要考土耳其留学""周法高亦闹自费出洋"。④ 1944 年,全汉昇与丁声树赴哈佛和哥伦比亚大学进修。而傅乐焕未能通过留学考试,乃因考前紧张,"睡眠较少"。⑤ 1947 年,傅氏终于有机会赴伦敦大学留学。同年,何兹全赴哥伦比亚大学进修,张琨赴耶鲁大学攻读学位。

留学期间,史语所要求年轻人多学习西人的理论与方法。1936 年,夏鼐写信给李济,咨询继续随伦敦大学的叶慈教授(Walter Perceval Yetts,1878—1957)学考古学,还是转攻埃及考古学。李济和傅斯年商量后,傅氏回复夏鼐,"随 Yetts 学,实无多少意义","弟意中国考古学之发达,须有下列专科之研究者,各走一路,合为大成,是此学发达之要也",并建议其在"埃及学(Egyptology)"、"亚述学(Assyriology)"和"印度古学(Indian Arch)"等学科上

---

① 《傅斯年致杨铨函》,傅斯年档案:Ⅳ:378—43。

② 中国第二历史档案馆中央研究院档案:中央研究院关于历史语言研究所吴金鼎公费留英一案与教育部及山东省教育厅来往文书,全宗号三九三,案卷号83。

③ 王邦维:《于道泉先生小记》,《新学术之路——历史语言研究所七十周年纪念文集》,历史语言研究所 1998 年版,第 562 页。

④ 《傅斯年致李方桂》,史语所档案:李 67—1—8。

⑤ 《傅乐焕致傅斯年函》,傅斯年档案:Ⅳ:335。

多用功夫,并解释原因"埃及学未如古代西方亚洲考古之与中国考古发生直接关系,然其意解与方法,可资取证者多矣。故舍 Yetts 而专学埃及学,弟非常赞成,不必学有所成,即学到半途而返,犹有用处。"①最终夏鼐转入伦敦大学大学学院(University College London)埃及考古学系,并远赴埃及和巴勒斯坦等地参加考古发掘,学到了当时最先进的发掘方法,为其考古事业奠定了坚实的基础。因夏鼐表现杰出,格兰维尔教授称赞他"是一个能力超群的学生",能"抓住不同类型发掘的突出特征",并断言"他会在中国考古学界占一席之地"。②

傅斯年叮嘱在外国的年轻人不要"急急作文",而要培养开阔的国际视野。傅斯年对在法国留学的王静如提出谆谆告诫,"在外国之第一目的,固乃在求学。第一、语言,第二通论(以广眼界),第三、工具(以便回国后应用),第四、目录学。今兄似有舍本逐末之嫌也。此一情形,乃在外国时必然之要义,兄不必急急作文,但当急急读书听讲耳。"③

傅斯年劝慰在欧留学的于道泉,"此等留学,无非开开眼界,多知目录,领会语学之一般方法。"④出国不一定非得拿学位,傅斯年告诉何兹全去美国"不必读学位","要读书,了解美国历史学的学派,各学派的学说内容,多结识一些史学名家"。何氏赴哥伦比亚大学,勤听课与多读西文书,目的明确,主要学欧洲古代和中世纪史,"学欧洲史是为了和中国史做比较研究"。⑤

全汉昇能在中国经济史园地中不断发掘新问题,开拓新领域,带动研究的新风气,不仅是他"遵照傅斯年先生'闭门读书'之指示,却因此养成习惯,找

---

① 夏鼐、王世民:《夏鼐陈请梅贻琦校长准予延长留学年限的信函》,《清华大学学报》(哲社版)2002 年第 6 期。

② Edward Field and Wang Tao, "Xia Nai:The London Connection", *Orientations* 28.6,1997,pp. 38-41.

③ 《傅斯年致函王静如》,史语所档案:元 59—21。

④ 《傅孟真致函于伯原》,史语所档案:元 62—34。

⑤ 何兹全:《大时代的小人物》,北京大学出版社 2010 年版,第 229—232 页。

资料和写论文成为我一生中的工作与嗜好”,还因为多次赴美进修,“爬梳史料于哈佛燕京图书馆(Harvard-Yenching Library)外,并经常逛书店,阅读西洋经济史方面的著作”,并与师友胡适、杨联陞、费正清(John King Fairbank,1907—1991)等论学,从而不断汲取西方经济史学界的新观念、新成果及新方法。①

第三节　与国际学界交流学术刊物

　　史语所重视国际汉学的研究方法与成果,为此积极搜购外文文献,以追踪域外同行的研究动态和趋势,获得学术交流的渠道。在史语所筹备期间,傅斯年即向院长蔡元培强调收集国外书刊的重要性。傅斯年草拟《历史语言研究所图书备置大纲》呈报院长,开始购买和收藏国外学术出版品,积极筹设图书室(馆),并有专人负责采集西书,如西人之东方学由陈寅恪、傅斯年担任,四裔之语言学,由陈寅恪、李方桂负责。② 1929 年史语所迁至北平后一年内即添置西文书籍 1209 册,订购日文杂志 13 种、西文杂志 120 余种。③ 后每年都有大量添置,至 1937 年,史语所已收藏西文图书 8342 册以及杂志全份 200 余种。④

　　抗战全面爆发后,日军封锁了大后方,史语所利用各种渠道和办法取得国外新近出版的学术出版物,以缓解战时图书资料的匮乏。如委托商务印书馆和中央信托局香港代办处代购图书,函请李约瑟⑤、陶德思⑥、叶理绥(Serge

---

① 全汉昇:《回首来时路》,《新学术之路——历史语言研究所七十周年纪念文集》,历史语言研究所 1998 年版,第 485—493 页。

② 王懋勤:《所史资料初稿》,未刊,现藏于历史语言研究所傅斯年图书馆,第 390—393 页。

③ 《国立中央研究院历史语言研究所十八年度报告》,欧阳哲生主编:《傅斯年文集》第 4 卷,中华书局 2017 年版,第 80 页。

④ 《历史语言研究所十八年度报告二十六年至二十八年度报告》,欧阳哲生主编:《傅斯年文集》第 4 卷,中华书局 2017 年版,第 561 页。

⑤ 《傅斯年函 Joseph Needham》,史语所档案:李 10—23—5。

⑥ 《本所函总办事处》,史语所档案:李 4—10—4。

Elisseeff,1889—1975)①等为其搜购西方书刊。因收藏丰富,史语所的外文书刊成为学人了解国外学术的便捷窗口。全汉昇通过阅读德国历史学派(The school of German history)希尔德布兰德(B.Hildbrand,1812—1878)的著作并受其启发,试图从货币制度解释中国经济发展的内涵,写成《中古自然经济》一文,迄今仍为研究魏晋至唐中期中国货币演变的重要论著。② 周法高手抄德文 Paul Nagle 的《根据陈澧切韵考对于切韵拟音的贡献》(*Beitrage Zur Rekonstruktion Der Ts'Ieh-Yün-Sprache Auf Grund Von Ch'En Li`s tS`Ier-Yun-K`Au*)一文,不断研读其文最终写成《古音中的三等韵兼论古音的写法》,把那氏的观点介绍至国内。③ 1943 年赴川南苗族调查的芮逸夫仍然可以读到刚出版不久的查理士·魏格雷(Charles Wagley,? —1991)所著《一个危地马拉村落的经济状况》(*Economics of a Guatemalan Village*)。④

　　史语所不仅引进国外的书刊,还积极创办学术期刊,不断刊布新著作,把成果推向国际学界。史语所制定了出版品交换方案,刊物采用国际通行的横排版、新式标点,并附有外文目录。《史语所集刊》出版至第一本第二分册时,开始把论文题目译成外文,并有附白:"每本完成时附以目录、检题、及每篇之英文或法文提要;其原以外国文著作者,附以汉文提要。"⑤从第二本起,封面前印上中文目录,底封面印英文目录。上述措施为其国际学术交流提供了便利条件。史语所的出版品分为专刊、单刊、集刊和一般刊物。据笔者统计,史

---

① 《傅斯年致 Serge Elisseeff》,傅斯年档案:Ⅰ:1028。

② 全汉昇:《回首来时路》,《新学术之路——历史语言研究所七十周年纪念文集》,历史语言研究所 1998 年版,第 488 页。

③ 周法高:《忆李方桂先生》,《新学术之路——历史语言研究所七十周年纪念文集》,历史语言研究所 1998 年版,第 253 页。

④ 参见芮逸夫著、王明珂编校、导读:《川南苗族调查日志:1942—43》,历史语言研究所 2010 年版,第 38 页;1941 年查理士·魏格雷所著《一个危地马拉村落的经济状况》的详细信息参见 Charles Wagley,"Economics of a Guatemalan Village",*Supplement to American Anthropologist*,Volume 43,No.3,Part 3. Number 58,Memoirs of the American Anthropological Association(Menasha,Wis.,USA,1941)。

⑤ 《本刊附白》,《历史语言研究所集刊》1930 年第 1 本第 2 分。

语所在大陆时期出版专刊 31 种、单刊 26 种；集刊出至第 21 本 413 篇文章，集刊外编 3 种；出版一般刊物中史料丛书 7 种、中国考古报告集 2 种、人类学集刊 2 卷、影印书籍 2 种、翻译外国著作 1 种及其他刊物若干种。① 作为新学术的提倡和实践者，史语所刊布如此众多的档案、期刊和著作，无疑向国内外学界提供了学术研究成功的"典范"。

史语所出产了高标准的研究成果，在国内外产生了重大的学术影响和声誉，进而融入了国际学术交流网络。国外学术机构开始阅览和收藏史语所的出版品。1931 年史语所与法国远东学院（L'Ecole francaise d'Extxeme-Orient）交换出版物。② 俄国科学院（Leniugrad Academy of Scierces）和远东地区科学研究所（Far Eastern Regional Institute for Scientific Research）致函史语所要求交换出版品。③ 1933 年史语所同意伯希和的要求，将出版物赠送给巴黎大学的汉学研究机构。1936 年日本京都大学考古学家梅原末治来访，希望能以京都大学的《东方学报》与《历史语言研究所集刊》交换。④ 大英博物馆（The British Museum）的负责人 Basil Eay 就委托在华的 Geoffrey Hedley 代买一至三册的《安阳殷墟报告》⑤。哈佛大学也向史语所征求学术出版品。⑥ 1947 年，在美国的傅斯年注意到国会图书馆（Library of Congress）收藏了大量史语所的专刊和集刊等。⑦ 史语所的出版品被国内外学术机关广泛收藏的情况反映出其学术成就得到了域外汉学的承认与重视。

---

① 参见拙作《傅斯年对学术藏书建设的贡献》，《图书馆建设》2015 年第 7 期。

② 《傅斯年致函 L'Ecole Francaise d'Extxeme—Orient》，史语所档案：元 367—1；《傅斯年致函李方桂》，史语所档案：元 367—2；《傅斯年致函 L'Ecole Francaise d'Extxeme—Orient》，史语所档案：元 367—3。

③ 《Far Eastern Regional Institute for Scientific Research 致函本所》，史语所档案：元 362—1；《李方桂致函 Prof.S.Alexeiev（Leniugrad Academy of Scierces Leniugrad，Russia）》，史语所档案：元 362—3；《傅斯年致函 Prof.Basil M.Alexeiev》，史语所档案：元 362—6。

④ 《傅斯年致函梅原末治》，史语所档案：元 360—16。

⑤ 《汪敬熙函李济》，史语所档案：京 8—22—3。

⑥ 《总办事处来函》，史语所档案：京 8—22—7b。

⑦ 《美国国会图书馆所藏史语所出版品目录》，傅斯年档案：Ⅲ：480。

第四节 参加国际学术会议

　　国际学术会议为学人间的交流与合作搭建了良好的平台,成为扩大学术影响的重要渠道。直到 20 世纪 20 年代,以留学生和国内新式学堂毕业生为主体的中国学界,才具备与域外汉学交流的能力与条件。但参加国际学术会议和组织还需要以国家学术组织作为后盾和基础,才能保证参与的权威性。任鸿隽回忆参加太平洋科学会议(The Pacific Science Congress)时的尴尬情形,"每每有人问:你们中国有学术研究会议吗? 我们的回答是:没有。他们再问:那么,你们有科学院吗? 我们的回答还是:没有。说到第二个'没有'的时候,你可看得见失望或轻蔑的颜色,立刻出现于你的问者面上,你自己的颜面也不免有些赧赧然罢?"①

　　1928 年,中研院的成立,其作为国家最高学术研究机关,组织职能之一为"指导联络奖励学术之研究",在第一次院务会议上就将参加国际学术组织和会议提上了日程。② 因其具有极高的权威性,被学界和政界高度认可,而史语所承担了史学、考古学、语言学等领域对外交流联络的重任。

　　1936 年国际历史学会(The International Commission Historical Science)会长泰姆普利(Harold Temperley,1879 — 1939)来华,邀请中国加入国际历史学会。中国欲加入国际历史学会,须以国家级的实体组织为基础,才能加入。但此时,中国的史学界仍是学派林立,难以协调组织全国性的学会,因而迟迟未能加入。傅斯年打算以史语所的名义尽早加入国际历史学会,又怕引起非议,他在致教育部长陈立夫的信中称,"前年末,会长 Professor Harold Temperley 来华,并在北平小住,鼓励中国史学界加入,弟本早有加入之意,但中国史学界分门别类,欲组织一个

---

　　① 任鸿隽:《泛太平洋科学会议的回忆》,《科学》1927 年第 12 卷第 4 期,第 463—464 页。
　　② 《国立中央研究院组织法》,国立中央研究院文书处编:《国立中央研究院十七年度总报告》,国立中央研究院总办事处 1928 年版,第 1 页。

National committee 或引起纠纷,如若以敝所加入,则又恐人以为包揽,故未决。"①

鉴于中国史学界的现状,泰姆普利最终支持中研院加入。泰姆普利认为:"中央研究院是中国申请加入国际历史学会最合适的主体。中央研究院加入国际历史学会不会妨碍中国历史学会的建立,国家科学院的申请常常在历史学会之前。"②最终中国史学以史语所为主体加入国际史学会。

1938 年 8 月,中研院派史语所通信研究员胡适为代表出席了在瑞士苏黎世举行的国际历史学会第八届大会。胡适在会上宣读了题为"Newly Discovered Materials for Chinese History"(《新发现的关于中国历史的材料》)的论文。胡氏重点介绍近代中国新出土的史料,其中大部分是史语所考古发掘和整理档案文献的成就,引起了欧美汉学界的关注和兴趣。③ 史语所积极参加各种国际学术会议,与国际学术组织建立了联系,在国际学界充分呈现了其取得的学术成就,将其代表的史学流派推上世界舞台,促进了中外学术交流,也提高了其在国际汉学界的知名度和影响力。

史语所参加国际学术会议和组织一览表④

学会或会议名称	邀请者	地点	日期	参加人员
研究史迹学者大会(The Convention of Historical Site Scholars)	越南总督府及远东法国学校各学术团体	越南河内	1932.1	梁思永
国际人类学与民族学联合会(The International Union of Anthropological and Ethnological Sciences)	英国人类学会会长 Myces	英国	1933.7—1934.1	李济作为发起人

① 中国第二历史档案馆中央研究院档案:中国加入国际史学会议及派胡适参加国际历史学会第八届大会案,全宗号三九三,案卷号 552。

② 中国第二历史档案馆中央研究院档案:中国加入国际史学会议及派胡适参加国际历史学会第八届大会案,全宗号三九三,案卷号 552。

③ 曹伯言整理:《胡适日记全编》第 7 册,安徽教育出版社 2001 年版,第 162 页。

④ 此表参考了王懋勤的《所史资料初稿》,未刊,现藏于历史语言研究所傅斯年图书馆的相关成果。

续表

学会或会议名称	邀请者	地点	日期	参加人员
国际语言学术会议（International Conference on Linguistics）第二次大会	英国语言学学会	英国伦敦	1934	赵元任
国际历史学会	国际历史学会会长泰姆普利	英国	1936. 11 — 1937. 2	史语所代表中国加入该会
国际历史学会第八届大会（The 8th International Congress of Historical Science）		瑞士苏黎世		
太平洋科学会议		美国加州	1939.7 — 8	赵元任
美国哲学会大会（American Philosophical Association Meeting）		美国	1946. 8	赵元任

小　　结

　　西方汉学对史语所的学术研究有他山之石的作用，在很大程度上形塑了史语所学人群的学术风格与研究方法，带来全新的视野与课题，改造了中国文史研究的核心。然而面对强势的汉学，具有中西学养与国际视野的史语所学人并未顶礼膜拜，也未画地为牢，而是充分吸取汉学的研究之长，凭借组织、机构的力量，在短期内能不仅"预"西方汉学之"流"，更促进了中外学术交流的双向互动。他们通过取法域外汉学欲与之竞争的同时，通过丰硕的学术成果捍卫了自身的学术尊严，赢得国际学界的认可与尊重。

　　史语所的学术发展突飞猛进，首先引起了东邻日本的注意。1929 年 10 月，梅原末治首次来安阳参观殷墟发掘，"见工作方法，以为 Epoch-making"。① 内

---

① 《历史语言研究所工作报告》（1929. 11 — 1930. 1），欧阳哲生主编：《傅斯年文集》第 4 册，中华书局 2017 年版，第 125 页。

藤乾吉、水野清一和长广敏雄等人也曾赴安阳参观。梅原末治等人不断撰文把史语所的成果推介至日本学界。① 日本的《考古学杂志》也对史语所的考古进展予以报道。② 梅原末治、饭岛忠夫和西嶋定生等日本学人对史语所的成果均有所吸纳。③ 以白鸟库吉、和田清等为代表的日本东京大学的多数学者怀疑甲骨文的可靠性，史语所的考古成果被贝塚茂树介绍至东京地区时，和田清"不得不承认甲骨文为商代遗物"。④ 其后，和田以安阳考古成果为中国上古信史的前提，开始了夏朝历史的研究。

1937 年，东京人类学会和日本民族学会召开联合会，东京大学的原田淑人邀请李济与会，"该会热望先生之东临，以增敝国学界之光，望先生斟酌情形。万一不能来时，望董作宾、梁思永先生之中，任来一位。"⑤面对史语所取得的学术成就，再看到日本学界对中国学人的重视，陈垣应不会再有汉学"巴黎如何，日本如何"⑥的感叹！

20 世纪 30 年代中期，陈寅恪评价日本汉学时即表现出更多的自信，其在清华授课时讲道："日本旧谓其本国史为'国史'，'东洋史'以中国为中心。日本人常小有贡献，但不免累赘。东京帝大一派，西学略佳，中文太差；西京一派，看中国史料能力较佳。"⑦他又评价帝大东洋史的祭酒白鸟库吉，认为他"白鸟之著作，盖日人当时受西洋东方学之影响必然之结果，其所依据之原

---

① 参见梅原末治的《殷墟出土の白色土器に就いて》(《人类学杂志》1932 年第 47 卷第 11 号)、《安阳出土の三四の玉器と石製品》(《东洋史研究》1939 年第 5 卷第 1 号)、《河南安阳遗宝》(小林写真制版所出版部 1940 年版)、《河南安阳遗物の研究》(桑名文星堂 1941 年版)等。

② 《考古学杂志》1937 年第 27 卷第 1 号，第 65 页。

③ 饭岛忠夫的《殷墟文字の年代》(《东洋学报》1933 年第 21 卷第 1 号)、《支那古代史と天文学》(恒星社 1939 年版)均吸收董作宾的甲骨文和殷历法研究成果。西嶋定生在《汉代の土地所有制——特に名田と占田について》(《史学杂志》1949 年第 58 卷第 1 号)一文中吸收了劳榦汉代经济与兵制的研究成果。

④ 西嶋定生：《贝塚さんとその著作集》，《贝塚茂树著作集·附录 10》，中央公论社 1978 年版，第 8 页。

⑤ 《原田淑人函李济》，史语所档案：考 12—4—37。

⑥ 郑天挺：《五十自述》，《天津文史资料选辑》第 28 辑，天津人民出版社 1984 年版，第 8 页。

⑦ 《陈寅恪集·讲义及杂稿》，生活·读书·新知三联书店 2001 年版，第 487—488 页。

料、解释，已依时代学术进步发生问题，且日人于此数种语言尚无专门权威者，不过随西人之后，稍采中国材料以补之而已。公今日著论，白鸟说若误，可稍稍言及，不必多费力也。"①经过几代学人的努力，陈寅恪悲叹"群趋东邻受国史，神州士夫羞欲死"②的局面已成过去！

史语所的学术成就也得到西方学界的认可与尊重。1932 年底，因"《集刊》及其他附刊物，特别是《安阳工作报告》"③的学术价值，经伯希和推荐，法兰西学院（L'Institut de France）将本年度的"儒里安奖"授予史语所。1933 年，中荷庚款文化基金会把"退款"作为基金，取其利息的 53% 交给中研院作为研究和派遣留学生的经费，是"莱顿之汉学研究院（Sinological Institute of Leiden）知有史语所成绩之故"④。

至 20 世纪 30 年代，史语所的研究成果在欧美学界得以传播，让域外汉学家听到了来自中国学人的声音。1936 至 1937 年，英国皇家人类学研究院（Royal Anthropological Institute）和大学联合会（Universities UK）邀请李济赴英讲学。李济在十几所大学和研究机构进行了多次演讲，受到英国学界的欢迎，获得了英国和爱尔兰皇家人类学院的荣誉院士称号。在此期间，李济还应瑞典王储的邀请，去瑞典进行了广泛的学术交流。⑤

1947 年，董作宾应美国汉学家顾立雅（H. G. Greel, 1905 — 1994）之邀，赴芝加哥大学担任了为期两年的中国考古学客座教授。董作宾两年时间讲授了中国古代史研究、中国考古学研究、周代金文和中国古文字学等课共四门，董

---

① 陈寅恪：《致陈述》，《陈寅恪集·书信集》，生活·读书·新知三联书店 2001 年版，第 183 页。

② 陈寅恪：《北大（文）学院己巳级史学系毕业生赠言》，《陈寅恪诗集》，清华大学出版社 1993 年版，第 18 页。

③ 《傅斯年函李济》，史语所档案：考 2—73。

④ 《蔡元培致傅斯年函》，傅斯年档案：Ⅲ：105。

⑤ 中国第二历史档案馆中央研究院档案：中央研究院历史语言研究所考古组主任李济赴英考察讲学案，全宗号九三，案卷号 125 以；李光谟：《从清华园到史语所——李济治学生涯琐记》，商务印书馆 2016 年版，第 204—211 页。

氏认真备课,积极指导学生,影响了不少如贺凯(Charles O. Hucker,1919 — 1994)等美国青年走上汉学研究之路。教学之余,董氏撰写了《武丁龟甲卜辞十例》,后由杨联陞摘译,发表在《哈佛亚洲学报》(*Harvard Journal of Asiatic Studies*)上。董氏还应邀去哈佛、耶鲁等大学去演讲,造访了国会图书馆的恒慕义(Arthur W. Humme,1884 — 1975)等故交新友。①

董作宾还将甲骨书法推广至美国学界。因他对甲骨书法刻法有深入研究,加之长期的摹写甲骨文,其甲骨文书法为人所推崇,甚至有人说其书法至今为第一人,他乐于推广古文字,研究工作虽繁忙也不甚拒绝远近求墨者,有时更主动馈赠好友。胡适曾说:"我从太平洋走到大西洋,几乎没有一家中国朋友或美国的中国学者家中没有董作宾的甲骨文。"②后董作宾被选为美国东方学会荣誉会员。

语言组的工作也引起国际学界的瞩目,高本汉感叹一个西洋人怎么能跟中国新兴的一班学者竞争,"他们的才力学识既比得上清代的大师……同时又能充分运用近代文史语言学的新工具","既能充分的理解古书,身边又有中国图书的全部,他们当然可以研究中国文化的一切方面;而一个西洋人就只能在这个大范围里选择一小部分,做深彻的研究,求适度的贡献而已。"③

1937年李方桂应耶鲁大学的聘请,任访问教授两年,讲授汉语音韵学。1946年李氏再次赴美,先后在哈佛大学、耶鲁大学和华盛顿大学等名校执教,教出了像尼古拉·博德曼(Nicholas Bodman,1913 — 1997)等优秀学生。④1938年赵元任赴美,先后在夏威夷大学、耶鲁大学、哈佛大学和加州大学柏克利分校讲授中国语言学课。因其卓越的学术贡献,赵氏当选为1945年度美国语言学会(Linguistic Society of America)会长,1947年被授予普林斯顿大学名

---

① 钱存训:《留美杂忆》,黄山书社2008年版,第288—295页。
② 转引自钟柏生的《董作宾学术述略》,《新学术之路——历史语言研究所七十周年纪念文集》,历史语言研究所1998年版,第293页。
③ 高本汉著,赵元任等译:《中国音韵学研究》,商务印书馆1940年版,著者赠序。
④ 李方桂:《李方桂先生口述史》,清华大学出版社2008年版,第45—46页。

誉博士学位,学位颁语称:"他是自己国家多种方言的学者和历史家,他的研究成果帮助西方人能更好地了解中国语言,中国人民的思想和理想。"①

1939 年春,历史组主任陈寅恪受聘为英国牛津大学汉学教授,陈氏本拟赴英讲学,不料因欧战爆发未能成行。② 因为 20 世纪 30 年代陈寅恪在汉学领域卓越的研究成果,1944 年,牛津大学的陶德思教授、剑桥大学的库克(Stanley Arthur Cook,1873 — 1949)教授和英国皇家国际关系研究所(The Royal Institute of International Affairs Chatham House)的汤因比(Arnold Joseph Tonybee,1889 — 1975)联合推荐陈寅恪当选为英国科学院通讯院士(Corre-Sponging Fellow of the British Academy)。③ 陈寅恪的研究成果也不断被介绍到美国学界,1947 年陈氏被美国东方学会(American Oriental Society)选举为荣誉会员。④

史语所学人还促进了国际汉学的发展。在华的欧美青年学者与史语所学人交往密切,受惠良多。顾立雅早年在中国求学时就结识了傅斯年、李济和董作宾等,同他们交往并求教,1936 年顾氏出版的《中国之诞生》(*The Birth of China*)利用了他们在殷墟参加发掘的材料及史语所的研究成果。⑤ 另外,西方汉学家在进行研究时也得到了史语所派出的留学生的帮助,如吴金鼎、夏鼐对叶慈的帮助,王铃对李约瑟的协助。因为中国典籍的丰富,德国汉学家福兰阁就认为汉学研究"如果没有中国学者方面底协助,便要很困难"。⑥

史语所也在为国际学界制造关于"中国"的学术话语。李约瑟的不朽著

① 赵新那、黄培云编:《赵元任年谱》,商务印书馆 2001 年版,第 275、290 页。
② 蒋天枢:《陈寅恪先生编年事辑》,上海古籍出版社 1997 年版,第 118 — 119 页。
③ 陶德思等人推荐陈寅恪当选英国科学院通讯院士的三篇代表作为《天师道与滨海地域之关系》《支愍度学说考》和《东晋南朝之吴语》。
④ 如陈寅恪的《韩愈与唐代小说》和《〈顺宗实录〉与〈续玄怪录〉》即被魏鲁南(James R. Ware)翻译成英文分别刊发在《哈佛亚洲学报》1936 年的创刊号即第 1 卷第 1 期和 1938 年的第 3 卷第 1 期。1947 年陈寅恪获选美国东方学会荣誉会员始末可以参见陈登怀的《在西方发现陈寅恪》,北京师范大学出版社 2013 年版,第 149 — 162 页。
⑤ H.G.Creel,*The Birth of China*,New York:Reynal & Hitchcock,1937,p.14,pp.382–387.
⑥ 福兰阁著,杨丙辰译:《现下在德国之中国学》,《研究与进步》1939 年第 1 卷第 2 期。

作《中国科学技术史》(*Science and Civilisation in China*)不仅填补了世界科技史研究的大段空白,还引起国际学界的瞩目,成为一门全球性的新学问。在谈到编写缘起和进展时,李约瑟多次强调与以史语所为代表的中国学人的启发与鼎力帮助密切相关。[①] 没有王铃帮李氏阅读、翻译中国古典著作,共同讨论决定中国科技文明史的整个研究计划与大纲,李约瑟难以窥见中国科技史的堂奥。[②]

凭借集团协作和组织管理,史语所取得了出色的学术成就,年轻一代表现出更多的学术自信。法国汉学经过几代天赋人才的努力,至伯希和时代达到了鼎盛,但因难以普及,也预示着中衰,伯希和对即将归国的王静如感叹:"君来时法国汉学可谓极盛,君去后恐未必如此矣。"而王静如语重心长地劝导,挽救法国巴黎学派的颓势就要"多多的和中国有见地的学人交换意见"。[③] 德国的历史语言学研究也日益衰落,1935 年赴哥廷根大学留学的季羡林,向德国学者 E.Horammnn 请教,他认为最好不要研究这门学问,因为它的前途已经很暗淡。[④] 而美国的中国史研究刚刚起步,更是乏善可陈,1940 年在哈佛大学读书的周一良,在给傅斯年的信中感叹美国汉学研究前途黯淡:此间中文教授 G.R.Ware,尝译《魏书·释老志》为博士论文,载于《通报》,"一良昔年曾为文

[①] 李约瑟:《〈中国科学技术史〉编写计划的缘起、进展和现状》,《中华文史论丛》1982 年第 1 辑,第 4 页;王钱国忠:《李约瑟文献 50 年》,贵州人民出版社 1999 年版,第 268、726 页;李约瑟、李大斐:《李约瑟游记》,贵州人民出版社 1999 年版,第 36—37 页;Needhan.Joseph, *Science and civilization in china. Vol.5: Chemistry and chemical technology Pt.7: Military technology: the gunpowder epic*, Cambridge: University of Cambridge Press, 1986, AUTHOR'S NOTE, p.29.

[②] 朱浤源:《李约瑟的成就与困境》,《李约瑟文献 50 年》,贵州人民出版社 1999 年版,第 230—231 页。刘广定:《傅斯年——李约瑟〈中国之科学与文明〉的促成者》,《历史月刊》2000 年 12 月号。

[③] 王静如:《二十世纪之法国汉学及其对于中国学术之影响》,《国立华北编译馆馆刊》1943 年第 2 卷第 8 期和桑兵:《国学与汉学:近代中外学界交往录》,中国人民大学出版社 2010 年版,第 33 页。

[④] 季羡林:《语言学家的新任务》,《新建设》1951 年第 4 期。德国历史语言学的衰落有学科分化的原因(如语言研究和文学分析发展成为专业的语言学和文学研究等学科),也有因两次世界大战,德国大学令人羡慕的学术资源不再,学术研究也开始衰落。季羡林留学德国,亲历德国的残破,体会颇深。参见季羡林的《留德十年》,外语教学与研究出版社 2009 年版。

评之,错误百出","其他洋人,亦多一知半解,即不可一世,以为中国学问非待本辈研究,永无结果,可恼亦复可笑。同学者每有喜于洋人辩论者,一良大抵一笑置之,不屑与之论短长也。"①

随着中西方学术的交融会通,以史语所为代表的中国学界与国际学界逐渐接轨,取得的成就得到国际学界的认可。至 20 世纪 30 年代,法国汉学家马伯乐(Henri Maspero,1883—1945)即认识到"欧美与东方学者之作品渐不可分辨"。② 这时,外国研究生开始来史语所"取经",如 1943 年印度研究生狄克锡(Dikshit)来史语所研究学习。③ 又如瑞典汉学家高本汉派遣其学生来所进修学习。④

史语所学人把域外汉学作为竞争对手,但他们的学术关怀不仅仅是"预流",更想要建立中国的立场、问题和方法。⑤ 他们骨子里还是中国文化的本位意识,傅斯年认为"西洋人治中国史,最注意的是汉籍中的中外关系,经几部成经典的旅行记,其所发明者也多在这些'半汉'的事情上。我们承认这些工作之大重要性……不过同时我们也觉得中国史之重要问题更有些'全汉'的,而这些问题更大更多,更是建造中国史学知识之骨架。"⑥

他们相信在"全汉"的问题上更能做出成果来,引域外汉学入中国学术的轨道,重新夺回中国学的正统。依据傅斯年设计的学术之路,史语所学人凭借制度和团队的力量,迅速开辟了新的学术领域,经过两代人的共同努力,不仅"为中国二十世纪的学术树立一个新典范,也替中国争取到世界性的学术发言权"⑦。

---

① 赵和平主编:《周一良全集》第 4 卷第 10 册,高等教育出版社 2015 年版,第 18—19 页。

② 何永译:《马伯乐之近代"汉学"研究论》,《益世报·读书周刊》第 29 期,1935 年 12 月 19 日。

③ 《教育部高等教育司来函》,史语所档案:李 40—3—1。

④ 《傅斯年致王世杰》,傅斯年档案:Ⅳ:64。

⑤ 葛兆光:《宅兹中国》,中华书局 2011 年版,第 274 页。

⑥ 傅斯年等:《城子崖》,历史语言研究所影印版 1992 年,序一第 7 页。

⑦ 杜正胜:《傅斯年的史学革命(下)——无中生有的志作》,《新史学之路》,台北三民书局 2004 年版,第 119 页。

可惜这种学术的累积,毕竟经不起连绵战火和动荡政治的不断摧残,史语所最终没有发展成为像法国"年鉴学派"(Annales School)般世界性的学术流派。但是,史语所学人为提高中国学术的国际地位和争取中国学术话语权而付出的高瞻远瞩、坚忍不拔的努力不应被忽视!

第七章　历史语言研究所与
专业研究的推进

　　傅斯年早年就对传统的学术研究有所反思,指出:"中国学术,以学为单位者少,以人为单位者较多,前者谓之科学,后者谓之家学;家学者,所以学人,非所以学学也。历来号称学派者,无虑数百:其名其实,皆以人为基本,绝少以学科之分别,而分宗派者。纵有以学科不同,而立宗派,犹是以人为本,以学隶之,未尝以学为本,以人隶之。……无论何种学派,数传之后,必至黯然寡色,枯槁以死;诚以人为单位之学术,人存学举,人亡学息,万不能孳衍发展,求其进步。"①迨史语所成立,傅斯年便将学人集中在以学科为中心的四个小组之内,即以研究史学问题,整理史料,校订文籍为主的史学组;研究汉语、中国境内少数民族语言及一般语言学问题的语言学组;研究中国史前史及上古史,兼及后代的考古学组;1934 年添设研究体质人类学与文化人类学的第四组。四组开展团体式"集众"研究与协作,并将其体制化,拓展了课题研究的广度与深度,开辟出学术研究新课题、新领域。

第一节　现代中国史学研究专业化的奠定

　　美国史家 Peter Novick 是专门讨论美国史学专业化最具代表性的人物,

---

　　①　傅斯年:《中国学术思想界之基本误谬》,《新青年》1918 年第 4 卷第 4 号。

Novick 指出学科专业化的标志必须具备如此条件："专门的学术机构(例如学会、专业学术期刊),标准化技能的训练,资格考核与认证,专业人员地位的提升及专业独立性。"① Novick 的观点无疑也为我们考察史语所的建立与现代中国史学研究专业化的形塑提供了重要的参照。

　　史学研究的专业化与学科的独立密切相关,在中国传统学术中,史学始终笼罩在经学的阴影之下,未脱离其藩篱。史学研究的终极目的还是为了证经而不在史。即使鼎盛的乾嘉考据之学也非纯粹的历史考证,如汪荣祖指出,"乾嘉考证之重心实在经而不在史。乾道时代之龚自珍,学者每推为近代中国思潮之先驱,其于史学亦颇有新见,然其'尊史'思想以及五经皆史之说,亦不过欲以治史之态度治经学。故终极之目的仍在经不在史。史学亦因难离经学之阴影。"②历史研究的内容与方式的转变一般都始自历史观念,中国史学的专业化亦如此。康有为的托古改制和疑古应是中国史学专业化的一个源头。③ 而近代以来的第一次史学革命以梁启超的《新史学》为主,他的重心是重新厘定什么是历史,可以说 20 世纪初期的新史家们基本上主张从旧史关注的范围中解放出来,放宽历史的视界。④ 但因为险恶的国内外环境,这一代史家改造历史的目的乃是救亡,挽救国家,拯救社会。梁启超描述新的历史应是"国民之明镜也,爱国心之源泉也",并大声疾呼"今日欲提倡民族主义,使我四万万同胞强立于此优胜劣败之世界乎……史界革命不起,吾国遂不可救。"⑤

　　随着新文化运动的深入,知识分子更加重视学术的重建,主张将学术与政

---

　　① Peter Novick, *That Noble Dream : The" Objectivity Qustion" and the American Historical Profession*, Cambridge: Cambridge University Press, 1988, pp.47—48.

　　② 汪荣祖《五四与民国史学发展》,汪荣祖编《五四研究论文集》,联经出版事业公司 1979 年版,第 223 页。

　　③ 康有为的疑古思想对史学产生的影响参见王汎森《古史辨运动的兴起———一个思想史的分析》(允晨文化实业股份有限公司 1987 年版)和陈志明《顾颉刚的疑古思想》(商鼎出版公司 1993 年版)。

　　④ 王汎森:《引论:晚清民国的政治概念与"新史学"》,罗志田主编:《20 世纪的中国:学术与社会》(史学卷),山东人民出版社 2001 年版,第 1—30 页。

　　⑤ 梁启超:《新史学》,《饮冰室文集·饮冰室合集》第 1 册,中华书局 1989 年版,第 1—7 页。

治分开,研究与应用分开,进而实现学术独立和研究的专精。蔡元培就任北大校长时提醒学生大学不是培养官僚的场所,是"研究高深学问者也"①。但北大研究氛围并不浓厚,成绩也不理想。1920 年,胡适在北大的开学典礼上,认为北大挂着新思潮之先驱、新文化中心招牌,但面对学术界大破产的现象,应该感到惭愧。北大不应该再从事浅薄的"传播"事业,而应该努力提高研究水平。②

傅斯年针对五四之后北方学界批评风气浓厚,学术成绩不多的现实,给胡适写信说,"愿先生终成老师,造成一种学术上的大风气,不盼望先生现在就于中国偶像界中备一席。"③给陈垣写信袒露心声的孙楷弟也深刻体会到近代中国"生产落后,百业凋零,科学建设,方之异国,殆无足言;若乃一线未斩唯在学术。"④顾颉刚更是直接表达了当时知识分子的共同想法,"我们这班人受了西方传统的科学教育,激起我们对于学问的认识,再耐不住不用了求真知的精神,在中国建设一个学术社会了。"⑤他们主张建立一个纯的学术传统,独立于社会的学术社群、机构。

知识界目睹欧美研究机构在调配社会资源以推动学术发展中的重要性,对于在中国成立专门的组织机构,供专职人员从事学术研究的呼声日益迫切。北京大学研究所国学门应是最早以欧美研究为模式而成立的大学研究机构⑥,国学门以其创设之先,人才资源之富,树立了学术研究学院化的典范,为史学研究专业化奠定了坚实的基础。其后有东南大学国学研究院、清华学校

① 蔡元培:《就任北京大学校长之演说》,高平叔编:《蔡元培全集》第 3 卷,中华书局 1984 年版,第 5 页。
② 胡适:《提高和普及》,《北京大学日刊》1920 年 9 月 18 日。
③ 《傅斯年致胡适》,耿云志主编:《胡适遗稿及秘藏书信》第 37 册,黄山书社 1994 年版,第 353 页。
④ 《孙楷第致陈垣函》(1932 年 1 月 25 日),陈智超编注,《陈垣来往来书信集》,上海古籍出版社 1990 年版,第 409 页。
⑤ 顾潮:《顾颉刚年谱》,中国社会科学出版社 1993 年版,第 169 页。
⑥ 蔡元培:《二十五年来中国研究机关之类别与其成立次第》,高平叔编:《蔡元培全集》第 7 卷,中华书局 1984 年版,第 121—122 页。

国学研究院、厦门大学国学院等等,"新文化运动带来理国故之风气,史学遂成为整理与研究之焦点"①,但此时的史学研究却未能走出国学研究的藩篱。"从胡适等人的考据性作品和北大《国学季刊》《清华学报》中发表的大量国学文章中,看到了一个情形,那就是学人的实际研究文字与其倡设研究会的工作是颇为分离的。在整理国故声中所设立的研究团体,虽然刺激了学界在方法上力求创新,在材料上广事征求,但是所发表的研究论文绝大部分仍只是乾嘉考据学的变相复兴而已,真正应用拓展出来的新史料从事研究的人毕竟是少数。"②

中研院的成立标志着中国学术体制化的开始,中国学术的专业化开始达到一个新的高度。而新成立的史语所超越了整理国故运动中对"国学"的认识,傅斯年说"我们反对'国故'一个观念。世界上无论那一种历史学或那一种语言学,要想做科学的研究,只得用同一的方法,所以这学问断不以国别成逻辑的分别,不过是因地域的方便成分工。国故本来即是国粹,不过说来客气一点儿,而所谓国学院也恐怕是一个改良的存古学堂。原来'国学'、'中国学'等等名词,说来都甚不详,西洋人造了支那学'新诺逻辑'一个名词,本是和埃及脱逻辑亚西里亚逻辑同等看的,难道我们自己也要如此看吗?果然中国还有将来,为什么算学、天文、物理、化学等等不都成了国学,为什么国学之下都仅仅是些言语、历史、民俗等等题目?且这名词还不通达,取所谓国学的大题目在语言学或历史学的范围中的而论,因为求这些题目之解决与推进,如我们上文所叙的,扩充材料,扩充工具,势必至于弄到不国了,或不故了。这层并不是名词的争执,实在是精神的差异之表现。"③

傅斯年在创办史语所时便尽量开发新材料与新工具,希望能做出有别于

---

① 汪荣祖:《五四与民国史学发展》,汪荣祖编《五四研究论文集》,联经出版事业公司 1979 年版,第 226 页。

② 刘龙心:《史料学派与现代中国史学之科学化》,台湾政治大学历史学研究所硕士论文,1992 年,第 70 页。

③ 傅斯年:《历史语言研究所工作之旨趣》,《历史语言研究所集刊》1928 年第 1 本第 1 分。

整理国故的考据学成绩。① 史语所又吸收了当时国内众多学术机构的经验和教训,如北大国学门注重新史料的发掘和集众研究以及清华国学院注重个人研究和教授指导的不同研究风格,这正是中国近代学术及其制度建设逐步走向成熟的标志。②

史语所作为国家学术体制和国家学术研究有计划投入的重要组成部分,有了稳定的经费来源,使研究人员的生活有了保障。他们能够专心从事学术研究工作。直到全面抗战爆发时,货币的购买力还算稳定。史语所的研究人员具有很高的社会地位,薪水也比较丰厚,根据 1930 年中研院制定职员薪俸标准分为四等:最低一等为书记,自 30 元至 60 元,共分 7 级,每级递增 5 元;第二等事务员和助理员,自 60 元到 180 元,共分 26 级,每级递增 5 元;第三等为专任编辑员和技师,共分 10 级,每级递增 10 元;最高等为专任研究员,自 200 元至 500 元,共分 30 级,每级递增 10 元。③ 李书华回忆 20 世纪 20 年代末北京教授的生活时估计了其币值的购买力,"北京生活便宜,一个小家庭的用费,每月大洋几十元即可维持。如每月用一百元,便是很好的生活,可以租一所四合院的房子,约有房屋二十余间,租金每月不过二三十元,每间房平均月租金大洋一元,可以雇佣一个厨子、一个男仆或女仆、一个人力车的车夫,每日饭菜钱在一元以内,便可以吃得很好。有的教授省吃俭用,节省出钱来购置几千元一所的房屋居住,甚至有能自购几所房子以备出租者。"④周祖谟回忆他在 1936 年入职史语所,被任命为助理员,相当于大学的助教,每月薪水 90 元,"可以买四十袋面粉,那时每袋面粉四十斤"。⑤

---

① 刘龙心:《史料学派与现代中国史学之科学化》,台湾政治大学历史学研究所硕士论文,1992 年,第 72 页。

② 胡逢祥:《从北大国学门到清华研究院》,《中国图书评论》2006 年第 10 期。

③ 国立中央研究院总办事处:《国立中央研究院院务月报》1930 年第 2 卷第 1 期,第 35 页。

④ 李书华:《碣庐集》,传记文学出版社 1967 年版,第 52 页。

⑤ 参见鲁国尧:《"啊,门"缅怀周祖谟师》,《新学术之路——历史语言研究所七十周年纪念文集》,历史语言研究所 1998 年版,第 621 页。

美英中批发指数对比表

年份	1930	1931	1932	1933	1934	1935	1936	1937
美国	109	85	71	74	89	100	102	108
英国	112	99	96	96	99	100	105	122
中国（上海）	120	132	118	108	101	100	112	124

资料来源:张嘉璈著,于杰译:《通胀螺旋:中国货币经济全面崩溃的十年:1939—1949》,中信出版社2018年版,第12页。

聚集在史语所周围的知识分子以他们的学术远见、突出而严格的学术标准、集合研究人员做有重要学术意义的"集众"工作,通过找钱、找人、留人、资源之寻获等工作,努力为中国开辟了一番新的学术事业。[1] 以历史组为例,以史学各面以及文籍校订等属之,陈寅恪任组长,将集众研究与个人研究相结合。历史组把整理明清大内档案、汉简及校勘《明实录》等工作作为集众研究的重点,通过新材料的整理和出版,不仅扩大了学术影响力,而且为史语所个人研究奠定了资料基础。个人研究在专史和断代史方面都取得了重大成就,如傅斯年在先秦史研究,"用最新的方法,以甲骨文金文典籍为材料,而叙述先秦时代的中国哲学,其成就可谓突过前人"[2];劳幹的秦汉史研究"成就最大"[3];陈寅恪的魏晋南北朝隋唐史研究"以谨严的态度,丰赡的知识,作精深的研究,殆为斯学的权威"[4];而陈述、傅乐焕在辽金史的研究"成就为最大"[5];此外还有王崇武、李光涛的明史研究;张政烺的版本目录学和文字学研究,全汉升的中古经济史研究等都取得了巨大学术成就。史语所的史学专业研究重视

---

[1]　王汎森:《傅斯年是一个时代的表征》,颜亮专访《南方都市报》2012年9月2日。

[2]　顾颉刚:《当代中国史学》,上海古籍出版社2002年版,第83页。《性命古训辨证》的考证受到很多人的重视,陈垣在读完此书后,写信告诉他的儿子"余阅《性命古训辨证》,深知余已落伍"。参见《陈垣来往书信集》,上海古籍出版社1990年版,第662页。

[3]　顾颉刚:《当代中国史学》,上海古籍出版社2002年版,第85页。

[4]　顾颉刚:《当代中国史学》,上海古籍出版社2002年版,第87页。

[5]　顾颉刚:《当代中国史学》,上海古籍出版社2002年版,第89页。

第一手资料,重视版本,以问题意识为取向,注重"窄而深"的专题研究,通过不断出版各种专刊、专著和定期刊布的史语所《集刊》等促进了其新学术范式的传播,为学术研究树立了典范。

20世纪20年代,中国史学研究出现了从重视史观到史法(历史方法)的转变,①一方面人们对理论的崇拜也开始反思。梁启超在新著《中国历史研究法》中不但不再用"进化"两字,对因果律也持谨慎态度,"宇宙之因果律往往为复的而非单的,为曲的而非直的,为隔的伏的而非连的显的,故得其真也甚难。自然界之现象且有然,而历史其尤甚也。严格论之,若欲以因果律绝对的适用于历史,或竟为不可能的而且有害的亦未可知"②。隔年,他在《研究文化史中的几个重要问题》连因果律都不再使用,认为那是一种误导,"历史现象最多只能说是'互缘',不能说是因果"③。梁启超在20年代开始专注史法的研究,写成了《中国历史研究法》及《补编》,更是反映了史学研究方向的转变。

另一方面,胡适以科学方法代言人的形象,用简洁有力的表达形式,将"以前学术思想以致整个文化都化约为方法"④,最终促成了史学研究注重方法时代的到来。傅斯年领导的史语所继承了胡适对史学方法的重视,他在手拟史语所研究员聘书中声明:我国历史语言之学本至发达,考订文籍,校核史

① 王晴佳:《中国史学的科学化——专科化与款学科》,罗志田主编:《20世纪的中国:学术与社会》(史学卷),山东人民出版社2001年版,第603页。

② 梁启超:《中国历史研究法》,上海古籍出版社1998年版,第119页。

③ 梁启超:《中国历史研究法》,上海古籍出版社1998年版,第140页。

④ 余英时:《中国现代思想史上的胡适》,《中国思想传统的现代诠释》,联经出版公司1985年版,第552页。胡适在《实验主义》一文中,介绍了从皮耳士到杜威思想演变的过程,并概括了实用主义哲学。胡适讲道:"这种进化的观念,自从达尔文以来,各种学问都受了他的影响。但是哲学是最守旧的东西,这六十年来,哲学家所用的'进化'观念仍旧是海智尔(Helel)的进化观念,不是达尔文的《物种由来》的进化观念。到了实验主义一派的哲学家,方才把达尔文一派的进化观念拿到哲学上应用:拿来批评哲学上的问题,拿来讨论真理,拿来研究道德。进化观念在哲学上应用的结果,便发生了一种'历史的态度'(The genetic method)。怎么叫做'历史的态度'呢? 这就是要研究事物如何发生,怎样来的,怎样变到现在的样子:这就是'历史的态度'。"(胡适:《实验主义》,《胡适文存》,远流出版公司1986年版,第66—67页。)可以看出胡适把实用主义哲学的核心看成是一种思考的方法。

料,固为前贤之弘业;分析古音,辨章方言,又为朴学之专诣。当时成绩宜为百余年前欧洲学者所深羡,而以为病未能者。不幸不能与时俱进,坐看欧人为其学者,扩充材料扩充工具,成今日之巨丽。我国似以故步自封而退缩于后,可深惜也。现在中央研究院有历史语言研究所之设置,非取抱残守缺、发挥其所谓国学,实欲以手足之力,取得日新月异之材料,借自然科学付与之工具而从事之,以期新知识之获得。材料不限国别,方术不择地域,既以追前贤成学之盛,亦以分异国造诣之隆。①

史语所的新学术已超越了胡适整理国故运动中"国学"的藩篱,要广泛援引自然科学中许多工具来解决史学问题,傅斯年在开山之作《旨趣》中提出,"现代的历史学研究,已经成了一个各种科学的方法之汇集。地质、地理、考古、生物、气象、天文等学,无一不供给研究历史问题者之工具"的观点②。他要将史语所的人文学术"借自然科学付与之工具"建设得如同自然科学一样,要建立科学的东方学之正统在中国。为此,史语所的史学研究"重视从原始材料出发,重视版本,重视新史料,……主张客观的研究,提倡问题取向的、'窄而深'的专题研究"③成为新学术的圭臬。

这种为学问而学问的态度,注重方法,以问题意识为取向的,注重"窄而深"的专题考证研究的治学方法形成一种强势论述,成为当时新的"价值层级"的最高层。这个新价值层级挟现代学术体制的帮助,取得了庞大的说服力与压迫力,他吸引、调动了各地的学术人才,向他所标榜的学风靠拢,并默默进行具有排他性的筛选。④

如作为中基会资助学人研究工作审查者的傅斯年,对不符合新学术范式

---

① 《研究员聘书拟稿》,史语所档案:元 130—1。

② 傅斯年:《历史语言研究所工作之旨趣》,《历史语言研究所集刊》1928 年第 1 本第 1 分。

③ 王汎森:《民国的新史学及其批评者》,罗志田主编:《20 世纪的中国:学术与社会》(史学卷),山东人民出版社 2001 年版,第 129—130 页。

④ 关于"价值层级"的论述,参见王汎森的《钱穆与民国学风》,《近代中国的史家与史学》,复旦大学出版社 2010 年版,第 166 页。

的申请者毫不客气地予以拒绝。1942 年,傅斯年在致中基会的信函中,对一位学者申报的《中国宰相制度》,认为时间跨度纵横两千年,研究者不可能对问题中的各时代之细点进行缜密研究,即使出成果,只作为一般人参考之资,"精练之史家决不敢为之","不足名为研究"。①

傅斯年将李文治的《万明流寇》列为甲等,认为"此君史学之训练,尚非尽善,其中颇有可以改善之点,但就大体言之,确已抓到一'史学的问题'",即其符合现代史学专题考证研究的范式,因而称为"史学的研究"。② 傅斯年作为中基会补助的审查者,自然而然就会在撰著标准、理念和方法上,对申请者产生一定程度的影响,任何想接受中基会补助的史学工作者,不论他们原先的构想、理念为何。都必须在这样的规范下调查其工作方向。③ 史语所学人傅斯年、陈寅恪和李济等人担任各种基金的审查委员,奖励提倡与他们理念相近的著作,必然会将学术研究导向标准化、专业化和专门化,并引领了那个时代的学术风潮。

这种规范作用还可以从陈述的治学转向作以生动说明,"生到所时,曾拟为此题(即陈述的研究题目:唐宋之际南北和战系年),半年搜集时期,多聆教诲,兼得诸同事讲习。略窥老旧史家与今日史家之异趣,似旧日多以书为本位,现代多重历史问题。并略知作文有高低之分,如论证确实,独有创见,假定名为教授类;如略具考订比列而成,假定名为助教类;如抄缀辑录,勘对字句,假定名为学生类。"④陈述从北平师范大学学生时代"考订比列"的"老旧史家"补旧史之作,至史语所的受其学术环境影响而追求"论证确实,独有创见"

---

① 傅斯年:《致中华教育文化基金董事会》,《傅斯年遗札》第 2 卷,社会科学文献出版社 2015 年版,第 1276—1279 页。

② 傅斯年:《致中华教育文化基金董事会》,《傅斯年遗札》第 2 卷,社会科学文献出版社 2015 年版,第 1276—1279 页。

③ 刘龙心:《知识生产与传播——近代中国史学的转型》,台北三民书局 2019 年版,第 261 页。

④ 《陈述致傅先生函》,傅斯年档案:Ⅲ:230。

的研究论文,正是从这些受时代风气影响的个别研究者身上,可以看到新史学发展最具体的痕迹。①

　　熊十力对当时学界尚考据的批评恰恰反映了史语所的学术影响,"今各大学研究所及中央研究院,皆尚考据之风。向者林宰平云,今之业考据者,比乾嘉诸老尤狭隘。如江慎修先生虽精考据,而必以义理为宗,今则无此风。"②熊十力所批评的中研院当然是指史语所为代表的学风了。

　　为了保证史语所研究成果的学术质量,史语所对职业研究人员逐渐形成一套完整的聘任和考核标准,如在1928年5月史语所拟定的组织大纲中就对聘任的研究员作了严格的限定,"研究员须于历史学或语言学范围内各科之一有超异之贡献,为同科学者所承认,并现在仍以继续作该科之研究为为业者。"③9月修订的暂行组织大纲对聘请外国研究员也作出了规定,外国通信员之标准如下:一、于语言历史科目中曾有重大贡献为列国学者所共认者;二、其所贡献与本所所工作之事有直接间接之重大关系者。④ 助理员标准依据院设置助理员章程的规定,"助理员须具有次列两项资格之一而于研究所各部份科目之一有相当研究并有成绩者:一、国立大学本科毕业生者;二、在教育部立案之私立大学或本院认可之国外大学本科毕业者。"⑤为了规范人员聘用工作,1936年所务会议拟定了各类研究员编辑员助理员任用章程:

历史语言研究所各类研究员、编辑员、助理员任用章程

第一章　专任研究员及通信研究员

第一条　专任研究员须具备下列各条件:

　　①　陈雯怡:《从"以书为本为"到"历史问题"的探索——陈述在史语所时期的学术发展》,《新学术之路——历史语言研究所七十周年纪念文集》,历史语言研究所1998年版,第531页。

　　②　熊十力:《十力语要》,上海书店出版社2007年版,第231页。

　　③　《傅斯年、顾颉刚、杨振声呈大学院》,史语所档案:补1—2。

　　④　王懋勤:《所史资料初稿》,未刊,现藏于历史语言研究所傅斯年图书馆,第613—620页。

　　⑤　《国立中央研究院设置助理员章程》,国立中央研究院文书处编:《中央研究院十七年度报告总报告》,国立中央研究院总办事处1928年版,第10页。

1. 在本所各组科目之一曾继续做研究工作,在通常情形须满有十年,其有特殊成绩须满有六年者。此项年限以自完成其第一次论文时起算。

2. 其研究之

成绩,经同科目之学人认为确属重要贡献,且可开此后研究之路径者。

3. 其人须有近代治学方法之训练,不以传统的方法自限者。

第二条 院长、总干事、所长及组主任得向本所推荐某人为专任研究员候补人,作此推荐时,须开明被推荐人之学历,并送其著作于所长。所长如认为在当时本所预算情形下有增置此额之可能,应报告此推荐式于所务会议,组织五人之审查会审查之,以所长为主席。

此五人审查会组织如下:所长、主管之组主任、所长就专任研究院中指定一人、所务会议就专任研究员中互选二人。如五人审查会议以过半数之决定认为资格符合,应具说明书报告于所务会议。所务会议根据此项说明书,经讨论后,以全体不记名投票法表决之,以满全体四分之三为可决,其未能出席之专任研究员,得委托其他专任研究员代投或用通信投票法。可决后推荐于院长。

第三条 专任研究员之续任,依本院各项通则及历史语言研究所章程各关系条文之规定。

第四条 通信研究员之资格,及推任式及续任均同于专任研究员,但所长于推荐手续中不须审核本所预算情形。

第二章 专任编辑员及通信编辑员

第五条 专任编辑员须备具下列各条件:

1. 在本所各组科目之一,曾继续做研究工作,在通常情形须满有五年,其有特殊成绩须满有三年者。此项年限以完成其第一次论文时起算。

2. 其研究之成绩经同科目之学人认为确属重要贡献者。

3. 其人须有近代治学方法之训练,不以传统的方法自限者。

第六条　院长、总干事、所长得向本所推荐某人为专任编辑员候选人。作此推荐时，须开明被推荐人之学历，并送其著作于所长。所长如认为在当时本所预算情形下有增置此额之可能，应报告此推荐式于所务会议，组织三人之审查会审查之，以所长为主席。

此三人审查会组织如下：所长、主管之组主任、所务会议就专任研究员中互选一人。如三人审查会以过半数之决定认为资格符合，应具说明书报告于所务会议。所务会议根据此项说明书，经讨论后，以全体不记名投票法表决之，以满全体三分之二为可决，其未能出席之专任研究员，得委托其他专任研究员代投或用通信投票法。可决后推荐于院长。

第七条　专任编辑员之续任，依本院各项通则及历史语言研究所章程各关系条文之规定。

第八条　通信编辑员之资格，及推任式及续任均同于专任研究员，但所长于推荐手续中不须审核本所预算情形。

第三章　助理员及练习助理员

第九条　助理员及练习助理员之资格之规定，分别依据研究所组织通则第　条及第　条之限制。（此处没标示）

第十条　助理员之初任，须依主管组主任之提议及所长之附议，经所务会议审查认为适合者，以所务会议出席人过半数之可决通过之。

第十一条　练习助理员之初任，依所务会议所制定之考试方法决定之。

第十二条　助理员及练习助理员之续任，依本院各项通则及历史语言研究所章程有关各条文之规定。

第四章　附　则

第十三条　本章程自院长核准公布之日施行。①

---

① 王懋勤：《所史资料初稿》，未刊，现藏于历史语言研究所傅斯年图书馆，第646—648页。

傅斯年创办史语所坚持严格的认证、聘任和考核制度,保证了史语所在人才构成方面的优势,高学历、高质量、高水平、高资格和高知名度成为史语所人才构成的重要特点。傅氏主张"找新才,不应多注意浮华得名之士"①。他通过"拔尖主义"把各大学高才生"网罗而去,监督甚严"②。傅要求新人入所后要认真读书,不必急于发表文章,而李孝定刚进所的一两年内就因"忽视了孟真先生进所三年内,不得撰文的明训,写了一篇文章……贸然向史语所《集刊》投稿,不久,被退稿了"③。这种"打磨"使他们静下心来从基础做起,在他们的学术成长中起着极其重要的作用。

中研院的缔造者蔡元培主张学术自由,反对政治干涉学术研究,他认为"西洋所谓'学院自由',即凭研究者自己之兴趣与见解,决定动向,不受他人之限制之原则,仍应于合理范围内充分尊重之。盖学院自由,正是学术进步之基础。"④蔡元培认同丁文江所讲"国家什么东西都可以统制,惟有科学研究不可以统制,因为科学不知道有'权威',不能受'权威'的支配。……中央研究院只能利用他的地位,时时刻刻与国内各种联络交换,不可以阻止旁人的发展,或是用机关的方法来支配一切研究的题目。"⑤蔡氏只是把握院方大政方针,对具体所务从不干涉。⑥

院长提倡学术研究自由,所长傅斯年也是学术自由的信仰者。1976 年,

① 傅斯年:《傅斯年致蒋梦麟》(1934 年 5 月 8 日),中国社会科学院近代史研究所中华民国史组编:《胡适来往书信集》下册,社会科学文献出版社 2013 年版,第 531 页。

② 钱穆:《八十忆双亲·师友杂忆》,生活·读书·新知三联书店 2005 年版,第 161 页。

③ 李孝定:《逝者如斯》,东大图书股份有限公司 1996 年版,第 56 页。

④ 蔡元培:《中央研究院进行工作大纲》,高平叔编:《蔡元培全集》第 7 卷,中华书局 1989 年版,第 56—57 页。

⑤ 蔡元培:《中央研究院与中国科学研究概况》,高平叔编:《蔡元培全集》第 6 卷,中华书局 1988 年版,第 607 页。

⑥ 翁文灏在纪念蔡元培的文章中就曾讲过:"蔡先生主持中央研究院的主要办法,是挑选纯正有为的学者做各研究所的所长,用有科学知识并有领导能力的人作总干事,延聘科学人才,推荐研究工作。他自身则因德望素孚,人心悦服,天然成为全院的中心。不过他只总持大体,不务琐屑干涉,所以总干事各所长以及干部人员,均各能行其应有职权,发挥所长。"参见翁文灏:《纪念蔡子民先生》,《中央日报》1940 年 3 月 24 日。

李方桂在《传记文学》上发表了《让你做你想做的事》一文，盛赞傅斯年："我想做什么事情，傅先生从来不曾回拒过，只要我想做些什么研究，他无不赞成，这也是一件很难得的事情。往往办事的人总是要你做他所想做的事，而不是做你要做的事。"①

傅斯年要求史语所的研究人员对待研究工作时要具有心无旁骛和专心致志的献身精神。如对取得成绩的助理员杨成志，傅要求道："希望你以后继续你的冒险、吃苦、耐劳的精神，切切实实地随同李先生（即李方桂）工作。这个研究所，现在完全是实事求是，不求速效，不假借，不务外，不学一阘之市的机关。一切有秩序的工作均努力进行，一切无秩序的工作均逐一停止。你这两年工作是极可佩的，但此时断不可自满。第一要素是免去宣传及 Journalism 之烂调，第二是随李先生学方言等细密的方法，第三则随时扩充自己工作的工具，而一切观察工作尤要细心。这样行之三四年，然后是个入门的民族学者，行之七八年，然后可以专门名家。云南两年内的事，只是这精神可佩，不能自谓是有结果。不能听人恭维的话。"②

汪荣祖在论及史学学院化、专业化和独立化时之关系时强调，近代史学的昌明光大，大致根据三个基础：学院化、专业化与独立化。学院化使历史研究人才集中、资料集中，不再是政教之附庸，或贵族之余兴；学院化自然促成专业化，使历史研究由专人负责，渐成为精细的科学研究报告，不再是教训式空谈式，或纯描绘式的叙述；学院化与专业化之后，历史学乃趋向严密而精致之学问，随着近代学术之潮流，以及客观原则之要求，史学逐步摆脱非学术因素的干扰，尤其是政治因素的干扰，乃成独立自主之学问。③ 正如汪氏所言，作为

---

① 李方桂：《让你做你想做的事》，朱传誉编：《傅孟真传记资料》第 3 册，天一出版社 1981 年版，第 83 页。

② 《傅斯年致李方桂》，王汎森、潘光哲和吴政上主编：《傅斯年遗札》，社会科学文献出版社 2015 年版，第 328—329 页。

③ 汪荣祖：《五四与民国史学发展》，汪荣祖编《五四研究论文集》，联经出版事业公司 1979 年版，第 221 页。

第一个专业的人文社科研究机构,史语所无疑奠定了史学的专业化的基础。

余英时评价史语所在推动中国史学专业化贡献时讲道:"廿世纪中国新史学,可以说是专业化的史学。从前乾嘉考据学者虽有许多超过专家水准的研究,但实际上并没有发展出专业的史学;真正产生专业的史学,历史语言研究所是第一个。甚至在胡适一九一七年刚返国回北京大学任教'中国哲学史'课程的过渡时期,史学也还未达专业化的地步,一直要到傅斯年创立历史语言研究所后,史学才奠定专业的基础。"①无疑,余英时指出了史语所对推动史学专业化研究的奠定之功。

第二节　中国现代语言学研究的开拓

中国传统的语言学研究历史悠久,成果丰富。②《尔雅》和《说文解字》等专书的出现更是促进了传统语言学的研究。到了清代,传统语言学的研究发展到鼎盛时期。但传统语言学研究的局限之一是从文献到文献,从文字到文字的"纸上的功夫",以至钻研的结果"总不出这故纸堆的范围"。③"传统的朴学小学是语文学,只顾书本上的资料,遇到活的语言和方言,一则不会描写,二则不知道怎样去利用。"④

---

① 余英时:《学术思想史的创建与流变——从胡适与傅斯年说起》,历史语言研究所七十周年研讨会论文集编辑委员会:《学术史与方法学的省思——历史语言研究所七十周年研讨会论文集》,历史语言研究所 2000 年版,第 1—2 页。

② 确切讲应该是语文学研究,即以书面语言或文字为研究对象,通过文献资料的考证和诠释等,达到读懂文献的目的。关于语文学(Philology)与语言学(Linguistics)的区别和发展演变,参见何大安的《典范在夙昔:史语所未来推动汉语研究的一些省思》,历史语言研究所七十周年研讨会论文集编辑委员会:《学术史与方法学的省思——历史语言研究所七十周年纪念文集》,历史语言研究所 2000 年版,第 544—548 页。

③ 胡适:《治学的方法与材料》,《胡适文存》第 3 集,外文出版社 2013 年影印本,第 196 页。

④ 梅祖麟:《中国语言学的传统和创新》,历史语言研究所七十周年研讨会论文集编辑委员会:《学术史与方法学的省思——历史语言研究所七十周年纪念文集》,历史语言研究所 2000 年版,第 477 页。

20世纪初,新旧交替的中国语言学仍然存在着上述问题。傅斯年认为以往的研究没有语言演变和地方差异的观念,其点名批评章炳麟"在文字学以外是个文人,在文字学以内做了一部《文始》,一步倒退过孙诒让,再步倒退过吴大澂,三步倒退过阮元,不特自己不能用新材料,即是别人已经开头用了的新材料,他还抹杀着,至于那部《新方言》,东西南北的猜去,何尝寻杨雄就一字因地变异作观察? 这么竟倒退过二千多年了。"①1929年,李方桂回国后,本来不打算研究上古音的,但"后来看到章黄学派胡来,实在看不过。这样才开始研究上古音"②。

接受现代治学方法的王献唐批评清代人治音韵训诂为古董式学问,"献唐昔年治学,颇撮拾乡先辈许印林先生绪余,以音求义,又以义求音,其术殆出于高邮,盖印林为伯申(即王引之)先生弟子故也。近岁渐悟清人所治之声音训诂,多为死音训诂,古自古,今自今,结果只造成一种古董式之学问,供人玩赏而已。"③傅斯年感叹西洋汉学家跳出故纸堆,借用现代研究工具和方法,取得了超过三百年的汉学成就。因为中国的音韵学者审不了音,所以把一部切韵始终弄不甚明白,"一切古音研究仅仅以统计的方法分类,因为几个字的牵连,使得分类上各家不同,即令这些分类有的对了,也不过能举其数,不能举其实,知其然不知其所以然。"因为中国人没有掌握现代语音学,没有办法和西人竞争,如在解释唐音上,因为西洋人知道"梵音",自然按照译名容易下手。他还认为西藏、缅甸、暹罗等语言和汉语出于同一"语族",将来用比较言语学的方法来建设中国古代言语学,"取资于这些语言中的印证处至多",没有这

---

① 傅斯年:《历史语言研究所工作之旨趣》,《历史语言研究所集刊》1928年第1本第1分。

② 转引自梅祖麟:《中国语言学的传统和创新》,历史语言研究所七十周年研讨会论文集编辑委员会:《学术史与方法学的省思——历史语言研究所七十周年纪念文集》,历史语言研究所2000年版,第475页。

③ 张书学:《新发现的傅斯年书札辑录》,《近代史资料》总第91号,中国社会科学出版社1997年版,第140—141页。

些工具是不能成就这些学问的。①

其二是生搬硬套西方理论以格义中国语言学,陈寅恪就批评《马氏文通》,"今于印欧系之语言中,将其规则之属于世界语言公律者,出去不论。其他属于某种语言之特性者,若亦同视为天经地义,金科玉律,按条逐句,一一施诸不同系之汉文,有不合者,即指为不通。呜呼! 文通,文通,何其不通如是耶?"②陈氏认为用欧洲人 comparative philology 的方法,才能产生及格的中国文法,"比较语言之学兴,旧日谬误之观念得以革除。因其(欧洲)能取同系语言,如梵语波斯语等,互相比较研究,于是系内各个语言之特性逐渐发现。印欧系语言学,遂有今日之发达。……故今日中国必先将国文文法之'格义'观念,摧陷廓清,然后循藏缅等与汉语同系语言,比较研究之途径进行,将来自可达到中国文法成立之日。"③

史语所的语言学研究一开始就摆脱了传统语言学研究的局限,语言学组把工作的重点放在语言学材料的收集、新的语言研究工具的运用及语言学研究领域的开拓。早在史语所筹备时期,傅斯年就对所内语言学研究的对象和范围作了详细规划:

(一)汉语方言

(二)西南语

(三)中央亚细亚语

(四)语言学④

---

① 傅斯年:《历史语言研究所工作之旨趣》,《历史语言研究所集刊》1928 年第 1 本第 1 分。

② 陈寅恪:《与刘叔雅论国文试题书》,《金明馆丛稿二编》,生活·读书·新知三联书店 2001 年版,第 252 页。

③ 陈寅恪:《与刘叔雅论国文试题书》,《金明馆丛稿二编》,生活·读书·新知三联书店 2015 年版,第 251—252 页。

④ 《所务记载》,《历史语言研究所集刊》1928 年第 1 本第 1 分。

语言学组"早期工作的重点之一是对语言史的重建"①。在赵元任、李方桂和罗常培的带领下,为了扩大材料的研究范围,不再受限于传统的文献资料,语言学组开展各种汉语(方言等)和非汉语(少数民族语等)大规模的田野调查。赵元任主持汉语方言调查,范围包括广东、广西、湖北、湖南、云南、四川、福建、江西等地的汉语方言调查。李方桂是国内少数民族语言调查研究的开拓者,其调查范围不仅包括云南、四川、广西、贵州等西南各省的少数民族语言,还跨出国门至泰国调查暹罗语并记音制成音档,收集到很多语言学等文物资料。

第二组语言调查工作简表②

调查名称	工作人员	时间	区域	附记
1.汉语调查				
两广方言调查	赵元任主持	1928 年 11 月 至 1929 年 2 月	东至潮汕,西至南宁,北至乐昌,南至中山。	记音,其中记瑶歌 97 首,前 90 首系用蓄音机蜡筒记下。
深泽县语言调查	王静如	1930 年	河北深泽、东鹿、安平一带。	记音值,声调及罕见的入声。
大名县语言调查	王静如	1931 年	河北南部大名一带。	记音并灌制了腊筒音档。
豫陕方音调查	白涤洲	1933 年 3 月	河南陇海铁路沿线及陕西旧关中道,计二十九县。	记音及北音入声演变的状况。
徽州语言调查	赵元任、罗常培、杨时逢	1934 年 3 月 至 10 月	安徽旧徽州府属六县。	记音并灌制了铝片音档四十五片。
江西方言调查	赵元任、李方桂、杨时逢	1935 年 5 月	江西省	记音并灌制音档八十余片。

---

① 李壬癸:《七十年来中国语言学研究的回顾》,历史语言研究所七十周年研讨会论文集编辑委员会:《学术史与方法学的省思——历史语言研究所七十周年纪念文集》,历史语言研究所 2000 年版,第 521 页。

② 此表参考了王懋勤的《所史资料初稿》的相关成果和杨时逢的《语言调查与语音调查》(傅故所长筹备委员会编:《历史语言研究所傅所长纪念特刊》,历史语言研究所 2000 年版,第 27—31 页)及史语所历年出版的语言调查报告。

续表

调查名称	工作人员	时间	区域	附记
湖南方言调查	赵元任、杨时逢、葛毅卿	1935 年 10 月至 11 月	湖南省	记音并灌制音档一百十一片。
湖北方言调查	赵元任、杨时逢、丁声树、吴宗济	1935 年 4 月至 5 月	湖北省	记音并灌制音档一百四十四片，得方言六十四种。
云南汉语调查	丁声树、董同和、杨时逢	1940 年 3 月至 5 月	云南省	记音并灌制音档一百八十余片。
四川汉语方言调查	丁声树、董同和、杨时逢	1941 年 10 月至 12 月	四川省国立四川大学	记音并灌制音档八十八余片。
四川南溪李庄方言录音	杨时逢	1941 年至 1943 年	四川南溪李庄	记音。
2. 非汉语调查				
广东北江方言调查	李方桂	1930 年	广东乐昌、乳源、曲江三县。	狗头猺八排猺语言及歌谣材料。
琼崖方言调查	李方桂	1930 年 7 月至 10 月	广东琼崖、海南	黎、獞、犁语言。
暹罗语言调查	李方桂	1933 年 10 月至 1934 年 4 月	泰国	记音制音档并收集文物资料。
云南暹罗、苗语言调查	凌纯声、陶云逵	1934 年 10 月至 1935 年	云南	收集猡猡、白苗等文物资料。
广西泰语及非汉语调查	李方桂、吴宗济	1935 年 9 月至 1936 年 1 月	广西	记音制音档。
云南剥隘土语调查	李方桂、张琨	1940 年 3 月至 5 月	云南大理、龙陵、芒市、腾冲一带	台语方言中剥隘土语记音。
云南猡猡语调查	马学良	1940 年 4 月至 10 月	云南路南昆明、寻甸等处	记音。
黔桂台语、洞水语、莫家语调查	李方桂、张琨	1941 年 8 月至 1942 年 10 月	贵州贵阳、独山、榕江、丙妹及广西柳州、荔波等处	记音。

续表

调查名称	工作人员	时间	区域	附记
云南寻甸倮倮语第二次调查	马学良	1941 年 11 月 至 1943 年 12 月	云南寻甸	记音。
四川戎语调查	李方桂	1945 年 8 月至 9 月	四川理番	记音。

语言学组调查语言，搜集材料的方法有笔记和灌音两种。笔记仅限于严式国际音标记录，赵元任创制了《方言调查表》①，用此表的字及其他词汇材料测试读者，可以更好地掌握和记录测试者的音系。第二是用灌音器灌制音档，各地语言调查多有制成音档，计有约二千片②，成为可以永久保存的语言材料，方便后来的听写整理。语言组收集、积累了大量研究语言学的第一手资料，打破了传统文人做学问大多只是闭门读书的局限，从文献资料扩展到活生生的口头资料，从汉语到方言与少数民族语言等的第一手资料的收集与研究，真正做到了傅斯年提倡的"动手动脚到处找寻找新材料，随时扩大旧范围，所以这学问才有四方的发展，向上的增高"③。最终，"中国语言学发荣滋长的基础，就是这么动手动脚、到处录音、学嘴收集起来的"④。

语言组的另一项重要工作是研究工具的创新与应用。傅斯年对审音尤其重视，因人才的匮乏，傅氏建议赵元任成立语言学练习班，讲授语言发音方法

① 赵元任创制的《方言调查表格》收字 3567 个，1930 年由史语所出版，此表不仅易于归纳整理，而且便于理解许多复杂不易理解的现象，厘清方言音系与中古语音系统和普通话语音音系的关系，掌握他们之间的对应规律。此表几经修改，至今仍为方言调查工作者所使用。参见苏金智：《赵元任学术思想评传》，北京图书馆出版社 1999 年版，第 84 页。

② 杨时逢：《语言调查与语音实验》，傅故所长筹备委员会编：《历史语言研究所傅所长纪念特刊》，历史语言研究所 1951 年版，第 31 页。

③ 傅斯年：《历史语言研究所工作之旨趣》，《历史语言研究所集刊》1928 年第 1 本第 1 分。

④ 郑再发：《平论：语言与历史的分合》，历史语言研究所七十周年研讨会论文集编辑委员会：《学术史与方法学的省思——历史语言研究所七十周年纪念文集》，历史语言研究所 2000 年版，第 554 页。

和国际音标的读音及训练。因审音离不开语言工具，建所之初，积极筹备语音实验室，至 1929 年初在北平建立一个小规模的实验室。实验室仪器设备等从国外购置，因语言调查的需要，购置侧重于测验音调和发音方法、发音部位的图解、模型与审音参考语料音片及蓄音机、扩音器等仪器。其后，仪器不断扩充增加。

1934 年，史语所搬到南京，语言组在新建所址中专辟四室作语音实验室。实验室从设计、绘图到建造，均由赵元任亲自规划，建成后各种新式语音仪器和记音机器大部从国外订购，亦有语言组自行设计由国内仪器厂商制造而成的。实验室的装备非常完善，记音器可灌制永久性的音档，对语言调查有很大帮助，测试音调有电动大小音浪记、音岔、音高管、声调器和速视音高管等，测验发音部位有各种图解模型，灌制音档有飞利浦灌音器、Seeger、Fairchild、Radiotone 式灌音器和中国无线电公司直流增音器等。实验室内部设置完善、仪器精密，"不但为国内所仅有，即在亚洲，亦首屈一指"①。

有如此先进的设备，语言组的语言调查计划和灌制音档的工作在全国积极开展，像湖南、湖北全省、江西北部和中部等地区的汉语方言调查，客家、福州、厦门、苏州等地的方音音档及泰语、摆夷、苗语等语料音档，保存语音材料数量相当可观。语言组的工作成绩引起了西方学者的瞩目，李济回忆道："南京北极阁语音实验室的建设工作，在那时是一件国际注意的科学事业，所呈献的急追猛进的阵容，曾使坐第一把交椅的欧洲中国语言学家、瑞典高本汉教授为之咋舌。"②

另外，史语所学人以译介高本汉的研究著作《中国音韵学研究》为契机，对语言学上的许多问题，进行了深入的研究，提出了自己的学术观点。其中，

---

① 杨时逢：《语言调查与语音实验》，傅故所长筹备委员会编：《历史语言研究所傅所长纪念特刊》，历史语言研究所 1951 年版，第 29 页。

② 李济：《傅孟真先生领导的历史语言研究所——几个基本观念及几件重要工作的回顾》，傅故所长筹备委员会编：《历史语言研究所傅所长纪念特刊》，历史语言研究所 1951 年版，第 16 页。

很多研究成果修正和补充了高氏的观点,并得到高本汉的积极回应。如赵元任和高本汉关于介音、唇音、音值和元音数量等等展开了讨论和交流。① 在上古汉语语音构拟是否存在问题上,赵元任、王静如和高本汉也进行了深入的研讨。② 另外,李方桂、董同和等与高氏都有学术上的研讨和交流。③ 史语所学人对高本汉研究著作的翻译、研讨和论辩,促进了中国语言学研究的发展,推动了中国语言学研究的科学化和国际化。

　　语言组通过语言学材料的积累与研究工具的创新、应用以及西方研究著作的翻译和研讨,开拓出许多新的课题和领域。④ 在汉语语法方面,从以前的研究只有对虚字的解释到史语所对活生生的句子,甚至篇章的分析;在研究科目方面,涉及语音学、描写语言学、比较语言学、历史语言学、方言学和语法学等。史语所带头的新语言学研究把活的汉语方言资料和文献上的资料结合在一起运用,因此成就远远超过清儒,在国际上可以和高本汉、马伯乐(Henri Maspero)并驾齐驱,章黄学派更是望尘莫及。⑤ 史语所的非汉语研究,一方面

　　① 张世禄:《重印后记》,《中国音韵学史》(下册),上海书店 1987 年版,第 3—9 页。

　　② 高本汉著,赵元任译:《中国上古音当中的几个问题》,《历史语言研究所集刊》1930 年第 1 本第 3 分和王静如:《跋高本汉的上古中国音当中几个问题并论冬蒸两部》,《历史语言研究所集刊》1930 年第 1 本第 3 分。

　　③ 如李方桂《切韵â的来源》(《历史语言研究所集刊》1931 年第 3 本第 1 分)、《东冬屋沃之上古音(英文)》(《历史语言研究所集刊》,1932 年第 3 本第 3 分)和《论中国上古音的＊—iwng,＊—iwk,＊—iwg》,《历史语言研究所集刊》1935 年第 5 本第 1 分)及董同和《与高本汉先生商榷"自由押韵"说兼论上古楚方音特色》(《历史语言研究所集刊》1938 年第 7 本第 4 分)等都对高本汉的语言学研究进行了校正和补充。

　　④ 在大陆时期的史语所因政治的动荡和接连不断的战争,主要的工作是资料的搜集和累积,较少在学理上作深入的探讨,后来在台湾才陆续完成整理、分析和出版。因研究工作的延续性,而笔者在总结语言学组的学术贡献时以大陆时期为主,兼及台湾时期。如史语所语言调查报告在大陆只出版一小部分如 1940 年的《龙州土语》、1943 年的《莫话记略》和 1948 年的《湖北方言调查报告》等。而大部分的报告到台湾才得以出版,如《武鸣土语》(史语所 1956 年)、《云南方言调查报告》(史语所 1969 年)、《湖南方言调查报告》(史语所 1974 年)、《水话研究》(史语所 1977 年)、《四川方言调查报告》(史语所 1984 年)和《李庄方言记》(史语所 1987 年)等。

　　⑤ Einar Haugen 曾以美国语言学会的会长身份在年会上宣称结构主义是中国的赵元任、俄国的 Trubetakoy 跟美国学者一起开创的。参见 Einar Haugen,"Directions in Modern Linguistics",*Language* 27,1951,pp.211-222。

在藏文、西夏文、汉藏比较这几个领域里占主导地位；另一方面，在侗台语的比较研究，李方桂先生不但是开山祖师而且是集大成者。① 罗常培先生的国学根基深厚，对于音韵学的造诣尤深，又肯虚心学习，因此也有不少创获。②

由赵元任、李方桂和罗常培等学人牵头在中国境内的语言学调查不仅积累了丰厚的语言学材料，而且训练了年轻人，语言组第二代的研究人员大多是从田野工作中磨炼出来的好手。如丁声树、周祖谟的功力都极为深厚，对音韵学研究做出了重要贡献；董同和与周法高发现了重纽的现象，为学术界所称道；张琨对古汉语韵母系统与切韵也有独到的看法。总之，史语所的语言学组"并不存门户之见，不只录用学徒，也延揽语界精英后进，结成一支合作无间的队伍，分工提升旧知识，开创了新领域"③。

第三节 现代中国考古学规范的建立

史语所的考古人员，在傅斯年、李济的领导下，对安阳殷墟进行了 15 次大规模的考古发掘，取得了巨大的学术成就。④ 除了学术成就之外，现代考古工作规范的建立，也是史语所学人取得的重要成绩。它为中国现代考古工作的建立和发展，奠定了重要的社会基础。但殷墟发掘初期，工作并不顺利，国民政府的军事政治力量尚无法完全控制河南政府及地方人士，出于保护地方文

① 梅祖麟：《中国语言学的传统和创新》，历史语言研究所七十周年研讨会论文集编辑委员会：《学术史与方法学的省思——历史语言研究所七十周年纪念文集》，历史语言研究所 2000 年版，第 477 页。

② 李壬癸：《七十年来中国语言学研究的回顾》，历史语言研究所七十周年研讨会论文集编辑委员会：《学术史与方法学的省思——历史语言研究所七十周年纪念文集》，历史语言研究所 2000 年版，第 521 页。

③ 郑再发：《平论：语言与历史的分合》，历史语言研究所七十周年研讨会论文集编辑委员会：《学术史与方法学的省思——历史语言研究所七十周年纪念文集》，历史语言研究所 2000 年版，第 555 页。

④ 1949 年前史语所在考古学上取得的学术成就可以参见陈洪波的《中国科学考古学的兴起：1928—1949 年历史语言研究所考古史》（广西师范大学出版社 2011 年版），兹不再赘述。

化与利益的考虑而反对中央学术机关的发掘,史语所考古发掘工作面临夭折的危险。本节通过回顾当时争议产生的原因及解决的途径,探讨史语所如何化解了与地方的矛盾,并为以后的考古发掘提供了一个成功的范式,以期揭橥殷墟发掘建立的考古工作规范,对其后田野考古的深远影响。

自晚清中央政府权力走向衰落,地方政府在很大程度上是独立的。民国一些学人或者学术机构,例如清华学校的李济、北京大学研究所国学门的考古人员在河南及其他地方尝试过多次发掘工作,终因地方政府不支持或地方人士的反对而步履维艰。

史语所成立伊始,通过中研院,把殷墟发掘纳入国家学术体系之内。史语所得以国家学术机关的名义,利用政府的力量来促进考古学的迅速发展。随着"北伐定功",史语所马上采取措施,开始在安阳殷墟进行初步发掘。对于殷墟发掘在考古学上的重要性,傅斯年曾说:"考古学上最难定的是绝对的时期。而殷墟是考古学上最好的标准时期,便于研究的人去比较。"[1]傅斯年及当时的学界主流认为,殷商是史前历史发展的最后一个时期,用比较的方法,以殷商时期考古发掘资料作标准,与其他地区的发现作对比,来判断他们的时间先后,与时代的关系,推断其文明怎样。通过各个文明的综合研究,可以知道人类历史的演进如何,最终证明瑞典人安特生(J.G.Anderson,1874—1960)所持中国文化西来说是否正确。欧美学者的"中国文化西来说"刺激了整个中国知识界,史语所决心通过考古来探索中国文明的起源。

史语所在安阳殷墟顺利发掘的一个重要条件是必须得到中央未完全控制的河南地方政府的批准和支持。于是,傅斯年与董作宾协商解决办法,最终决定一方面利用国民政府高层的私人关系,请中研院院长蔡元培致信河南的实际控制者冯玉祥,声称研究院派史语所考古人员赴安阳进行考古发掘,事关学术文化,请电令安阳驻军保护。作为河南人的董作宾利用自己作为"本省人"

————————————

[1]　傅斯年:《考古学的新方法》,《史学》1930 年第 1 期。

的私人关系,往谒省政府委员、建设厅厅长张钫以及教育厅厅长查良钊,说明安阳发掘殷墟的重要性,取得张、查两委员的支持。另一方面进行了正式的官方交涉,"以大学院、研究院、古物保管委员会之公文投递于省府"①,请求省政府提供协助与保护。

河南地方政府并不希望中央插手地方事务,但又不能公然顶撞中央,所以省政府收到公函后"意甚踌躇",但也不能断然拒绝,又因张钫、查良钊两位地方大员陈说殷墟发掘的重要性,省政府最终通过支持殷墟发掘的议案。经过一番努力,河南地方当局同意史语所发掘,由省政府发出告示通知安阳民众,并派省政府科员张锡晋、教育厅秘书郭宝钧(后成为中国考古学早期重要学者之一)两人前往协助。史语所考古组到安阳后,安阳县长陈信全力支持,对考古组请求的张贴告示、派士兵驻扎小屯保护考古发掘、派政府人员协助筹备工作等的要求,均一一照办。由于一开始就进行了公私两方面的交涉,从省府到县长等地方官员对发掘之举皆表示支持,史语所考古组顺利进驻河南。

万事俱备后,董作宾主持了第一次发掘,时间从 1928 年 10 月 13 日至 10 月 30 日,工作地点在小屯村,分为三区:一区在村东北洹滨,二区在村北,三区在村中,总共开坑 40 个,获字甲 555 片、字骨 229 片,共计 784 片,另外有陶骨蚌石多种。傅斯年去电称赞董作宾安阳殷墟发掘的成绩,"连得两书一电,快愉无极,我们研究所弄到现在,只有我兄此一成绩"②。可以说此次殷墟发掘收获颇丰。

1928 年 12 月,李济担任史语所考古组负责人,接替董作宾主持安阳殷墟发掘工作。1929 年 3 月 7 日,李济主持的殷墟第二次发掘工作开始,工作人员对村南、村中、村北的麦地和棉田三个不同地点进行了地下情况的调查。这次共发掘窖穴 13 处之多,发掘出大量兽骨、铜器、陶器、陶片还有丰富其他遗

---

① 董作宾:《民国十七年试掘安阳小屯报告书》,《安阳发掘报告》1929 年第 1 期。
② 《国立中央研究院历史语言报告书第一期》(原稿),史语所档案:元 198—1。

物,这次发掘出更多有字甲骨(达到了 685 片)。李济要求工作人员科学、系统记录和登记每一出土文物的准确时间、地址以及地层和周围堆积物情形。除上述规定,李济还要求参与发掘的工作队员记录考古发掘中发生的情形和个人仔细观察到的情况。与第一次殷墟发掘相比,这次发掘在技术上更为成熟,在发掘成果上更加显著。

但史语所考古组的第二次发掘于 5 月 10 日仓促结束,因为河南的统治者冯玉祥因军队编遣问题,已公开与南京政府决裂,蒋冯战争爆发,地处要冲的安阳不可避免,土匪并起,安阳县长逃跑,驻军不知去向,洹上村危在旦夕。李济和董作宾等以南京中央政府名义工作的考古人员几乎是从安阳逃回北平的。因战争影响,董、李两人将发掘古物的一部分装箱运往北平。让他们没有想到的是,此举导致河南地方势力的严重不满。地方利益的代表、河南图书馆馆长兼博物馆馆长何日章出于保护地方文化和利益的考虑,反对中央发掘团的继续发掘。《河南教育时报》将史语所把古物装箱运往北平的行为称为"中研院不遵协定潜运出境","中研院不顾信义,违反协定"①。中央学术机构与地方矛盾公开化。

早在第一次发掘前,史语所在与省政府讨论殷墟发掘事项时,因对发掘的前景并不十分清楚,双方没有涉及如何处理文物的归属权责问题。第一次发掘之后,发掘团收获颇丰,文物的归属权、处置权等问题开始出现。何日章开始提醒省政府,"殷礼为中国之国粹而安阳地中所存之龟骨等物,实为河南地方文明之表率,尽移植于他方则不可,为此呈请凡经公众发掘之物,尽可供海内人士之研究而原物仍留存开封。"②于是,省政府致函中研院,要求要把安阳发掘的龟骨等物保留在开封,但中研院函复称,"本院特派员在各地发掘古

---

① 傅斯年:《本所发掘安阳殷墟之经过:敬告河南人士及他地人士之关心文化学术事业者》,《安阳发掘报告》1930 年第 2 期。

② 南京第二历史档案馆.中央研究院档案:中央研究院关于派员调查河南省文物风俗发掘殷墟古物合组河南古迹研究会等与河南省政府来往函,全宗号三九三,案卷号 148。

物,将来如何陈列,亦仅限于首都及本地博物馆。……贵省政府所请以掘出古物留存开封古物陈列所一节,自可酌量办理。"①可以说,中研院并没有给出处置文物的明确办法,这种回复明显致使河南地方人士不能满意。

在第二次发掘后,史语所将两次发掘的珍品运往北平,河南地方人士的不满公开,何日章反对中央发掘团继续发掘,并呈请省政府向中研院交涉,"何日章呈请自动发掘安阳龟骨等器物,谢绝他方开掘,函请查照发还龟骨勿再派员前来发掘。"②最终何日章获得省府与教育厅支持,以河南博物馆的名义成立了发掘队伍,在安阳殷墟自行发掘。何氏还呈请省政府命令安阳县政府发布文告,禁止史语所人员的发掘,导致史语所第三次殷墟发掘工作中途停止。

双方为争取舆论支持还打起了笔墨官司,傅斯年否认纠纷是中央与地方之争,更非中央研究院与河南学术团体之争,认为"乃何氏蓄志以河南境内古物为其势力范围,中央研究院无论如何迁就,彼必破坏以逞其私也"③;中研院提出:"甲骨虽然出自河南,但还是属于国家。"④何日章出于保护地方利益与文化的目的,认为史语所"将两次掘得古物径运北平,事前既不通知参加(河南省)委员,事后亦不报告省政府"违反协定,"因复拟具计划,组织委员会从事(发掘)工作"。⑤

20世纪二三十年代,中国现代考古学刚刚起步,对考古发掘中存在文物发掘、归属、研究等的权责问题,政府尚无专门法律作出详细、明确的规定。而据国民政府内政部已颁布的《名胜古迹古物保存条例》第四条第五项规定,

---

① 南京第二历史档案馆.中央研究院档案:中央研究院关于派员调查河南省文物风俗发掘殷墟古物合组河南古迹研究会等与河南省政府来往函,全宗号三九三,案卷号148。

② 南京第二历史档案馆.中央研究院档案:中央研究院关于发掘河南安阳古物的有关文书,全宗号三九三,案卷号300。

③ 《中央研究院历史语言研究所傅斯年君来函》,《史学杂志》1930年第2卷第4期。

④ 陈存恭等访问:《石璋如先生访问记录》,近代史研究所2002年版,第55页。

⑤ 何日章:《发掘安阳殷墟甲骨文字之经过》,原文为何日章散发的油印小册子,全文载入柳诒徵:《论文化事业之争执》,《史地学报》1930年第2卷第1期。

"其它金石、陶器、雕刻等各类古物,应调查收集,就地筹设陈列所,或就公共场所附入陈列",发掘甲骨等古物留在河南是可以成立的,省府和教育厅也正是据此命何日章带队发掘。何日章领导的博物馆发掘人员也是有章可循,只是他们的发掘技术和方法肯定落后于史语所考古人员。

双方矛盾进一步升级,李济、董作宾只得返回北平与傅斯年商议。在北平的傅斯年不得不赶往南京,呈请国民政府命令河南当地政府继续保护史语所考古组的发掘工作,并停止何日章发掘。但蒋冯大战在即,冯控制下的地方政府更不会遵奉中央的命令。官方沟通不畅,傅斯年只得动用私人关系寻求解决的办法。傅斯年求助国民政府上层,例如段锡朋、张道藩等人,寻求与河南地方人士通过沟通,找到协商的办法。经过多方疏通,史语所发掘团于11月15日重新开工,而河南博物院人员亦重行开工,彼此相持不下,致使发掘工作难以正常进行。

面对如此棘手问题,傅斯年不得不亲赴开封协商解决此事,最终中研院与省政府达成谅解,双方签订了《解决安阳殷墟发掘办法》。安阳殷墟发掘办法规定,"为谋中央学术机关和地方政府合作起见,河南教育厅遴选学者一至二人参加中央研究院安阳殷墟发掘团;发掘工作及所获古物,均由安阳殷墟发掘团缮具清册,每月函送河南教育厅存查;安阳发掘团为研究便利起见,可以将出土古物移运适当地点,但须函知河南教育厅备查;殷墟出土物除重复外均于每批研究完结后,暂在开封陈列以便地方人士参观;俟全部发掘完竣研究结束后,再由中央研究院与河南省政府会商分配陈列办法等。"①

这份合作协议详细列举了中央与地方合作方式、合作具体内容等,初次涉及文物的发掘权、处置权,傅斯年保留了中央学术机构对文物的研究权,其他均是照顾到河南地方利益。此次协议的签订开创了中央学术机构与地方合作

---

① 南京第二历史档案馆.中央研究院档案:中央研究院关于发掘河南安阳古物的有关文书,全宗号三九三,案卷号300。又见傅斯年:《本所发掘安阳殷墟之经过:敬告河南人士及他地人士之关心文化学术事业者》,《安阳发掘报告》1930年第2期。

的先例,为以后史语所与山东、河南地方政府的合作提供了宝贵的经验。但协议的执行情况,取决于政治形势的发展。没有强大中央政府支持,中央学术机构没有能力约束地方行为。果然,傅斯年离开开封,河南势力反对声音又起,何日章为扩大舆论影响,两次散发油印的小册子,呼吁保护地方文化,反对政府学术机关史语所的继续发掘,得到地方舆论的支持。何日章再次组织发掘,"自(1930年)二月十七日起,在彰日用工人七八十人"①。

傅斯年呈请国民政府命令当地政府与史语所安阳发掘团继续发掘合作,政府文官处电令河南地方政府,要求地方政府恢复史语所考古人员的发掘工作,停止何日章的继续发掘。因为大战在即,与中央对峙的河南地方政府支持地方与中央学术机构的对抗,殷墟发掘的工作完全陷于停顿状态。到1930年5月中原大战爆发,中央政府完全失去对河南的控制。"河南忽然成为内战的中心地点,殷墟发掘因此中断"②,史语所代表中央学术机构与河南地方政府签订的合作协议无法履行。可以看出,史语所殷墟发掘不单纯是一个考古的学术问题,还涉及当时的政治、社会、文化等各个方面。哪一方面处理不当,便会带来想象不到的困难。

政治上,民国以来军阀混战,地方力量在很大程度上是独立的。当中央的军事政治力量尚无法完全控制地方时,中央学术机构就没有能力约束地方政府行为,没有地方政府的支持,中央学术机构很难在地方开展学术工作。社会上,河南地方人士出于保护地方文化和地方利益而反对中央学术机构的发掘,中央与地方学术机构存在文物的发掘权、归属权和研究权的矛盾。观念上,当时考古工作人员被人看作挖人祖先坟墓、盗卖古董,普通民众意识里,更多看到的是古物的经济价值,地方上的势力、古董商的势力都会阻挠考古发掘的进行。另外,政府对考古发掘中存在的文物发掘、归属、研究等权责问题更无专

---

① 南京第二历史档案馆.中央研究院档案:中央研究院关于发掘河南安阳古物的有关文书,全宗号三九三,案卷号300。

② 李济:《〈城子崖〉序二》,《城子崖》,历史语言研究所1934年版,第 xi 页。

门法律规定，中央与地方学术机构之间权责关系模糊不明，更缺乏有效沟通，导致彼此经常产生纠纷。史语所必须克服以上困难才能顺利进行以后的发掘工作。

中原大战以蒋介石为首的中央政府取得胜利而结束，国民政府完全控制了河南，组建了以刘峙为主席、完全听命于中央的省府组织。这时的省政府主动表示愿意协助史语所进行殷墟发掘工作，原对中研院持消极态度的教育厅长李敬斋此时也积极配合史语所的考古工作。

虽然史语所重新进行殷墟发掘的政治条件已解决，但考古发掘中存在的文物发掘、归属、研究等权责关系仍然模糊不清，政府对此尚无专门法律作出详细、明确的规定，导致中央与地方学术机构之间沟通不畅，经常产生纠纷。于是，史语所学人积极呼吁政府制定古物发掘和保护的条规和法律，规范田野发掘和出土文物的保存等工作。李济回忆："地下的古物应该完全归公的理论基础。就法律上说，这应该是一件顺理成章的事，但是热心把这件事促成的社会人士却是不多。所以我们促请政府宣布古物国有的《古物保存法》是费了很多的时间，才达到这一目的的。"[1]李济所言不虚，作为民国政府文物管理机构的大学院古物保管委员会在制定文物保护法中发挥着重要作用，而古物保管委员会中史语所及与史语所关系密切的委员占了大多数。保存法为古物的系统保护与科学发掘提供了坚实的法律基础，有利于田野考古工作的规范、科学的实施。

《古物保存法》等法律政策的颁布，在法律上明确了中央与地方在文物所有、处置等的权限责任，为史语所再次在安阳殷墟的顺利发掘提供了法律依据。但是，田野发掘在实际工作中还面临许多的困难，比如考古发掘中怎样才能兼顾地方文化的保护和利益，让地方人士也参与、支持文化学术事业。傅斯年认识到，"此项考古工作，体大思博，地方政府之赞助，殊地学者之分研，实

---

[1]　李济：《安阳发掘与中国古史问题》，张光直主编：《李济文集》第4卷，上海人民出版社2006年版，第539页。

为成功之必要条件。"①李济也说:"在民国十七年至十九年前后这一时期,我们所面临的最困难的问题,就是如何说服地方学术界与中央合作。"②

于是,史语所吸取前期殷墟发掘的教训并借鉴在山东考古取得的成功经验③,计划与河南省政府合组一个类似机构。1931 年 10 月,中研院史语所与河南省政府正式协商成立一个中央与地方合作的学术机构,即河南古迹研究会,史语所委派考古组主任李济为代表与河南省政府代表马元材拟定合作办法,聘请双方委员。

1932 年 2 月,中研院与河南省政府合组之河南古迹研究会暂借河南博物馆开成立会,并议定河南古迹研究会办事章程九条。④ 根据章程规定,最高机关为委员会,委员由双方分别担任,最终中研院推荐李济、张嘉谋、郭宝钧、董作宾与河南省政府推荐的关百益、王幼侨、林襄、王公度等共同组成。会议即遵照章程第三款选举张嘉谋为委员会委员长,李济为工作主任,关百益为秘

① 傅斯年:《本所发掘安阳殷墟之经过:敬告河南人士及他地人士之关心文化学术事业者》,《安阳发掘报告》1930 年第 2 期。

② 李济:《感旧录》,传记文学出版社 1967 年版,第 102 页。

③ 史语所因安阳殷墟发掘纠纷导致在河南的考古暂时中止,考古工作转移到山东。这次吸取在河南的教训,为了获得地方力量的支持,史语所吸收了国立青岛大学(1932 年改为国立山东大学)、齐鲁大学、山东省立图书馆和济南高级中学等山东教育学术界的人士参加,为其在山东的考古发掘起了保驾护航的作用。1930 年 11 月 4 日,史语所与山东省政府合作成立了山东古迹研究会。山东古迹研究会在山东考古上取得了巨大的成就。山东古迹研究会成立的经过和取得巨大成就参见樊庆臣《现代中国史学专业学会的创建与运作——以山东古迹研究会为中心》(山东大学博士学位论文,2011 年)

④ 河南古迹研究会办事章程:一、本会根据国立中央研究院、河南省政府合组河南古迹研究会办法组织之。二、本会设委员会,由河南古迹研究会委员组织之,筹划议决一切研究进行计划。开会以全体委员过半数为法定人数。三、本会委员长为委员会主席,召集会议,并执行决议案;工作主任负责组织一切调查发掘及研究;工作秘书办理本会一切文件。任期均为一年。四、本会设干事一人,协同工作主任及秘书处理本会一切事务,由委员会选聘之。五、本会因工作需要得随时聘请顾问、研究员及调查员。顾问研究员均为名誉职。六、本会于每预算年始将一年工作计划、每预算年终将一年工作成绩,分别报告中央研究院及河南省政府,以备查核。七、本会经费除工作费已有规定外,经常费请由河南省政府拨付。八、本简章如有未尽事宜,经委员会之议决,得随时修改。九、本简章委员会通过实行。参见中央研究院关于派员调查河南省文物风俗发掘殷墟古物合组河南古迹研究会等与河南省政府来往函,全宗号三九三,案卷号 148。

书。根据合作办法,"经常费请由河南省政府拨付","工作费用,由国立中央研究院与河南省政府分任之","保护之责,由河南省政府担任,发掘研究之责,由中央研究院担任"①。

双方联合,结成互利互惠关系,最大限度地发挥了中央与地方各自的优势。古迹研究会中,中研院史语所人员皆为优秀学人,他们熟练地掌握了科学发掘技术,在田野考古的前沿能够发挥其专业优势,他们称得上学有专长且领导技能相当优越的精英团队,指导之责正是其所擅长。而河南地方政府则承担起保护的责任,对于当时土匪、盗匪、地痞、恶霸横行的河南,没有地方政府官员的参与、军警的保护,考古发掘工作很难进行下去。这就形成了一个官方保护链,即史语所与河南古迹研究会相互沟通后,由史语所请示中央研究院,再由中央研究院致函河南省政府,省政府把命令传达给各县。各县再将命令下达到区、乡,最后具体到遗址所在村庄予以协助保护,如下图所示:

古迹研究会
⇓⇑
史语所 ⟹ 中研院 ⟹ 省政府 ⟹ 各县 ⟹ 区、乡 ⟹ 村庄

这看似复杂的保护链,在中国这个行政色彩浓厚的国家,却表现出很好的效果。这个官方色彩的保护链为古迹研究会的田野考古与研究创造了一个稳定的工作环境。而古迹会的实际工作则由中研院驻会委员郭宝钧负责,一切都掌握在史语所考古组手中。石璋如说:"发掘团是古迹研究会名义下的工作,不过人员实际上都是研究院人员兼任,所以是史语所的外围组织,整理工作时由河南古迹会负责。"②通过控制、指导古迹研究会的考古活动,史语所在河南的考古发掘更超出安阳殷墟发掘的局限,开始大规模从事河南全省范围

---

① 中央研究院关于派员调查河南省文物风俗发掘殷墟古物合组河南古迹研究会等与河南省政府来往函,全宗号三九三,案卷号148。
② 陈存恭等访问:《石璋如先生访问记录》,近代史研究所2002年版,第64页。

内的考古发掘,以便使用考古比较研究的方法,来探索中国文明起源。

鉴于地方民众对发掘工作学术性的怀疑较多,考古工作被看作挖人祖先坟墓、盗卖古董。史语所的考古人员为了在地方民众中树立正面形象,传播科学考古学知识,促进民众对文物形成正确认识,他们一方面要求考古人员以身作则,杜绝私人收藏文物。文物"国有"的观念成为史语所考古人员的共同认识,并得到认真执行,成为史语所考古组的一大优良传统,这对刚刚开始的考古发掘工作产生了积极影响,为考古工作规范的建立奠定了坚实的基础。

另一方面通过演讲、开展览会等学术活动对民众进行文物保护教育。学术演讲则更能生动地传达其学术观点和理念。1929 年,傅斯年在开封处理中研院与河南当局的纠纷时,为博得河南地方人士的理解,白天与各方接洽,处理各种问题。晚上,傅斯年则在河南大学大礼堂为河大师生做学术演讲,"谈科学上的问题,发掘方法等等"。尤其是关于考古学和古生物学,傅斯年作了更为详细的发挥,一讲两三个钟头毫无倦容,并且让大家提出问题,当场给以解答。石璋如回忆道:"傅先生与学生讨论热烈,反应很成功,使得学生们对于中央研究院的认识比较深刻。"[①]

董作宾、梁思永以及郭宝钧等先生也曾到河南大学作有关殷墟甲骨文发掘和文物考古知识的专题报告,在师生中引起热烈反响。上述活动推动了学校教育与考古实践相结合,河南大学史学教授马元材,史学系学生刘燿、石璋如、冯进贤、许同国等都曾参加殷墟发掘。刘燿、石璋如毕业后加入史语所考古组,成为著名的考古学专家。史语所在南京举办考古成绩展览会时,为了展示考古的新发现以及宣扬现代考古学的意义和价值,李济和董作宾在中央大

---

① 陈存恭等访问:《石璋如先生访问记录》,第 55 页。石璋如在《刘燿先生考古的五大贡献》中再次回忆史语所学人在开封演讲时的情形:"一九二八年冬,董作宾先生来校演讲安阳殷墟第一次发掘甲骨出土情形,听讲之后颇觉新奇。一九二九年冬,史语所所长傅斯年先生来开封与河南省政府商讨解决殷墟发掘事宜。下榻该校,每于晚间在该校六号楼大礼堂,演讲现代科学考古学及利用地下的材料解决历史上不易解决的问题,因此对于考古工作心向往之。"参见《新学术之路——历史语言研究所七十周年纪念文集》,历史语言研究所 1998 年版,第 655 页。

学分别作了《由发掘所得关于中国上古史之新材料及新问题》和《甲骨文之厄运与幸运》的学术演讲，在学界和社会上产生积极影响。① 李济还接受电台采访，演讲"国立中央研究院三年来之考古工作"。史语所的学术活动在社会上引起了极大轰动，使公众对田野考古有了更多的了解。

　　为了普及考古知识，矫正民众对考古学的错误认识，史语所共举办过十余次的出土文物展览会，通过实物教育引起公众对考古学的兴趣。如 1938 年 4 月，全国第二次美术展览会在南京举行，史语所选出殷墟历年所得精品 277 件参展，配以影片和图片，分为十一个类别展出，并编目说明，印成册子在会场散发。展览会期间，殷墟特辟的专室成为会场中的最引人注意的展品，也是最拥挤的摊位。胡厚宣还在《中央日报》上连续刊载参观展览说明和简介，更引起首都之外有关学者和艺术界的注意，他们特地从远处赶来，欣赏难得一见的艺术珍宝，了解殷人文化的程度和艺术创造的境界。这是我国三千余年之前物质文明实在的表现，影响之大远非文字语言可以描述。即使展会结束，而展品目录还被有些人保存下来，视为值得永远纪念的珍品。② 史语所通过展览活动的开办，向普通民众展示祖先辉煌的历史文化，宣传了文物保护的意义，发挥了很好的社会教育功能。

　　另外，为了宣传现代考古学的意义及价值，争取舆论支持，傅斯年、李济、董作宾等人还积极召开新闻发布会并在报纸杂志上发表文章。1930 年 11 月，史语所与山东省政府合组山东省古迹研究会，决定发掘城子崖遗址。为了说明考古意图以及发掘的缘由，李济召开新闻发布会，说明发掘城子崖是为了找寻中国文化的源头。当记者向李济提问："请问李博士，你们的掘地考古，与平常土匪之扒坟盗墓有何不同？"李济笑答："我们与盗墓者在工作方式上

---

　　① 《国立中央研究院院务月报》(第 2 卷第 6 期)，《国家图书馆馆藏国立中央研究院史料丛编》第 9 编，国家图书馆出版社 2008 年版，第 567 页。
　　② 胡厚宣：《全国二次美展中央研究院殷墟出土展览品参观记》，《中央日报》1937 年 4 月 28 日第 3 版和 1937 年 4 月 29 日第 3 版以及石璋如的《考古方法改革者梁思永先生》，《新学术之路——历史语言研究所七十周年纪念文集》，历史语言研究所 1998 年版，第 359 页。

有相同之处,都是干的掘人祖先墓庐的营生。但我们与他们的目的和方法却截然不同。从古至今,贪嗜成性的古董商人肆意掠盗、无所不为,致使中国众多考古遗址惨遭破坏,令人不胜惋惜。此辈歹徒之卑劣采集手段,导致广大公众对古器物之出土地点、层位及连带关系全然无从得知;而此种知识乃为进一步系统发掘所必具备。古遗址之惨烈破坏、遗物之四散流失,唯有实行科学发掘为宗旨之考察方得遏制。科学发掘之结果,不仅能以古代遗址及遗物之科学价值取信于公众,并能促进对其施加必要保护,并传布科学考古学知识之进步。"①李济以幽默和机智的回答,阐述了科学考古学的重要意义,使现代田野考古知识在学界及民众中得到更广泛、更深入的传播。

在恶劣的政治环境下,中国现代考古学的发展可谓举步维艰,甚至不时面临夭折的危险。面对困难,史语所学人通过推动立法把现代考古学纳入国家法制化渠道,此后的考古发掘由国家专门考古部门经国家专门管理部门批准方能进行发掘,考古发掘所得文物必须交由国家专门机构负责保存。通过成立合作机构,理顺了国家文物考古部门与地方的权责关系,此后的考古发掘考古活动须在地方政府的配合下进行,适当照顾到地方的利益,地方政府应该给予必要支持。考古人员的廉洁自律,不私自占有发掘所得文物的行为为考古工作奠定了良好的制度基础。利用演讲、展览会、报纸杂志等现代传媒对民众进行文物保护教育,使现代考古学理论知识得到广泛、深入的传播。通过以上措施,史语所把考古工作纳入体制化、法制化、组织化、普及化的轨道,最终建立了科学的考古学工作规范,从根本上为殷墟考古的继续进行铺平了道路,对以后的考古学产生深远影响。

考古工作规范的建立不仅保证了当时发掘工作的顺利开展,而且为以后的考古发掘工作提供了一个成功的范式。随着学术环境相对稳定,此时中研院史语所考古组的学人各司其职,各尽所能,将现代意义上"集众式的研究"

---

① 石舒波、丁桂军:《圣地之光——城子崖遗址发掘记》,山东友谊出版社 2000 年版,第56 页。

模式推向一个新的阶段。其成就表现在多个方面。

其一,是形成一整套严格、科学发掘工作方法,为以后的中国考古学树立了新的标尺。甚至这一套科学的发掘方法影响到当时著名的周口店发掘,裴文中曾说:"我不能不开始学习考古学,最初从李济之(李济)先生,后又有法国考古学家步日耶教授来平,我又从他学习。"①而且裴还亲自参加了殷墟第三次发掘。这种中央学术机关与地方机构合作模式还被复制到北平研究院史学研究会考古组在陕西的考古发掘。1933年北平研究院史学研究会考古组在陕西的发掘工作同样遭到陕西地方势力的反对,北平史学会考古组"与该省府协商,仿照中央研究院与河南山东两省政府合组河南山东古迹研究会办法,由北平研究院与陕省府合组陕西考古会"。② 双方共赢的合作模式,融洽的合作氛围,使得北平史学会在处理学术机关与地方关系上以及对陕西地区的考古发掘与学术研究上取得了巨大的成功。

其二,是田野考古领域与研究范围的扩大。殷墟纠纷解决后,史语所有更多的精力从事考古发掘,从安阳殷墟到浚县、汲县的考古发掘,再到豫西、豫东的调查发掘,史语所的调查发掘覆盖河南全省。最终,史语所考古发掘从河南、山东发展到安徽考古调查、川康考古调查、绥远考古调查,逐渐向全国各地扩展。考古发掘规模的不断扩大,使史语所以商代殷墟为中心的考古发掘,上窥仰韶文化和龙山文化等史前时期,以探索中国文化起源问题;下接汉代与隋唐等的历史时期,进而把历史时期的考古也纳入规范化轨道。

其三,也是最重要的人才队伍建设。与周口店的发掘只培养了裴文中、贾兰坡等少数几个人相比,随着考古发掘规模的不断扩大,史语所考古组在傅斯年、李济及董作宾带领下,史语所的田野考古吸引了很多从欧美大学学到先进考古学知识、理论及发掘技术的专业田野考古人才,像梁思永、吴金鼎与夏鼐

---

① 裴文中:《周口店洞穴采掘记》,地震出版社2001年版,第32页。
② 《本院与陕西省政府合组陕西考古学会经过》,《北平研究院院务汇报》1934年第5卷第4期,第67—76页。

等。随着中国考古学理论和技术的不断完善,史语所更培育出一批中国自己的田野发掘专家,包括郭宝钧、刘燿、石璋如、高去寻、胡厚宣等。留洋者和本土派、新老相结合,形成了良好的人才队伍结构,考古组的队伍越来越壮大。技术与理论俱佳的史语所成为包括中央博物院筹备处等国内各个考古机关培训考古人才的最佳机构,史语所考古工地成为训练场,田野考古培养了很多新学员①,为中国考古学的发展奠定了人才基础。

第四节　现代人类学研究的开创

清末民初,中国边疆地区成为帝国主义角逐的场域,西方的探险家和学者已至中国边疆进行多次的民族调查,日本人也已跑到西南地区进行田野考察。② 外人做出的成绩对中国学界造成不小的冲击。江应梁感叹:"今日国人皆醉心于民族复兴之谈论,但对自己国内民族之认识,却又极端隔膜,西南民族为中华民族中之一大支派,过去国人对西南民族谬误的传统的恶见解固无论矣,即今日言民族统一民族平等者,能有几人,亲身到西南民族集团中作实地调查研究? 反之,外国却有花毕生精力,冒最大危险,往我国西南边境中,做实际考察;考察报告一类书籍,在国内出版界中,如凤毛麟角,在欧美以至日本学术界中,却有不少专门著述,这不仅为国人极大之耻辱且为民族前途极大的危险。"③

中国知识分子接受国族主义与相关民族概念,期望建立中国之民族国家以护国保种。④ 传统被视为"蛮夷戎狄"的四裔在国族主义的簇拥下成为中国

---

① 陈洪波:《历史语言研究所的实践与中国科学考古学的兴起 1928—1949》,复旦大学博士学位论文,2008 年,第 137 页。
② 1902 年,日本学者鸟居龙藏在中国西南各省进行民族调查。1907 年,其将成果整理出版为《苗族调查报告》(东京帝国大学发行 1907 年版)。1936 年,国立编译馆翻译为中文,由商务印书馆出版。
③ 江应梁:《评鸟居龙藏之苗族调查报告》,《现代史学》1937 年第 3 卷第 2 期。
④ 王明珂:《民族考察、民族化与近代羌族社会文化变迁》,《民族论坛》2012 年第 11 期。

国族的一部分,中国境内有多少民族？如何从民族的历史与文化来解释他们之间的关系？遂成为中国学界刻不容缓的使命。以史语所为首的研究机构,在这样的氛围下开始对中国境内的民族进行调查,希望由此对民族历史源流、语言、文化的学术考察,将中国边缘的土著转化成为国族概念下的少数民族,并借此厘清中国"边缘"究竟在哪里。[①]

史语所成立时初设的人类学民物学组下辖人类学工作室,由史禄国负责主持民族调查。1928年7月,最早由中国学人参与的民族调查即是史禄国率杨成志和容肇祖赴云南,进行的人类学知识调查。这也是史语所首次发起的民族调查工作。8月,傅斯年又派黎光明前往四川和西康地区进行民俗调查,但因黎氏"政治的兴味"浓厚,"只索钱、不报告、不管预算",因而此次调查结果并不理想。[②] 1929年,史语所调整组别,把人类学研究放入第三组,此时的研究侧重体质人类学。

除了史语所的两次民族调查工作外,院中社会科学研究所也开展了民族调查工作。社会科学研究所所长一度由院长蔡元培兼任,所内设有民族学组,也由蔡元培兼任。民族学组的研究对象以中国边疆各地区的原始文化为主,先后派德国人颜复礼(Fritz Jaeger,1886—1957)与商承祚调查广西凌云瑶族,德籍特聘研究员史图博(Hans Stübel,1885—1961)和李化民调查浙江景宁畲族,林惠祥调查台湾番族,凌纯声和商承祚调查东北松花江下游的赫哲族。1933年,傅斯年兼任社会科学研究所所长,特别重视民族调查,于是有凌纯声、勇士衡和芮逸夫的湘西苗族调查以及浙江丽水的畲民调查。

1934年,社会科学研究所改组,民族学组改归史语所,成为史语所第四组"人类学组"。至此,院中民族调查的工作交由史语所承接。人类学组研究体质与文化并重,研究范围扩大。其中体质人类学的研究主要由吴定良承担,设

---

① 胡其瑞:《历史语言研究所中国少数民族藏品的来历与搜藏意义试析》,《古今论衡》2020年总第35期。

② 《傅斯年致黎光明》(抄件),史语所档案:元115—20—10。

有人类学实验室和统计学实验室。人类学实验室拥有六十多种仪器,以测量人体及各种骨骼,统计学实验室拥有各种计算机和数学绘图仪器,以统计各种资料之用。

文化人类学的研究突破了传统文人做学问只重典籍钻研,缺乏实地调查的局限。史语所人类学组充当了国内民族学田野调查的先锋,并与史语所提倡搜集、研究第一手材料的学风共相应和。因傅斯年"最重视西南各族之原始文化"①,于是有凌纯声、芮逸夫、陶云逵等民族学研究者深入西南开展民族调查。凌纯声与陶云逵从事云南民族调查,凌纯声、芮逸夫、勇士衡参加中国和英国政府会勘滇、缅南段未定界内的民族调查工作。至全面抗战爆发,史语所西迁昆明、再迁至四川南溪李庄,没有停止西南大后方的民族调查。以下对史语所人类学组的历年民族学调查作一简单汇总。

历史语言研究所人类调查简表②

工作名称	工作人员	时间	地点	附记
云南人类学知识调查	史禄国、容肇祖、杨成志	1928 年 7 月至 10 月	昆明巧家至川边	获体质测量、照相,罗罗语、民物知识及有关书籍拓片等资料、民物等物品。
广西凌云瑶人调查	颜复礼、商承祚	1928 年 7 月至 8 月	凌云、洞发、久旦、田逢和打房	获瑶族生活和文化资料。
川康民俗调查	黎光明	1928 年 8 月至 1929 年 4 月	成都灌县、汶川、理番、茂县、松潘	获羌民、土民、西番等民情风俗资料。
浙江景宁敕木山畲民调查	史图博、李化民	1929 年 夏天	浙江景宁、云和、福建延平	忠实详尽地记录当时畲民的生活起居。

① 芮逸夫:《民族调查与标本之搜集》,傅故所长筹备委员会编:《历史语言研究所傅所长纪念特刊》,历史语言研究所 1951 年版,第 39 页。

② 此表参考了王懋勤的《所史资料初稿》(未刊,现藏于历史语言研究所傅斯年图书馆)的相关成果和芮逸夫的《民族调查与标本之搜集》(傅故所长筹备委员会编:《历史语言研究所傅所长纪念特刊》,历史语言研究所 1951 年版,第 39—40 页)及史语所历年出版的人类学调查报告和著作等相关研究成果。

续表

工作名称	工作人员	时间	地点	附记
台湾番族调查	林惠祥	1929 年	台北、乌来、台东、新港、苏澳、日月潭水社	获得台湾番族之原始文化等资料
湘西苗族调查	凌纯声、芮逸夫	1934 年 5 月至 8 月	长沙常德、桃源等地	获苗族生活状况、社会制度、亲属称谓等资料。
云南民族调查	凌纯声、勇士衡	1934 年 10 月	滇越边境、大理、丽江到滇缅边境	获罗罗、土獠、摆夷、侬人、苗子生活和社会情形资料。
云南人类调查	陶云逵、赵至诚	1934 年 10 月至 1936 年 6 月	元江、墨江、丽江、建水、耿马等	获摆夷等人种及测量固旧矿工体质资料。
滇南民族调查	凌纯声、芮逸夫、勇士衡	1935 年 9 月至 1936 年 6 月	滇缅未定界孟定、耿马、猛角董	获摆夷、猓黑、阿卡、老缅生活及土司社会制度资料。
江苏测量体质调查	吴定良	1936 年 2 月至 1937 年 6 月	南京、镇江、无锡附近各县	测量学生体质搜集资料。
贵州苗夷人体质及文化调查	吴定良、吴汝康	1941 年 7 月至 12 月	龙里、黄平、铜仁、清镇等地	获青苗、水苗、仲家等体质及文化资料。
川康民族考察团	凌纯声、芮逸夫	1941 年 7 月至 1942 年 3 月	理番、靖化、懋功、永定等地	获罗罗、西番等婚姻变化生活习惯及文化资料。
贵州苗夷体质第二次调查	吴定良、张洪甕	1942 年 9 月	贵阳毕节、威宁、大定	获苗夷体质与发育资料。
川南苗族文化调查	芮逸夫、胡庆均	1942 年 10 月至 1943 年 5 月	叙永、宜宾等地	获苗族原始文化特质及同化过程与现状资料。
川南僰人调查	芮逸夫、石钟	1946 年 4 月至 6 月	兴文、珙县及川滇边境一带	获僰人遗裔、悬棺眼妆、骨骼等文物资料。

　　人类学组积累了大量的民族志材料,并成立了民族学标本陈列室。民族学研究者每一次的田野调查都写有报告,有些报告已出版,因而保存了大量的

民族志材料。从 1931 年开始采集民族学标本,累年调查采集,史语所至 1949 年有标本共计一千五百余件。其中陈列就绪者,计有"湘、滇、川、黔、苗族标本五橱,二百一十件;浙江畬民二橱,六十二种;台湾高山族四橱一架,一百二十二件;四川猡猡二橱,二十四件;云南摆夷三橱,五十六件;贵州仲家一橱,九十二件;云南倮黑、傈僳、扑喇、阿昌合一橱,八十四件;崩龙、佧喇、佧佤等合一橱,五十六件;山头、古宗合一橱,三十二件;欧洲石器及非、澳、美三洲民族标本合三橱一架,一百七十九件。"①史语所收集的很多民族学材料随着民族的变迁成为唯一性的了,其材料的搜集在现代中国人类学研究领域实有奠基之功。

这些民族学者将边疆情况撰写成文字,一方面是研究所需,另一方面也带有协助国家进行边疆治理与开化的目的。调查人员在调查工作的同时,也将文明世界的许多新奇事物和思想带入边疆地区。② 芮逸夫在川南进行民族调查时,经常被邀至少数民族学校去演讲,题目大多与民族和国家有关,他也将爱国思想和国族意识传播到边缘地区。③ 王明珂认为,中国早期民族调查研究者并非刻意、任意制造一些民族范畴,而是在整个世界性民族主义、相关民族概念与新科学知识的协助和导引下,以及在以华夏为核心、四裔为边缘的传统中国概念下,藉着民族语言、文化的调查、描述与分类,建立起包含汉族与少数民族的中华民族架构,并以民族史来强调各民族间的密切关系。1949 年以后,在此基础上中国进行民族识别,使得每一国民皆得其民族属性。④

史语所出版的人类学研究著作也成为人类学学者撰写的圭臬。如凌纯声

---

① 芮逸夫:《民族调查与标本之搜集》,傅故所长筹备委员会编:《历史语言研究所傅所长纪念特刊》,历史语言研究所 1951 年版,第 40 页

② 胡其瑞:《历史语言研究所中国少数民族藏品的来历与搜藏意义试析》,《古今论衡》2020 年总第 35 期。

③ 参见芮逸夫著,王明珂编校、导读:《川南苗族调查日志:1942 — 43》,历史语言研究所 2010 年版,第 6、99、107 页。

④ 参见芮逸夫著,王明珂编校、导读:《川南苗族调查日志:1942 — 43》,历史语言研究所 2010 年版,编者并导读序第 22 页。

的《松花江下游的赫哲族》一书,不仅成为国内民族学研究上的第一本完整的科学民族志书,同时也是自 1922 年 B.Malinowski 出版的《西太平洋的航海者》(*The Argonauts of the Western Pacific*)之后至 1935 年间,全球人类学致力于基本民族志资料搜集与著述期中,重要的民族志书之一,因而在国内也长久是民族学田野研究的范本。一直到 1958 年,美国西雅图人类学会(Seattle Anthropological Society)因搜集与西伯利亚古亚洲有关的民族志资料,曾一度准备把凌先生这一部赫哲族的报告译为英文,但后来因故未能完成。①

小　　结

20 世纪上半叶,美国社会学家卢因通过大量实验,把人们编成小组,让他们在这个范围内自己提出问题,一点点地讨论,小组自己就会逐渐形成一种本小组成员完全接受的意见。这种基层小组懂得如何创造出超过其他集团的进步因素,并向外界传播,从而创立了"集团动力"学说。这一学说表明,一个集团内部成员间享有共同的原则、思维方式、价值取向,能够有力地促进学术的迅速发展。② 傅斯年正是迅速组织了这样一支秉持相近的治学风格、怀抱相同的学术理念的现代学术研究团队,并将学人集中在以学科为中心的研究体制之内,创建集团研究模式,取得了为中外学术界所认同的历史学、考古学、人类学、语言学等方面的重要成就,开拓出许多新的研究领域,开创了新的学术典范。③

---

① 李亦园:《凌纯声先生的民族学》,《新学术之路——历史语言研究所七十周年纪念文集》,历史语言研究所 1998 年版,第 739 页。

② 莫里斯·迪韦尔热著,杨祖功、王大东译:《政治社会学——政治学要素》,华夏出版社 1987 年版,第 36 页。

③ 田彤、胡张苗:《创建典范:历史语言研究所论析》,《广东社会科学》2006 年第 4 期。

余　　论

一、典范的建立和学术的多元化

　　20 世纪 30 年代,史语所开创的研究范式成为中国文史学界的主流,在学院中占据主导地位。[①] 作为全国人文学术研究重镇的史语所建立和发展了一套现代学术研究的理论与方法,这套具有客观标准的研究规则成为评核专业学者的准据,其在训练新进学者和评估专业研究等方面发挥了积极作用。卓有成绩的史语所遭到很多人的非议,傅斯年致信胡适:“这个研究所确有一个责任,即‘扩充工具、扩充材料’之汉学(最广义的)。这样事业零星做也有其他的机会,但近代的学问是工场,越有联络,越有大结果。我这两年,为此‘构闵既多,受辱不少’,然屡思去之而不能不努力下去者,以为此时一散,至少在五年之内,在如此意义(事业的、人的)下的一个集合是不可望的了!”[②]

　　史语所学人严守学术准则,以问题意识为取向,注重“窄而深”的专题研

---

　　① 胡成老师认为:“1927 年国民政府定鼎南京之后,傅斯年主持的历史语言研究所,汇聚陈寅恪、李济、董作宾等人,形成了科学实证主义,或者说史料派的研究旨趣,是 1949 年建国之前,以及此后中国台湾地区的主流学术典范。”参见胡成的《全球化时代与中国历史的书写——以 1930 年代的两个主流学术典范为中心》,《史林》2010 年第 3 期。

　　② 《傅斯年致胡适》,耿云志主编:《胡适遗稿及秘藏书信》第 37 册,黄山书社 1994 年版,第 409—401 页。

究,通过不断出版专刊和论著,努力提高学术水准,并被国际学术界所认可与接纳。① 史语所虽可自豪地面对国际学界,但 20 世纪初混乱、动荡的社会对历史学家提出了严峻的挑战,它要求历史学家与当代问题相结合,通过他们的著作影响历史进程,积极回应社会的需求。时代的要求使史语所学人面临来自传统史家和左派史家的批评。②

然而,以往的学术史叙述更多强调学派之间在立场、方法和视角上的歧异,当事者或研究者有意无意地夸大了不同学派之间的隔阂和对立,忽略了他们之间的联系和对话,交汇和混杂以及相互援引与参照。桑兵认为,学术发展,必有传承,虽然后人往往奢望截断众流,横空出世,毕竟不能凿空逞臆。而五四以后的学院化学术建设,不仅渊源于西学和清末的新学,仍然受固有学术文化的制约。同时,新文化派与其他派系群体的关系,也不像他们自己描述的那样非敌即友,至少在整理国故方面,情况相当复杂。从思想史的角度看,新文化派或许已成主流;而从学术研究的角度看,新文化派的主流地位不免有许

---

① 王汎森、杜正胜:《傅斯年文物资料选辑》,台湾傅斯年先生百龄纪念筹备会 1995 年版,第 79 页。姜萌认为中国现代文史之学处于学界主流地位,并被国界学界所肯定和接纳,应以在国际汉学领袖伯希和的提议下,将 1932 年的"儒莲奖"授予史语所更具象征意义。参见姜萌的《从"新史学"到"新汉学":清末民初文史之学发展历程研究》,人民出版社 2020 年版,第 5 页。

② 传统史家和左派史家对史语所的批评可参见王汎森的《傅斯年:中国近代历史与政治中的个体生命》,生活·读书·新知三联书店 2012 年版,第 107—111 页、第 156—166 页。杜正胜认为过去有些人往往太执着于傅斯年宣言式的口号,不察究竟,老在"史学便是史料学"或者"反对疏通"等题目上作文章,塑造一个稻草人当靶子。评论者往往认为他反对疏通即反对历史解释,其实"历史解释"是否等于"疏通"是很有问题的,他们接受传统的注疏和章太炎式的通转吗? 傅斯年强调"史料赋给者之外,一点不多说;史料赋给者之内,一点不少说。"单把史料摆出来就能"一点不少说"吗? 七十多年后,不论赞成或反对,我们对他当时的词句固不必经典式地字字作解,但是把史料的意涵说的一点不剩,不是解释是什么? 把许多表面上看似不相干的史料汇聚在一起,在一个论旨下说的一点也不剩,不是历史解释是什么? 傅斯年的古史著作不多是这个样子吗? 陈寅恪如果有历史解释,他的中古史著作也不外是这种形式。参见杜正胜的《旧传统与新典范》(《当代》2004 年第 200 期)。罗志田也指出,傅斯年强调"近代的历史学只是史料学",希望把"历史学语言学建设得和生物学地质学等同样",常被误认为是"史料学派"最坚定的鼓吹者。这只是其行文时惯用的矫枉务必要过正的手法,"希望增进新知识,促成学科之进展,是傅斯年史学的主要目的"。在罗志田看来,实际上傅斯年还有"疏通知远"的学术追求。参见罗志田的《证与疏:傅斯年史学的两个面相》,《中国文化》2010 年第 2 期。

多后来附加的成分,甚至可以说很大程度上是新文化派在新文化运动以后所建构起来的幻象。①

民国学术众声喧哗,不同学派的形成,以及不同治学取向的学术期刊之间的竞争,有力拓展了史学研究的领域。如作为当时非主流学术期刊的《禹贡》《食货》《现代史学》,由主办者个人出资创办。这些刊物在编辑方针上,不同于主要刊载文献整理、史籍考订的《历史语言研究所集刊》,前者选题相对丰富、包容,也更具探索性和扩展性。② 学术多样性的维系和多元化的捍卫才是实现其良性发展的康庄大道。

新世纪以来的叙述转向强调多元和开放,进而搭建一种包容、色彩斑斓的对话平台。胡成老师认为作为后来之人,我们的幸运在于能够用后见之明的批判性视野,不再背负前人的历史包袱,并能够超越前人的历史局限。尽管20世纪30年代这两个学术典范有着语言——种族和社会经济结构的不同研究取向,与欧美学术又有着"东方学之正统"与"马克思主义中国化"的不同应对,以及对现实社会激进批判和纯净学术之追求的不同考量。然而,从我们今

---

① 桑兵:《民国学界的老辈》,《历史研究》2005年第6期。如顾颉刚就因新中国成立后的政治原因而刻意划开与傅斯年、胡适等人的距离。更有新旧两派之争的柳诒徵和傅斯年也曾有感于殷墟发掘之争,在学术与政治之间明确划分系统,明确责任上取得了共识。柳诒徵有感于殷墟文化事业之争,主张"今日关于文化事业之争执多也",他认为只有通过"决定政治系统",明确各机构权责才能避免无谓的争执。(见柳诒徵:《论文化事业之争执》,《史地学报》1930年第2卷第1期,第7页。)傅斯年赞同柳的见解称之为"不刊之论",认为:"果中华民国有古物保管发掘法,如一切文化国家所当有者,则敝所在安阳之工作自可省去若干枝节。"(见《中央研究院历史语言研究所傅斯年君来函》,《史学杂志》1930年第2卷第4期,附录)

② 胡成:《"科学史学"与现代中国史学专业地位之形塑(1917—1948)》,《史林》2014年第3期。在此篇文章中胡老师举法国期刊的例子。1929年,当费弗尔和布洛赫创办《社会经济史年鉴》(*Annales d'histoire économique et sociale*,以下简称《年鉴》)时,居于法国史坛主流的专业历史期刊,是1876年创刊的《历史评论》(*Revue Historique*)和1900年创刊的《综合史学评论》(*Revue de synthèse*)。同当时占据中国史学主流的《历史语言研究所集刊》一样,这两份期刊深受兰克的影响,主张史料即是史学,并以政治、军事和外交史为主要的研究对象。对于第一次世界之后所产生的严重社会与经济等问题,他们即使不是完全忽视,也是将之置于次要地位。《年鉴》的编辑和发行,在法国学术边缘的斯特拉斯堡,而非学术中心的巴黎,最终却成为一个时代法国史学的世界性象征。用一位英语世界的研究者的话说,与主流学术的辩论和争斗(debates et combats),是其发展过程中一个"金色传奇"(golden legend)。

天面对的问题来看，"一致而百虑，殊途而同归"，二者的交融会通之处在于共同开创了一个关于"中国"、"中国历史"书写的新境界和新格局。①

二、科学主义原则与民族主义立场

1928 年 5 月，傅斯年在《历史语言研究所集刊》上发表了《旨趣》，公开和系统揭橥了史语所要高举科学主义的大旗，要摈弃学术研究中"传统的或自造的'仁义礼智'和其他主观"，提出利用自然科学的理论与方法整理一切可逢着的史料，主张"要把历史学语言学建设得和生物学地质学等同样"。史语所学人在具体的研究活动中，也确实尽可能地按照这一宗旨去做，努力搜寻第一手资料，建立较为科学的史料互证方法，开展考古学工作，利用近代自然科学方法从事历史上地下、地上资料的探测和实验，较之以往的史学派别，应用了许多自然科学手段，如在考古发掘、方言的调查与音韵学的研究上还采用了近代的科学仪器等等。②

然而与科学主义学术理想相伴随的，史语所学人由社会文化危机和民族危亡问题所带来的矛盾与困境。学术研究活动离不开学人主体意识的驱使与指导，而主体意识很难超然于社会现实之外。史语所学人有着自己的学术关照和救世情怀，其学术底色仍然是民族主义。傅斯年办所的宗旨就是要在中国建立科学的历史学、语言学，将这一领域的话语权重新从西方汉学家那里夺回来。正因为如此，当他否定了国学、国故、国粹这类名词时，当他否定了借历史研究表现伦理判断和道德情感的传统做法时，他却张扬了另一种民族主义倾向，这就是以科学为本位的民族主义。从历史的发展来看，它是一种更高层次的文化民族主义。③

---

① 胡成：《全球化时代与中国历史的书写——以 1930 年代的两个主流学术典范为中心》，《史林》2010 年第 3 期。
② 焦润明：《傅斯年与"科学史学"派》，《史学理论研究》2005 年第 2 期。
③ 欧阳哲生：《傅斯年学术思想与史语所初期研究工作》，《文史哲》2005 年第 3 期。

　　李济认为傅斯年创办史语所的目的,固然是由求纯知识的观点出发,但是潜在他的下意识内,帮助他推动这一学术事业的真正力量,还是一个"爱"字。因为他爱中国及中国的文化,他就先从研究中国的历史开始;他想彻底地明了中国文化的本体,原先的长处与短处。……中国固有文化的长处在哪里? 短处在哪里? 却不是单凭几个主观所能断定的。这一类的判断,若要做得准确可靠,必须建筑在真正的知识上。他所以毕生用功史学,并提倡语言学、考古学、民族学,都是要找这一类的知识。① 事实上以科学方法相标榜,给人以感情无国界印象的史语所学人,胸中蕴含着强烈的民族主义情感。

　　我们由李济早年的学术理想也可窥探史语所"找寻的动力",1920 年,其在哈佛大学学人类学时,提到他的学术理想:"是想把中国人的脑袋量清楚,来与世界人类的脑袋比较一下,寻出他所属的人种在天演路上的阶级出来。要是有机会,他还想去新疆、青海、西藏,甚至去印度、波斯去刨掘坟墓,断碑寻古迹,找些人家不要的古董来寻绎中国人的原始出来。"②民族主义情节乃李济一生从事考古学的内驱力。王道还指出李济一生的学术,可以用民族史三字概括,体质人类学只不过是治民族史的工具。③ 正是两人的志趣相同,经李四光推荐,傅斯年又见李济"驳史禄国文,实在甚好"④,于是,傅下决心聘李济担任史语所考古组主任。

　　陈寅恪同样具有强烈的民族情绪。早在 1929 年,陈氏送给北京大学毕业生的题词,即有"群趋东邻受国史,神州士夫羞欲死;田巴鲁仲两无成,要待诸君洗斯耻"⑤。陈寅恪看到年轻人成群结队至日本学习中国史,令为人师者羞

　　① 李济:《值得青年们效法的傅孟真先生》,《感旧录》,传记文学出版社 1967 年版,第 68 页。
　　② 李光谟:《从一份自撰简历说起》,《锄头考古学家的足迹——李济治学生涯琐记》,中国人民大学出版社 1996 年版,第 8—9 页。
　　③ 王道还:《史语所的人类学家:李济、史禄国、吴定良、杨希枚、余锦泉》,《新学术之路——历史语言研究所七十周年纪念文集》,历史语言研究所 1998 年版,第 170 页。
　　④ 罗久芳、罗久蓉编校:《罗家伦文存补遗》,近代史研究所 2009 年版,第 367 页。
　　⑤ 陈寅恪:《北大学院己巳级史学毕业生赠言》,《陈寅恪集·诗集》,生活·读书·新知三联书店 2002 年版,第 19 页。

愧欲死,他只能把振兴中国学术与外人争胜的希望寄托于下一代。所以当傅斯年把史语所的学术使命升华至国家荣誉的高度,聘任陈寅恪担任史语所的研究员,"实欲以手足之力,取得日新月异之材料,借自然科学付与之工具而从事之,以期新知识之获得。材料不限国别,方术不择地域,既以追前贤成学之盛,亦以分异国造诣之隆"①。孤傲的陈寅恪如果不是认同傅氏的办所理念,不会很快答应加入史语所的新阵营。

史语所的民族主义情结不仅表现在新学术的开拓者身上,也表现在发扬和继承者的第二代学人身上。1935 年留学英国的吴金鼎致函董作宾:"去年寄济之先生函中,曾批评安特生派关于彩陶的理论之不健全。近又得新证据足见该派立论有数种基本的错误。弟素非立异多高,□□对于安君在我国考古学之贡献极表钦敬,所不敢苟同者,乃其不健全之方法以及由此方法而产生的似是而非之理论而已。"②

吴金鼎的确不是为了立异,是其心中蕴积的民族主义情绪使其从未忘记寻找新的证据来驳斥安特生的中国文化西来说。这种民族主义感情长期蓄积在史语所学人的心中,尹达(即刘燿)在他的著作中,始终把安特生的理论当作靶子来进行批判。③ 夏鼐致力于考古学的目的,"专就实证,以建立中国上古史",以期重建"文化的起源、变迁"。④ 其对阳洼湾齐家文化墓葬的发掘和研究从根本上否定了瑞典学者安特生关于甘肃仰韶文化六期说。高去寻呵斥石磊"你不去台大读考古人类学系,读什么英语系! 你想当一辈子的买办吗?"⑤

---

① 王汎森、杜正胜编:《傅斯年文物资料选辑》,台湾傅斯年先生百龄纪念筹备会 1995 年版,第 62—63 页。

② 《吴金鼎函董作宾》,史语所档案:考 12-5-24。

③ 尹达:《新石器时代》,生活·读书·新知三联书店 1979 年版,第 83—142 页。

④ 夏鼐:《夏鼐日记》第 2 卷,华东师范大学出版社 2011 年版,第 52—53 页。

⑤ 石磊是史语所考古组石璋如先生的儿子,"中研院"民族学研究所退休研究员。20 世纪 50 年代石磊考上台湾大学的外文系,学英语专业。一天高去寻碰到石磊,对石磊讲了上述一席话,最终石磊先生改学考古人类学系。此据笔者采访石磊先生所得。

如果说和平时期,史语所学人学术研究中的民族主义还不算彰显,到了国难时期真的很难再静下心来研究学术,他们发现难以坚持以前的学术理想。九一八事变,国难当头,他们十分悲愤,两次向院长蔡元培表达忧国之心并恳请政府"对日绝交宣战,自己振作"。① 傅斯年向知识分子提出了"书生何以报国"②的问题,引起了大家的共鸣。

在书斋中做研究的学人面临一种难以取舍地纠结、矛盾心情,李济在工作报告中刻画出的状况:"九一八国难发生后,我们常常地自问,我们这种工作,在我们现在所处的环境中,是否是一种浪费? 我们虽然并不懊悔我们职业选择的荒唐,但那放下铲子扛枪赴前敌去打仗的冲动是免不了的,并且是很强烈的。……现在我们既尚没有机会表现我们这类的志愿,只有继续我们原来的工作。我们一年来都是这样感觉的。"③

傅斯年因不能为危难中的祖国做些实质的事情而感到痛苦不堪,他向王献唐坦白,"弟自辽事起后,多日不能安眠,深悔择此职业,无以报国。……惟丁此国难,废业则罪过更大,只是心静不下来,苦不可言"④。源于思想与现实的内在紧张,傅斯年走出书斋,积极参与社会,或为抗战从事舆论呼吁,或为澄清内政而驰驱奔走,抨击时弊,投身于各种各样的国家事务中。紧张而忙碌的社会生活几乎使他放弃了学术工作,在生命的最后十五年中,他再也没有出版过任何严肃的学术研究著作。⑤

年轻的研究人员同样处于矛盾和焦虑中,七七事变使得他们更加疑虑与痛苦,他们终于按捺不住内心的爱国主义心情,毅然决然地选择了奔赴抗日的

---

① 《傅斯年函陈寅恪等》,史语所档案:元 567—16。
② 陶希圣:《傅孟真先生》,《傅故校长哀挽录》,台湾大学出版 1951 年版,第 51 页。
③ 李济:《安阳最近发掘报告及六次工作之总估计》,《安阳发掘报告》第 4 期,历史语言研究所影印 1996 年版,第 569 页。
④ 傅斯年:《傅斯年致王献唐》,欧阳哲生主编:《傅斯年文集》第 7 卷,中华书局 2017 年版,第 168 页。
⑤ 王汎森:《傅斯年:中国近代历史与政治中的个体生命》,生活·读书·新知三联书店 2012 年版,第 185—186 页。

第一线。刘燿(即尹达)在 1937 年 12 月 16 日一篇未完成的考古报告后,给同事们留下一短文:

> 别了,这相伴七年的考古事业!
>
> 在参加考古工作的第一年,就是敌人铁蹄踏过东北的时候,内在的矛盾燃烧着愤怒的火焰,使我安心不下去做这样的纯粹学术事业! 但是,事实的诉语影响了个人的生活,在极度理智的分析之后,才压抑了这样的矛盾。暂时苟安于"考古生活"之内。
>
> 现在敌人的狂暴更加厉害了,国亡家灭的悲剧眼看就在我们的面前排演,同时我们正是一幕悲剧的演员! 我们不忍心就这样的让国家亡掉,让故乡的父老化作亡国的奴隶;内在的矛盾一天一天的加重,真不能够再埋头写下去了! 我爱好考古,醉心考古,如果有半点可能,也不愿意舍弃这相伴七年的老友! 但是我更爱国家,更爱世世代代所居住的故乡,我不能够坐视不救! 我明知道自己的力量有限,明知道这是一件冒险历危的工作,但是却不能使我有丝毫的恐怖和畏惧![①]

另一位史语所年轻的研究人员吴金鼎,自英国学成归国后领导了若干次考古发掘,成为史语所年轻一代的学术中坚,最终也未能按捺住自己的爱国热忱,放下心爱的学术,服务于抗战。因傅斯年爱惜人才,屡次劝吴不要辞职。吴在致傅的信中写道:"身受国恩及师长教诲,刻骨铭心,义在必报。当前国家情形至如此地步,而两先生所处境地又如此窘苦,鼎扪心自问,不忍偷安……现决意投身军委会战地服务团,以申素愿。"[②]

吴金鼎在致好友夏鼐的信中更体现了知识分子的焦虑,"国事、家事、天下事,多方交迫,弟处境之艰难与日俱增。——再三思维,乃认清素日志愿,在今天情势下暂难实现,必待抗战胜利,一切有办法。故为现实自身之期望,为考古事业之将来,为个人身心之寄托,遂决意参加抗战。精卫衔石,唯恐徒劳,

---

① 转引自张光直:《二十世纪后半的中国考古学》,《古今论衡》1998 年第 1 期。
② 《吴金鼎函傅斯年》,史语所档案:李 14—22—1。

然每忆及佛家所云燕羽蘸水以息野火之故事,则不能自己矣"①。

傅斯年努力维护着所里浓厚的学术氛围,从未让政治等其他因素浸染其内。杨志玖回忆"上边"曾有指示要所内人员集体入党,最终文件被傅斯年扣下而没有下文。② 傅氏细心呵护着年轻的后备人才,不许染指学术研究以外的其他事情。吴宗济因在所外担任《西南边疆》的经理兼责编,"被所里领导找去,要我放弃别干,理由是'你既吃语言所的饭,就不许干别的'。"③吴氏所言如此霸气的领导,在史语所非傅斯年莫属。但在民族危机面前还是动员宝贵的研究人才爱国为先,抗日第一。政府号召组织"青年军"时,他召集开会,动员所内青年人参军。史语所年轻人刘燿、祁延霈(后改名祁天民)、王湘(后改名王元一)、杨廷宾、李景聃、吴金鼎等或奔赴抗战一线或为抗战做服务工作。

史语所毕竟是一个学术研究机关,在艰苦的抗战岁月,大部分成员仍笔耕不辍,通过学术研究为救亡构筑坚固的文化脊梁。李济自省他们做学术研究是否是一种浪费,最终他还是坚信"在国难期中仍继续照常进行我们原来的工作","是我们报效国家最有效的办法"。④ 王崇武回忆随史语所辗转流离时的情景,"一方面愤恨日寇的凶暴,一方面又目击国民党之无能,胸怀抑郁,无可发泄,只有靠读书来派遣"。⑤ 他们在实践中化冲动为深沉,寓爱国思想于实证研究,把对国家与民族的关切升华为一种深邃的学术思想以凝聚民族精神。

史语所重史料,讲专精断代研究的学风也因时局而有所改变。九一八事

---

① 《吴金鼎函夏鼐》,史语所档案:李14-22-2。
② 杨志玖:《我在史语所的三年》,《新学术之路——历史语言研究所七十周年纪念文集》,历史语言研究所1998年版,第789页。
③ 苏金智:《赵元任学术思想评传》,北京图书馆出版社1999年版,吴宗济序第9页。
④ 李济:《安阳最近发掘报告及六次工作之总估计》,《安阳发掘报告》第4期。
⑤ 王崇武:《自传》,转引自张德信:《王崇武》,刘启林主编:《当代中国社会科学名家》,社会科学文献出版社1989年版,第476页。

变后,出于爱国之情,傅斯年还是提出和其他学人共同编纂一部中国通史,虽然与他宣称的治学原则相抵牾。为了驳斥日本学者"满蒙非中国领土"的谬论,傅斯年召集史语所内外的学人共同编纂《东北通史》,因时间仓促,只有傅斯年负责的古代之东北以《东北史纲》为名出版,此书由李济节译成英文,以确凿的历史事实向国联调查团证明东北地区自古就是中国的领土。1944年,太平洋国际学会认为"(抗战)胜利在望,和平可期",须加强"关于民族史及疆域史"的研究工作,"以助国际宣传","拟敦请(傅斯年)先生负责主持开始计划"。[1] 傅斯年组织史语所的岑仲勉、劳幹、王崇武、杨志玖、潘愨和王志维等人参与研究、编纂了《中国疆域沿革史》。

史语所学人不仅"集众研究"方向有所调整,个人研究也与抗战相关联。史语所的抗战史学主要表现在两个层次上。一是以李光涛等为代表,其论文选题的动机即在从政治策略、经济运筹、军事谋略及外交纵横等各方面来为抗战出谋划策,旨在唤醒民众、敦促政府,偏重于直接为抗战服务;二是以陈寅恪等为代表的"文化心力救国",他们的史学实践看似不关风与月,实则他们在为抗日民族统一战线构筑一道最坚固、最持久、最内核的精神防线。[2] 他们的治学方向和旨趣因时代的变动由一味求真而兼顾致用,由历史而兼顾现实,始终以材料为中心,寓论于史。如全汉昇"或许是由于战时通货膨胀的现状","只闭门读书,专心找资料"的他,开始"注意到货币和物价变动问题,不料,三十年出头的经验与体会却成为我毕生心血所关注的课题"。[3]

南渡的悲愤,不屈的意志,北归的决心,因烽火而激发出学人的潜能和情怀,深刻地渗透到他们具体的著述中。季羡林评价陈寅恪"绝不是一个'闭门

---

[1] 《刘驭万函傅斯》,史语所档案:李69-1-4。

[2] 孔祥成:《史语所与抗战史学研究》,《河北学刊》2003年第1期。

[3] 全汉昇:《回首来时路》,《新学术之路——历史语言研究所七十周年纪念文集》,历史语言研究所1998年版,第487—488页。

只读圣贤书的'书呆子",因缘际会,他转向隋唐史的研究,"表面上似乎是满篇考证,骨子里谈的都是成败兴衰的政治问题"。① "兀傲,闭门撰述,不与闻外事,不追逐应酬"②的岑仲勉也非不闻时事的书呆子,他介绍写《唐唐临〈冥报记〉之复原》一文之情景:"民(国)廿八(1939 年)客滇,成《两京新记卷三残卷复原》一篇,约二万五千言。奈当时或误信沪上之安全,不悟敌人之阴险,遂而沦陷,然前赴后继,乃克获最后之胜利,兹篇之作,寓意于是。"③其爱国之情与必胜信念跃然纸上。

三、多学科的组合与学科的专业化

鸦片战争后,列强环伺,中华民族陷入了深重的危机之中,知识阶层接受西方传入的国族主义和社会达尔文主义,产生强烈的民族认同感和亡国灭种的危机感,进而开始建构合汉族与"四裔"(东夷、西戎、南蛮、北狄)为"中华民族"的国族蓝图。

研究国族主义的学者常常提及"历史"在建构当代"国族"或"民族"上的重要性。事实上不只是"国族",任何人类"族群"都赖共同起源记忆来凝聚。由于"共同起源"有强化根基性情感的力量,因此"历史"的起始部分尤其重要。④ 晚清到民国初年,中国知识分子以"皇帝"为国族起源的集体回忆活动,便是此认同与历史记忆现象的一种表征。⑤ 可惜此种历史想象很快被"古史辨派"掀起的疑古思潮打破。

疑古思潮打破了人们对传统上古信史的认识,也反映了当时知识分子对

① 季羡林:《回忆陈寅恪先生》,《悼·念·忆——另一种回忆》,华艺出版社 2007 年版,第 122 页。

② 陈槃:《师门识录》,《傅故校长哀挽录》,台湾大学 1951 年版,第 56 页。

③ 岑仲勉:《唐唐临〈冥报记〉之复原》,《历史语言研究所集刊》1947 年第 17 本,第 177 页。

④ 黎光明、王元辉:《川西民俗调查记录 1929》,历史语言研究所 2004 年版,王明珂导读第 13 页。

⑤ 沈松侨:《我以我血荐轩辕——皇帝神话与晚晴的国族建构》,《台湾社会研究季刊》1997 年第 28 期。

重建古史的殷切期望。丁文江认为:"中国的不容易统一,最大的原因是我们没有公共的信仰。这种信仰的基础,是要建筑在我们对于自己的认识上。历史和考古是我们研究我们民族的过去与现在;语言人种及其他的社会科学是研究我们民族的现在。把我们民族的过去与现在都研究明白了,我们方能够认识自己。……用科学方法研究我们的历史,才可造成新信仰的基础。"①由此可知,时人把建构国族主义的希望寄托在历史学、考古学和语言学等人文社会科学的发展研究之上。

民族被认为是有共同语言、体质、文化等在历史中延续并与其他有所区别的群体。那么历史学和考古学研究则被用来追溯过去,以此说明民族的范畴与演化,语言学和民族学研究则被用作考察民族间划分与认定。历史学、考古学、语言学和民族学在国族构建中,不只是塑造、凝聚国族,还用来认定和划分国族的核心和边缘,从而使传统中国与边缘"四裔"合而为一的"中华民族"概念,更具体,内涵更丰富。因而当时学术研究的重要课题便是通过调查语言、体质、文化之异同,来探求中国国族中究竟有多少民族,各民族间的区分界限何在,并由考古和历史学来说明导致这些民族存在与区分的历史过程。②

正是在此氛围中史语所成立了,作为主持人的傅斯年深受德国民族主义史学的影响。许倬云先生对此有很好的解释:"傅(斯年)先生虽然高谈史料就是史学,实际上他自己学到的一套东西本身就不是从纯粹的史料来的,是有他的时代需求的。当时的德国史学界,重要的事情是:界定什么是日耳曼,界定什么是日耳曼文化,界定什么是日耳曼民族,界定什么是日耳曼国家,界定政治和宗教如何脱钩。傅先生是在那个大的气氛之下学来的,所以他带回来之后,不知不觉地也在做中国国族的界定工作,从夷夏东西考到研究满洲,在他的时代,中国必须要找到自己在列国秩序中的位置。他们那一代的人做的

---

① 丁文江:《我国的科学研究事业》,《申报》1935 年 12 月 9 日。
② 黎光明、王元辉:《川西民俗调查记录 1929》,历史语言研究所 2004 年版,王明珂导读第14—15 页。

都是界定国族的工作。"①

由傅斯年主持的史语所,所从事的就是研究我们民族过去与现在的工作,从而唤醒了中国学人最高的民族意识。② 我们可以从傅斯年所拟《旨趣》中可见一斑,他对史语所学术工作做的长远规划。于是,史语所一部分人员被派到河南、山东、甘肃等地区在历史学所建构的"过去"框架下,以考古学探索中国文明与民族的起源;另一部分被派至云南、四川等西南地区,用语言学和民族学的资料,以建构和识别"中华民族"的中心和边缘。

但随着民族主义情绪的退潮,学科专业化的加强,史语所的多学科组合的"集众"研究特色也出现了结构性问题。史语所的开创者希望把历史学、考古学、语言学和民族学等几个学科聚集在一起,通过题目合作或集团合作来实现有规模、系统的研究。但是真正实践,统合这些学科,力求融合,并非易事。史语所成立以来,一直以历史学和语言学并举,但是这两道招牌菜一开始就分别端上桌,并没有搅拌在一起,更谈不到熬成"你中有我,我中有你"的羹汤。③傅斯年对历史语言学(Philology)寄予厚望,是因为其重视的材料和方法,可为中国史带来全新的视野和课题,进而改造中国文史研究的核心。但史语所年轻一代研究人员缺少老师辈的多语言能力与宏观视野,最终相关成果却寥寥。④ 何大安回顾史语所成立 70 年来,能整合历史学与语言学的研究性著作也不过只有傅斯年的《性命古训辨证》一书和陈寅恪的《东晋南朝之吴语》一文而已。⑤ 德国的 philology 不但不排斥,反而包含了现代语言学研究(即 linguistics),这也是傅斯年能够邀请赵元任担任语言学组主任的原因。但赵氏在

---

① 许倬云:《从历史看管理》,广西师范大学出版社 2005 年版,第 175—176 页。

② 陶英惠:《蔡元培与中央研究院(1927—1940)》,《近代史研究所集刊》1978 年第 7 期。

③ 杜正胜:《旧传统与新典范》,《当代》2004 年第 200 期。

④ 参见张谷铭的《Philology 与史语所:陈寅恪、傅斯年与中国的"东方学"》,《历史语言研究所集刊》2016 年第 87 本第 2 分。

⑤ 何大安:《典范在夙昔:史语所未来推动汉语研究的一些省思》,《学术史与方法学的省思——历史语言研究所七十周年纪念文集》,历史语言研究所 2000 年版,第 541—551 页。

美国所受的学术训练,与傅斯年在德国接受的 philology 的学科背景还是有所不同。赵氏没有修习过 philology,也不像西方传统的 comparative philology 的学者一样,有梵文作为比较历史语言文法的基础,其遵循和认同是现代语言学的法则和方法,他带领语言学组记录方言、分析语音,从事的是现代的语言学研究,即使处理到中国传统的声韵,但文句考释、文献则向来不是该组的核心问题。两学科结合之难,说明了史语所的多学科组合的"集众"研究出现了结构性问题。

即使结合密切的历史学和考古学,也出现了疏离的趋势。当西方考古学引入中国时,就担负起历史重建的任务,和当时的中国史学的发展,尤其是古史研究结合,其交涉点是在史语所。① 傅斯年认为"考古学是史学的一部分"。② 史语所考古组负责人李济说:"田野考古工作,本只是史学之一科,在中国,可以说已经超过了尝试的阶段了。这是一种真正的学术,有它必要的哲学的基础、历史的根据、科学的训练、实际的设备。田野考古者的责任是用自然科学的手段,搜集人类历史材料,整理出来供给史学家采用,这本是一件分不开的事情;但是有些有所谓具现代组织的国家,却把这门学问强分为两科,考古与历史互不相关;史学仍是政客的工具,考古只能局部的发展;如此与史学绝缘的考古学史不能有多大进步的。这种不自然的分离,我们希望在中国可以免除。"③不论学理、经验和成果,傅斯年的历史学和李济的考古学相得益

---

① 杜正胜:《新史学与中国考古学》,《新史学之路》,台北三民书局 2004 年版,第 180 页。

② 傅斯年:《考古学的新方法》,《史学》1930 年第 1 期。傅斯年在《历史语言研究所工作之旨趣》(《历史语言研究所集刊》1928 年第 1 本第 1 分)中讲道:"近代的历史学只是史料学,利用自然科学供给我们的一切工具,整理一切可逢看的史料。……现代的历史学研究已经成了一个各种科学的方法的汇集。地质、地理、考古、生物、气象、天文等学,无一不供给研究历史问题者之工具。"可见在史语所的开拓者看来,考古学就是具体方法之一种,作为中国历史学的一项工具来看待并使用的,没有当作一门独立性的社会科学来对待。

③ 李济:《〈田野考古报告〉编辑大旨》,《田野考古报告》第 1 册,历史语言研究所 1936 年版,第 1 页。李济认为近代中国考古学家的工作主要回答两类问题:"其一是有关中华民族的原始及其形成,其二是为有关中国文化的性质及其成长。"参见李济的《中国文明的开始》,台湾商务印书馆 1970 年版,第 1—2 页。夏鼐甚至苏秉琦也认为考古学是史学的一部分,参见夏鼐的《什么是考古学》,《考古》1984 年第 10 期和苏秉琦的《关于重建中国史前史的思考》,《考古》1991 年第 12 期。

彰,史语所能够享誉国际学术界,正是拜这两个学科合作之赐,殷墟考古与殷商史的建构是最佳的典范。① 殷墟的发掘获得了更多的刻辞材料以及宫殿遗迹和王室陵墓,雄辩地表明考古学能如何证实历史的记载。这些发掘正式确立了这门学科在中国学术界的地位。考古学被接纳是因为在她的处女航中(如果可以这样说的话),为反驳"疑古派"提供了武器,并能被用来维护传统。但是殷墟的考古遗存与商代晚期史籍记载的吻合一旦确立,令人惊讶的是并没有进一步提出问题。……这种缺乏学术进取心的局限是中国考古学狭隘编史倾向的表现。②

　　学人开始反思中国考古学的史学倾向和情结,批评当代中国考古学过分依附历史学,中国考古学的编史倾向,将考古发现和文献记载简单比附的观点。③ 陈淳认为,应该对殷墟研究和考古学如何进行古史重建作一番思考:文献学导向的考古学研究究竟是摆在我们面前的一条康庄大道,还是越走越窄的死胡同? 20 世纪初,文献学正是因为饱受疑古思潮的质疑以及在研究上古史方面的无奈,才从西学东渐的考古学那里得到了帮助,重获了生机。但是,在当今世界考古学已经发展成一个全方位的研究领域时,中国一些资深学者竟然仍试图将考古学捆绑在文献学身上,继续充当提供地下之材的工具。④于是,有人提出考古学告别史学,转而拥抱人类学,此观点不一定适合中国考古学的实际情形,但留给中国考古家的问题依然是:中国考古学应该是"历史的"还是"人类学的",或者其他的方式?⑤ 这给中国年轻的考古学者带来诸

---

① 杜正胜:《旧传统与新典范》,《当代》2004 年第 200 期。

② [美]洛沙·冯·福尔肯霍森(Lothar Von Falkenhausen):《论中国考古学的编史倾向》,《文物季刊》1995 年第 2 期。

③ 参见[美]洛沙·冯·福尔肯霍森(Lothar Von Falkenhausen):《论中国考古学的编史倾向》(《文物季刊》,1995 年第 2 期)和陈淳的《安阳小屯考古研究的回顾与反思》(《文史哲》2008年第 3 期)及水涛的《近十年来的夏商周考古学》(载李文儒主编《中国十年百大考古新发现》,文物出版社 2002 年版,第 286—287 页)。

④ 陈淳:《安阳小屯考古研究的回顾与反思》,《文史哲》2008 年第 3 期。

⑤ 杜正胜:《新史学与中国考古学的发展》,《文物季刊》1998 年第 1 期。

多困扰。

学科专业化的加强使得史语所民族学组在 1955 年另立门户,成立了民族学研究所,民族学研究有了自己的主体性。1997 年,史语所的语言学组也脱离史语所,自奔前程,成立了语言学研究所筹备处。规模近于大学之学院的史语所,不仅民族学组和语言学组各奔前程,考古学组在一个没有经过青铜时代,到公元 1600 年才进入历史的台湾,也面临与人类学走得近,与历史学离得远的尴尬局面。现在连原来统属在大历史学大类下的各种学科,也先后因主客观因素而面临解体的局面。作为史语所台柱的历史学不知如何自处?①

四、学术的体制化与学术自由的张力

1905 年,科举制度被废除,士的存在成为一个历史范畴,而新教育制度培养出的社群,是在社会上"自由浮动"的现代知识分子。士的逐渐消失和知识分子社群的出现是中国近代社会区别于传统社会最主要特征之一。② 从士到知识分子的转化,知识分子有了新身份和新的社会角色。那么面对近代以来久乱而不治的中国,知识分子群体给出什么答案? 他们又如何确立在近代社会中的身份和角色?

民国时期很多知识分子认为中国久乱不治的原因是"没有一个文化、社会、思想和政治的重心"③。1918 年,章太炎就表示,民国成立"六七年来所见国中人物,皆暴起一时,小成即堕……一国人物,未有可保五年之人,而中坚主干之位遂虚矣"④。胡适更认为,从太平天国一直到国民党的自救运动一事

---

① 杜正胜:《旧传统与新典范》,《当代》2004 年第 200 期。

② 罗志田:《近代中国社会权势的转移:知识分子的边缘化与边缘知识分子的兴起》,《开放时代》1999 年第 4 期。

③ 罗志田:《失去重心的近代中国:清末民初思想权势与社会权势的转移及其互动关系》,《民族主义与近代中国思想》,东大图书公司 1998 年版,第 149 页。

④ 谢任甫:《章太炎先生佚文》,《历史知识》1984 年第 1 期。

无成,只是因为"我们把六七十年的光阴抛掷在寻求一个社会重心而终不可得"。①

在失去社会重心的中国,如何振兴? 知识分子给出的答案是"建立一个学术社会"②。如蔡元培、吴稚晖、胡适、傅斯年、顾颉刚等人希望在中国有专心从事窄而深研究的学人。若干年后,这些学有专长的学界精英逐渐成为社会的重心,不但足以转移社会风气,在知识上中国也可以和西方角逐。③ 于是中国的知识分子努力效仿法、德建立体制化的学术研究机构。

迨南京国民政府成立,设立中研院,它是以蔡元培为首的知识分子群体努力的结果,也是政治斗争和国家建设的产物。在中研院设立过程中,国家扮演了重要的角色,它使学术研究成为国家有计划投入的重要组成部分,促进了国家权力在知识教育领域的统一,提高了国家权威。但另一方面,中研院的成立,并被确定为国家最高学术研究机构,也使知识分子分享一部分国家权力,使其可以借助国家的权威、力量和资源来促进学术研究的迅速成长,最终实现"学术社会"的理想。④ 中研院与国家权力,学术与政治之间保持着依赖、互融和冲突、对抗的错综复杂关系。

于是学术体制化和学术独立出现了一种悖论。一方面学术的体制化为学术研究提供组织和制度保障,为学术成果的产出提供了物质基础和研究平台,推进了学术向精深和专业化的发展,促进了学术发展的深度和广度;另一方面学术的体制化也存在着政治对学术研究的束缚,体制的操纵者干扰学术独立,更容易导致学术庸俗化的趋势,窒息学术发展。学术体制与学术独立的关系始终困扰着现代知识分子。

---

① 胡适:《惨痛的回忆与反省》,《独立评论》1932 年第 18 号。
② 顾潮编:《顾颉刚年谱》,中国社会科学出版社 1993 年版,第 169 页。
③ 王汎森:《读傅斯年档案札记》,《当代》1995 年第 116 期。
④ 陶英惠:《蔡元培与中央研究院(1927—1940)》,《近代史研究所集刊》1978 年第 7 期;陈时伟:《中央研究院与中国近代学术体制的职业化(1927—1937)》,《中国学术》2003 年第 3 期。

周天健入职史语所引起的纷争，不仅牵涉到复杂的人事纠葛，更揭示了政治与学术、权势干预与学术独立的两难抉择。1942 年，只有高中学历的周天健，由国民政府考试院铨叙部分发至史语所，且有考试院院长戴季陶的介绍函，"指令"其担任助理研究员。作为研究机构的中研院自有一套用人标准和规则，考试院向前者派遣研究人员属于强制行政应为，并不符合惯例。所长傅斯年起初以与院章相抵触为由，将其拒绝。

但院长朱家骅还是从人情世故和院务的长远发展考虑，希望傅斯年能够通融："因法律须活用，若情理苟置不顾，则恐不能为人原谅，与院之前途实转增困难也。"①傅斯年虽以辞职力争，最终仍不得不妥协接受周氏。傅氏向院长申明是因戴氏的私人介绍，而遵院长之命认其为助理员，似绝不便承认为铨叙部分发，否则后患无穷。傅斯年面对这苦涩的胜利，为国家研究院慨叹，"'学院的自由''民主的主义'，在中国只是梦话"。②

胡适很早就对中研院能否实现学术独立表示了怀疑。他认为"今研究院的组织法第一条说'国立中央研究院直隶于国民政府'；第二条云，'院长一人，特任'；经费来源又每月由财政部颁给。其中全无一点保障可以使政治势力不来干涉。故不易争得独立地位"③。从 1930 年开始，蔡元培和蒋介石因政策意见不同，关系持续恶化，即有党国要人借机削减院中经费，甚至将中研院纳入行政院。蒋介石任命杨杏佛为江西"剿匪"秘书长，为了中研院，他不能不随蒋介石前往江西。杨杏佛在给傅斯年的信上表明了苦衷，"赴赣则要钱较有力，此亦冒暑随征之一原因也"，现实情况正如杨氏所言："我辈与乱世求研究，本为逆流之妄举"。④

---

① 中国第二历史档案馆藏中央研究院档案：《中央研究院历史语言研究所人员任免迁调考绩薪给文书》，全宗号：三九三，案卷号：1675（3）。
② 《傅斯年致胡适》，耿云志主编：《胡适遗稿及秘藏书信》第 37 册，黄山书社 1994 年版，第 455 页。
③ 曹伯言整理：《胡适日记全编》第 5 册，安徽教育出版社 2001 年版，第 652 页。
④ 《杨铨致傅斯年函》，傅斯年档案：Ⅰ-278。

作为新学术基地的中研院很难与社会、政治隔离开来,知识分子凭借自身的力量很难建立"学术社会"。如果说周天健入职事件折射出学术与政治之间的冲突与对抗,而殷墟发掘事件则反映出学术与政治的依赖和互融。史语所的殷墟发掘涉及地方与中央政府,士绅和知识精英的冲突和互动。

20世纪二三十年代,中国现代考古学刚刚起步,对考古发掘中存在文物发掘、研究等的权责问题,政府尚无专门法律作出明确规定,而史语所在安阳殷墟发掘也没有经验可循。在发掘初期,史语所因没有处理好包括归属权、研究权等涉及地方权益问题,导致第三次安阳殷墟发掘中途停止。①

以考古学为代表的新学术发展可谓举步维艰,甚至面临夭折的危险。这时候"国民党机关高层就会发出电报,尤其是向地方政府,为史语所的工作铺平道路"②。实际上,史语所重返安阳的根本原因,乃是中原大战以中央政府取得胜利而结束,政府完全控制了河南,组建了以刘峙为主席、完全听命于中央的省政府。这时的省政府主动表示愿意协助史语所的发掘工作,史语所才能够重新发掘殷墟。

最终,以史语所为代表的知识分子群体通过国家文物管理机构中央古物委员会推动《古物保存法》及其一系列法规的颁布,才把考古学纳入国家法制化渠道,此后的考古发掘由专业考古机构经国家专业部门批准方能进行,考古发掘所得文物必须交由国家专门机构负责保存。史语所把考古工作纳入法制化、制度化的轨道,塑造了良好的外部环境,为现代新学术在中国的发展铺平了道路和奠定了重要的社会基础。③

---

① 参见拙作《历史语言研究所与现代考古学规范的建立》(《河南师范大学学报》2012年第3期)和《民初中央与地方关系下的学术机构探析——以河南古迹研究会为例》(《甘肃社会科学》2012年第5期)。

② 王汎森:《傅斯年:中国近代历史与政治中的个体生命》,生活·读书·新知三联书店2012年版,第106页。

③ 刘承军、贺辉:《历史语言研究所与现代考古学规范的建立》,《河南师范大学学报》2012年第3期。

现代知识分子通过中研院,把学术纳入了国家体系之内,但在"国家建构"中的国民政府很难兼顾到学术发展。政府也希望知识分子能够在文化建设事业上作出贡献,胡适说:"谭先生(即谭延闿,国民政府行政院院长)希望我们来做建设事业,这个担子我们不敢放弃,但同时我们对于政府也有三个要求:'第一,给我们钱';'第二,给我们和平';'第三,给我们一点点自由'。"[1]胡适的要求,国民政府是不可能予以满足。

在动乱社会中,知识分子要想实现他们的理想,正如胡适所言"我们应该努力做学阀"[2]。即必须有学术以外的网络,绵密的政府关系,同时与仅有的一些基金会如中基会及英庚款委员会,保持密切的联系。[3] 这样一张错综复杂的网络,从单线来说,只是与现代中国读书人的活动场景密切相关:教育背景—任教学校—学术机构—学术基金会—创办刊物—实际政治。但在此过程中,各种人物在各环节的交汇,却成就了不断放大的权势网络。[4] 聚集于史语所的知识分子,正是以这样一张错综复杂的政治、学术、地方网络支撑起实现"学术社会"的理想。

首先看一下他们的政治网络。单就所长傅斯年即在有意无意中编织了一张复杂的政治网络,傅斯年与蔡元培的师生关系,与吴稚晖、张继、杨铨、朱家骅、陈布雷等政府要人的交好,由学入仕的政界友人翁文灏、王世杰、蒋廷黻、顾毓琇、杭立武等的友情,与共患难的何思源、段锡朋、俞大维、罗家伦等的同学情等,傅斯年因为自己的才华还得到最高当局蒋介石的尊重。如果加上史语所以及聚集在周围的知识分子群体,实际上形成一个能发挥巨大能量的政治网络,史语所学人通过这张网络争取到必需的支持和资源为其学术服务。

当史语所的研究计划扩展到河南、山东、湖南和云南等全国多个地方,需

---

① 曹伯言整理:《胡适日记全编》第5册,安徽教育出版社2001年版,第116页。
② 曹伯言整理:《胡适日记全编》第3册,安徽教育出版社2001年版,第496页。
③ 王汎森:《读傅斯年档案札记》,《当代》1995年第116期。
④ 章清:《"学术社会"的建构与知识分子的"权势网络"——〈独立评论〉群体及其角色与身份》,《历史研究》2002年第4期。

要地方政府支持时,来自国民政府的支持显得尤为重要。每当需要时,政府机关就会向地方政府发出电报,为史语所的工作扫除障碍,铺平道路。另外,这张网络也可以减少政治对学术的干涉,蒋介石与蔡元培因政治见解不同而关系紧张时,中研院的处境非常艰难,而杨杏佛和丁文江通过各种途径缓解政治压力,减少麻烦和争取资金。①

其次是学术网络。史语所与教育研究机构如北京大学和清华大学等保持着频繁的学术交往,其迁往南京后又与中央大学保持密切的学术联系。这些学校为史语所提供了优秀的后备人才,反之史语所的学术话语也通过教育机构得以产生持久的影响。另外,在当时政府拨款有限的条件下,史语所能与当时的基金会如中基会和英庚款委员会保持密切的联系非常重要,尤其得到前者的补助,有力地促进了其学术活动的开展。而对文物管理机构中央古物委员会的影响使史语所的学术活动伸向全国各地。再者,史语所与中央博物院、中央图书馆和北平图书馆等公共文化服务机构也建立了学术交流合作关系,这些机构为其提供了咨询、信息、资料等广泛的学术服务。史语所与当时国内最重要的学术研究机构建立了一张巨大的学术交流网络,借此网络,其话语权更加巩固。

史语所还建立了一张地方社会网络。自晚清中央政府权力走向衰落,地方政府在很大程度上是独立的,如果没有地方士绅的支持,学术机关很难开展工作。清华学校的李济、北京大学研究所国学门的马衡在河南等地尝试发掘工作,终因地方政府不支持或地方人士的反对而步履维艰。但史语所却在河南和山东等地方建立了社会网络,史语所的河南学人董作宾、郭宝均,河南地方精英张嘉谋(河南著名教育家)、查良钊(河南教育厅长)、张钫(河南建设厅长)、关百益(河南博物馆长)等,史语所的山东学人傅斯年、吴金鼎,山东地方的精英何思源(山东教育厅长)、王献堂(山东图书馆长)、刘次箫(山东教育厅

---

① 《傅斯年致任鸿隽》,傅斯年档案:Ⅰ:92。

科长）和张敦讷（济南高级中学校长）等都是可以利用的社会资源。史语所通过这些社会网络有效排除地方势力的干扰。①

这样一张交织而成的"权势网络"并不只是潜在的，彼此之间还有着非常明确的"横竖是水，可以相通"的"我们"意识。② 这种"我们"的界限可以通过书信交往形象地揭示出来。其中，大部分是带有浓厚自由主义色彩的精英知识分子，他们大多是接受过西方学术正规训练、有着专业知识和一技之长的新式知识分子，稳定的职业研究和高尚的学术地位使他们置身清高，在心理上疏离政治，厌恶官场的黑暗腐败，从而保持职业学术团体最起码的学术独立和学术尊严。③

他们仍继承了中国传统知识分子的清议传统，对国是的当下关怀以及以天下为己任的精神。傅斯年曾对胡适说："我们的思想新信仰新；我们在思想方面完全是西洋化了；但在安身立命之处，我们仍旧是传统的中国人。"④这应该是傅斯年超越自我反观"我们"的一个结论，对这种二分式的人生似乎感到一种无可奈何。显然，西洋化是有意识的、有理智的，传统则是潜意识的、不知不觉的……这几乎适用于近代中国的所有人物：表面上很"新"或"西化"了，而骨子里却仍是传统的，在变化多端的背后往往隐藏的是一成不变。⑤

1942年，病中的傅斯年给胡适写信，其中有一段对自我的深刻剖析，"病

---

① 1925年9月，美国弗利尔艺术馆的毕士博（Carl W.Bishop，1881—1942）打算在山西大同方山进行考古发掘，虽然得到省长阎锡山的许可，但因没有地方士绅的支持，最终铩羽而归。毕士博向美国的同事感叹："来自省长的许可证是不够的——他们会需要四张：一张来自中央政府，一张来自省当局，一张来自地方行政人员，还有最后一张来自当地民众。关于这些，只有最后两者比较有正面帮助，但无法确保四张中的任何一张，就足以让你的工作一起跟着停摆。"转引自洪广翼的《毕士博、李济与中国人自己领导的第一次田野考古工作》，《历史语言研究所集刊》2021年第92本第4分。

② 章清：《"学术社会"的建构与知识分子的"权势网络"——〈独立评论〉群体及其角色与身份》，《历史研究》2002年第4期。

③ 陈时伟：《中央研究院与中国近代学术体制的职业化（1927—1937）》，《中国学术》2003年第3期。

④ 曹伯言整理：《胡适日记全编》第5册，安徽教育出版社2001年版，第404页。

⑤ 张太原：《发现史料之外的历史——以傅斯年研究为例》，《近代史研究》2010年第2期。

中想来,我之性格,虽有长有短,而实在是一个爱国之人。虽也不免好名,然比别人好名少多矣。心地十分淡泊,欢喜田园舒服。在太平之世,必可以学问见长",但日趋严峻的社会危机,"我本以不满于政治社会,又看不出好路线来之故,而思遁入学问,偏又不能忘此生民,在此门里门外跑来跑去,至于咆哮,出也出不远,进也住不久,此其所以一事无成也"。① 他们不仅要忍受国内军阀割据、战争频仍和盗匪猖獗的环境,还要在学术研究时与体制的操纵者周旋,若不是对求知求真的不懈追求,加上学术救国的责任感,恐怕很难坚持下去。

　　知识分子凭借自身的力量很难建立"学术社会",而一旦介入了社会和政治,可以利用更多的社会资源为"学术社会"的建立作出贡献,但因无法摆脱政治的束缚却牺牲了独立和自由,甚至个人的学术研究也成了奢侈的事情。郭宝钧致信傅斯年表达这种无奈:"吾等为学术而学术,固不愿稍问政界事,但拘于学术圈中,局外不作布置,则学术本身工作有时竟不可通"。② 好在史语所有傅斯年等阻挡于外,未让政治势力侵染其中,始终保持纯粹学术研究机关的地位,维持着浓厚的学术氛围,最终取得骄人成就。

　　史语所作为现代中国学术发展史上一个值得研究的对象,其与国家政治之间保持相互合作和同构互融的一面,也有互相抗衡和富有张力的一面,它描绘出现代学术职群体发展的共相与特征,为探讨中国现代学术体制发展的利弊得失提供了新的思考维度。

---

① 《傅斯年致胡适》,耿云志主编:《胡适遗稿及秘藏书信》第 37 册,黄山书社 1994 年版,第 459 页。

② 王汎森、杜正胜编:《傅斯年资料文物选辑》,历史语言研究所 1995 年版,第 201 页。

参 考 文 献

一、档案与资料集（按出版时间排序）

中央研究院档案,中国第二历史档案馆。

史语所档案,中央研究院历史语言研究所傅斯年图书馆。

傅斯年档案,中央研究院历史语言研究所傅斯年图书馆。

朱家骅档案,中央研究院近代史研究所档案馆。

国立中央研究院文书处编:《国立中央研究院十七年度总报告》,国立中央研究院总办事处 1928 年版。

国立中央研究院文书处编:《国立中央研究院十八年度总报告》,国立中央研究院办事处发行。

国立中央研究院文书处编:《国立中央研究院十九年度总报告》,国立中央研究院办事处发行。

王懋勤:《中央研究院历史语言研究所所史资料初稿》,中央研究院历史语言研究所傅斯年图书馆未刊。

中央古物保管委员会编:《中央古物保管委员会议事录》第一册,中央古物保管委员会印 1935 年版。

国立中央研究院文书处编:《国立中央研究院概况》(1928 年至 1948 年),

1948 年。

《傅斯年全集》,联经出版事业公司 1980 年版。

朱传誉主编:《傅孟真传记资料》,台湾天一出版社 1979 年版。

高平叔编:《蔡元培全集》,中华书局 1984 年版。

《历史语言研究所集刊》(影印),中华书局 1987 年版。

陈智超编注:《陈垣往来书信集》,上海古籍出版社 1990 年版。

周琇环编:《中英庚款史料汇编》(上册),国史馆印行 1992 年 6 月版。

周琇环编:《中英庚款史料汇编》(中、下册),国史馆印行 1993 年 6 月版。

中国第二历史档案馆编:《中华民国史档案资料汇编》第五辑·第一编·文化(二),江苏古籍出版社 1994 年版。

耿云志主编:《胡适遗稿及秘藏书信》,黄山书社 1994 年版。

高平叔编:《蔡元培文集》,锦绣出版事业公司 1995 年版。

王汎森、杜正胜:《傅斯年文物资料选辑》,台湾傅斯年先生百龄纪念筹备会 1995 年版。

耿云志、欧阳哲生编:《胡适书信集》(上、中、下),北京大学出版社 1996 年 9 月版。

曹伯言整理:《胡适日记全编》,安徽教育出版社 2001 年版。

欧阳哲生主编:《傅斯年全集》,湖南教育出版社 2003 年版。

张光直、李光谟主编:《李济文集》,上海人民出版社 2006 年版。

殷梦霞、李强主编:《国家图书馆藏国立中央研究院史料丛编》,国家图书馆出版社 2008 年版。

《夏鼐日记》,华东师范大学出版社 2011 年版。

王汎森、潘光哲、吴政上主编:《傅斯年遗扎》,“中央研究院”历史语言研究所 2011 年版。

《陈寅恪集·书信集》,生活·读书·新知三联书店 2015 年版。

王明珂主编:《史语所旧档文书选辑》,“中央研究院”历史语言研究所 2018

年版。

二、著作(按出版时间排序)

苏同炳:《史语所早期发展史》,中央研究院历史语言研究所未刊稿。

李济主编:《安阳发掘报告第一期》,中央研究院历史语言研究所 1929 年版。

李济主编:《安阳发掘报告第二期》,中央研究院历史语言研究所 1930 年版。

李济主编:《安阳发掘报告第三期》,中央研究院历史语言研究所 1931 年版。

李济主编:《安阳发掘报告第四期》,中央研究院历史语言研究所 1933 年版。

《庆祝蔡元培先生六十五岁论文集》(上册),中央研究院历史语言研究所 1933 年版。

卫聚贤:《中国考古小史》,商务印书馆 1933 年版。

傅斯年、李济、董作宾、梁思永、吴金鼎、郭宝均、刘屿霞:《城子崖——山东历城县龙山镇之黑陶文化遗址》,中央研究院历史语言研究所 1934 年版。

《庆祝蔡元培先生六十五岁论文集》(下册),中央研究院历史语言研究所 1935 年版。

李济主编:《田野考古报告》第一期,中央研究院历史语言研究所 1936 年版。

卫聚贤:《中国考古学史》,商务印书馆 1937 年版。

吴金鼎、曾昭燏、王介忱:《云南苍洱境考古报告》,中央博物院筹备处 1942 年版。

石璋如:《晋绥纪行》,独立出版社 1943 年版。

李济主编:《中国考古学报》第二册,中央研究院历史语言研究所 1947

年版。

李济主编:《中国考古学报》第三册,中央研究院历史语言研究所1948年版。

台湾大学纪念傅故校长筹备委员会编:《傅故校长哀挽录》,台湾大学1951年版。

台湾"中央研究院"傅故所长筹备委员会编:《"中央研究院"历史语言研究所傅所长纪念特刊》,"中央研究院"历史语言研究所1951年版。

石璋如:《"中央研究院"历史语言研究所考古年表》,"中央研究院"历史语言研究所1952年版。

胡厚宣:《殷墟发掘》,学习生活出版社1955年版。

傅乐成:《傅孟真先生年谱》,文星书店出版社1964年版。

李济:《感旧录》,传记文学出版社1967年版。

《历史语言研究所四十周年纪念特刊》,"中央研究院"历史语言研究所1968年版。

胡颂平:《朱家骅先生年谱》,传记文学出版社1969年版。

逯燿东编著:《拓垦者的画像》,中华文化复兴月刊社1977年

王聿均、孙斌合编:《朱家骅先生言论集》,"中央研究院"近代史研究所1977年版。

汪荣祖:《五四研究论文集》,联经出版事业公司1979年版。

尹达:《新石器时代》,生活·读书·新知三联书店1979年版。

陈明章:《国立河南大学》,南京出版有限公司1981年版。

吴相湘:《民国百人传》第一册,传记文学出版社1982年版。

默顿(R.K.Merton)著,范岱年等译:《十七世纪英国的科学、技术与社会》,四川人民出版社1986年版。

[美]戴安娜·克兰著,刘珺珺等译:《无形学院:知识在科学共同体的扩散》,华夏出版社1988年版。

［以色列］约瑟夫·本—戴维著，赵佳苓译：《科学家在社会中的角色》，四川人民出版社1988年版。

《纪念陈寅恪教授国际学术讨论会论文集》，中山大学出版社1989年版。

《纪念陈寅恪先生诞辰百年学术论文集》，北京大学出版社1989年版。

张光直、李光谟编：《李济考古学论文选集》，文物出版社1990年版。

李济：《安阳》，中国社会科学出版社1990年版。

伯著、顾昕等译：《科学与社会秩序》，生活·读书·新知三联书店1991年版。

聊城师范学院历史系等编：《傅斯年》，山东人民出版社1991年版。

杨翠华：《中基会对科学的赞助》，"中央研究院"近代史研究所1991年版。

汪荣祖：《陈寅恪评传》，百花洲文艺出版社1992年版。

黄进兴：《历史主义与历史理论》，允晨文化出版公司1992年版。

《王明自传》，巴蜀书社1993年版。

唐德刚译注：《胡适口述自传》，华东师范大学出版社1993年版。

《纪念陈寅恪先生百年诞辰学术论文集》，江西教育出版社1994年版。

李光谟：《李济与清华》，清华大学出版社1994年版。

《傅振伦文录类选》，学苑出版社1994年版。

中国社会科学院考古研究所编著：《殷墟的发现与研究》，科学出版社1994年版。

景爱编：《陈述先生纪念集》，内蒙古教育出版社1995年版。

台湾历史语言研究所集刊编刊委员会编：《傅斯年先生百岁诞辰纪念文集》，历史语言研究所1995年版。

陆建东：《陈寅恪的最后20年》，生活·读书·新知三联书店1995年。

刘以焕：《国学大师陈寅恪》，重庆出版社1996年版。

张玉台等主编：《中国科学院院士自述》，上海教育出版社1996年版。

王学典：《二十世纪后半期中国史学主潮》，山东大学出版社1996年版。

岳玉玺编:《傅斯年选集》,天津人民出版社 1996 年版。

李光谟:《锄头考古学家的足迹——李济治学生涯琐记》,中国人民大学出版社 1996 年版。

刘梦溪主编:《中国现代学术经典·傅斯年卷》,河北教育出版社 1996 年版。

刘梦溪主编:《中国现代学术经典·李济卷》,河北教育出版社 1996 年版。

刘梦溪主编:《中国现代学术经典·董作宾卷》,河北教育出版社 1996 年版。

刘梦溪主编:《中国现代学术经典·蔡元培卷》,河北教育出版社 1996 年版。

刘梦溪主编:《中国现代学术经典·赵元任卷》,河北教育出版社 1996 年版。

俞旦初:《爱国主义与近代中国史学》,中国社会科学出版社 1996 年版。

张岂之主编:《中国近代史学学术史》,中国社会科学出版社 1996 年版。

胡成:《困窘的年代——近代中国的政治变革和道德重建》,生活·读书·新知三联书店 1997 年版。

陈星灿:《中国史前考古学史研究》,生活·读书·新知三联书店 1997 年版。

马亮宽:《傅斯年教育思想研究》,辽宁教育出版社 1997 年版。

何兹全:《爱国一书生·八十五自述》,华东师范大学出版社 1997 年版。

王为松编:《傅斯年印象》,学林出版社 1997 年版。

顾潮:《历劫终教志不灰——我的父亲顾颉刚》,华东师范大学出版社 1997 年版。

张书学:《中国现代史学思潮研究》,湖南教育出版社 1998 年版。

马歇尔·福柯著、谢强、马月译《知识考古学》,生活·读书·新知三联书店 1998 年版。

杜正胜、王汎森主编:《新学术之路——历史语言研究所七十周年纪念文集》,历史语言研究所 1998 年版。

李济:《考古琐谈》,湖北教育出版社 1998 年版。

逯耀东:《胡适与当代史学家》,东大图书公司 1998 年版。

《传承与求新——"中央研究院"历史语言研究所简介》,"中央研究院"历史语言研究所 1998 年版。

《"中央研究院"历史语言研究所七十年大事记》,"中央研究院"历史语言研究所 1998 年版。

王永兴:《陈寅恪先生史学述略稿》,北京大学出版社 1998 年版。

陈平原:《中国现代学术之建立——以章太炎、胡适为中心》,北京大学出版社 1998 年版。

刘克敌:《陈寅恪与中国文化》,上海人民出版社 1999 年版。

[德]滕尼斯著,林荣远译:《共同体与社会:纯粹社会学的基本概念》,商务印书馆 1999 年版。

李约瑟、李大斐编著,余廷明等译:《李约瑟游记》,贵州人民出版社 1999 年版。

苏金智:《赵元任学术思想评传》,北京图书馆出版社 1999 年版。

桑兵:《国学与汉学——近代中外学界交往录》,浙江人民出版社 1999 年版。

罗志田:《权势转移:近代中国的思想,社会与学术》,湖北人民出版社 1999 年版。

张光直:《考古人类学随笔》,生活·读书·新知三联书店 1999 年版。

张光直:《中国考古学论文集》,生活·读书·新知三联书店 1999 年版。

张杰、杨燕丽选编:《追忆陈寅恪》,社会科学文献出版社 1999 年版。

[美]罗伯特·金·默顿著,范岱年等译:《十七世纪英格兰的科学、技术

与社会》,商务印书馆 2000 年版。

郭胜强:《董作宾传》,江苏文艺出版社 2010 年版。

李泉:《傅斯年学术思想评传》,北京图书出版社 2000 年版。

《学术史与方法学的省思——历史语言研究所七十周年研讨会论文集》,
"中央研究院"历史语言研究所出版品编辑委员会 2000 年版。

赵新那、黄培云编:《赵元任年谱》,商务印书馆 2001 年版。

裴文中:《周口店洞穴采掘记》,地震出版社 2001 年版

桑兵:《晚清民国的国学研究》,上海古籍出版社 2001 年版。

罗志田:《乱世潜流:民族主义与民国政治》,上海古籍出版社 2001 年版。

罗志田主编:《二十世纪的中国:学术与社会》(史学卷),山东人民出版社
2001 年版。

焦润明:《傅斯年》,人民出版社 2002 年版。

顾颉刚:《当代中国史学》,上海古籍出版社 2002 年版。

陈存恭:《石璋如先生访问记录》,"中央研究院"近代史研究所 2002
年版。

王学典:《20 世纪中国史学评论》,山东人民出版社 2002 年版。

许倬云:《许倬云自选集》,上海教育出版社 2002 年版。

樊洪业、张久春选编:《科学救国之梦——任鸿隽文存》,上海科技教育出
版社 2002 年版。

[美]托马斯·库恩著,金吾伦、胡新和译《科学革命的结构》,北京大学出
版社 2003 年版。

罗志田:《裂变中的传承:20 世纪前期的中国文化与学术》,中华书局
2003 年版。

冯天瑜等编著:《中国学术流变》,华东师范大学出版社,2003 年版。

罗志田:《近代中国史学十论》,复旦大学出版社 2003 年版。

李方桂:《李方桂先生口述史》,清华大学出版社 2003 年版。

沈颂金：《考古学与二十世纪中国学术》，学苑出版社 2003 年版。

［美］安德森著，吴叡人译：《想像的共同体：民族主义的起源与散布》，上海人民出版社 2003 年版。

黎光明、王元辉：《川西民俗调查记录 1929》，历史语言研究所 2004 年版。

李光谟：《从清华园到史语所》，清华大学出版社 2004 年版。

李陆阳：《吴汝康传》，上海科技教育出版社 2004 年版。

章清：《"胡适派学人群"与现代中国自由主义》，上海古籍出版社 2004 年版。

左玉河：《从四部之学到七科之学——学术分科与近代中国知识系统之创建》，上海书店出版社 2004 年版。

许倬云等：《历史语言研究所七十五周年纪念文集》，历史语言研究所 2004 年版。

余英时：《文史传统与文化重建》，生活·读书·新知三联书店，2004 年版。

杜正胜：《新史学之路》，台北三民书局 2004 年版。

余英时：《现代危机与思想人物》，生活·读书·新知三联书店 2005 年版。

汪荣祖：《史家陈寅恪传》，北京大学出版社 2005 年版。

葛兆光：《思想史研究课堂讲录：视野、角度与方法》，生活·读书·新知三联书店 2005 年版。

李卉、陈星灿编：《传薪有斯人——李济、凌纯声、高去寻、夏鼐与张光直通信集》，生活·读书·新知三联书店，2005 年版。

张剑：《科学社团在近代中国的命运——以中国科学社为中心》，山东教育出版社 2005 年版。

范铁权：《体制与观念的现代转型：中国科学社与中国的科学文化》，人民出版社 2005 年版。

葛兆光:《中国思想史》,复旦大学出版社 2005 年版。

康乐、彭明辉主编:《史学方法与历史解释》,中国大百科全书出版社 2005 年版。

布占祥、马亮宽主编:《傅斯年与中国文化——傅斯年与中国文化国际学术研讨会论文集》,天津古籍出版社 2006 年版。

胡适:《丁文江的传记》,安徽教育出版社 2006 年版。

[美]罗伯特·默顿著,唐少杰、齐心等译:《社会理论和社会结构》,译林出版社 2006 年版。

罗志田:《再造文明的尝试:胡适传》,中华书局 2006 年版。

麻天祥:《中国近代学术史》,武汉大学出版社 2007 年版。

吴相湘:《三生有幸》,中华书局 2007 年版。

刘龙心:《学术与制度:学科体制与现代中国史学的建立》,新星出版社 2007 年版。

陶英惠:《典型在夙昔——追怀中央研究院六位已故院长》(上下册),秀威咨询科技股份有限公司 2007 年版。

王尔敏:《20 世纪非主流史学与史家》,广西师范大学出版社 2007 年版。

陈以爱:《中国现代学术研究机构的兴起——以北京大学研究所国学门为中心的探讨》,江西教育出版社 2007 年版。

[德]施耐德著,关山、李貌华译:《真理与历史——傅斯年、陈寅恪的史学思想与民族认同》,社会科学文献出版社 2008 年版。

桑兵:《晚清民国的学人与学术》,中华书局 2008 年版。

欧阳哲生编:《丁文江先生学行录》,中华书局 2008 年版。

陶希圣:《潮流与点滴》,中国大百科全书出版社 2008 年版。

潘光哲:《"天方夜谭"中研院:现代学术社群史话》,秀威资讯科技股份有限公司 2008 年版。

耿云志:《近代中国文化转型研究导论》,四川人民出版社 2008 年版。

左玉河:《中国近代学术体制之创建》,四川人民出版社 2008 年版。

张剑:《中国近代科学与科学体制化》,四川人民出版社 2008 年版。

黄进兴:《后现代主义与史学研究》,生活·读书·新知三联书店 2008 年版。

马亮宽:《傅斯年社会政治活动与思想研究》,中国社会科学出版社 2009 年版。

陈建守:《燕京大学与现代中国史学的发展(1919—1952)》,台湾师范大学历史学系 2009 年版。

岱峻:《李济传》,江苏文艺出版社 2009 年版。

黄丽安:《朱家骅与"中央研究院"》,"国史馆"2010 年版。

陈永发等访问:《家事、国事、天下事——许倬云院士一生回顾》,近代史研究所 2010 年版。

潘光哲:《何妨是书生——一个现代学术社群的故事》,广西师范大学出版社 2010 年版。

王汎森:《近代中国的史家与史学》,复旦大学出版社 2010 年版。

何兹全:《大时代的小人物》,北京大学出版社 2010 年版。

周一良:《天地一书生》,北京大学出版社 2010 年版。

芮逸夫著,王明珂编校、导读:《川南苗族调查日志:1942—43》,"中央研究院"历史语言研究所 2010 年版。

王志刚、马亮宽主编:《"傅斯年学术思想的传统与现代"研讨会论文集》,天津人民出版社 2011 年版。

范铁权:《近代中国科学社团研究》,人民出版社 2011 年版。

王汎森:《中国近代思想与学术的系谱》,河北教育出版社 2011 年版。

[美]埃尔曼著,赵刚译:《从理学到朴学——中华帝国晚期思想与社会变化面面观》,江苏人民出版社 2012 年版。

章清:《学术与社会:近代中国"社会重心"的转移与读书人新的角色》,上海人民出版社 2012 年版。

王汎森:《傅斯年:中国近代历史与政治中的个体生命》,生活·读书·新知三联书店 2012 年版。

苏同炳:《手植桢楠已成荫:傅斯年与中研院史语所》,台湾学生书局 2012年版。

徐坚:《暗流:1949 年之前安阳之外的中国考古学传统》,科学出版社 2012 年版。

李永迪主编:《纪念殷墟发掘八十周年学术研讨会论文集》,历史语言研究所 2015 年版。

李永迪主编:《"周边"与"中心":殷墟时期安阳及安阳以外地区的考古发现与研究》,历史语言研究所 2015 年版。

石璋如:《安阳发掘员工传》,历史语言研究所 2017 年版。

林圣智主编:《群碧楼藏书特展》,历史语言研究所 2018 年版。

石璋如:《安阳发掘简史》,历史语言研究所 2019 年版。

刘龙心:《知识生产与传播:近代中国史学的转型》,台北三民书局 2019年版。

姜萌:《从"新史学"到"新汉学":清末民初文史之学发展历程研究》,人民出版社 2020 年版。

三、论文(按发表时间排序)

徐中舒:《再述内阁大库档案之由来及其整理》,《历史语言研究所集刊》1933 年第三本第四分。

王静如:《二十世纪之法国汉学及其对于中国学术之影响》,《国立华北编译馆馆刊》1943 年第 2 卷第 8 期。

董作宾:《历史语言研究所在学术上的贡献——为纪念创办人终身所长傅斯年先生而作》,《大陆杂志》1951 年第 2 卷 1 期。

劳幹：《傅孟真先生与近二十年来中国历史学的发展》，《大陆杂志》1951年第 2 卷 1 期》。

黄彰健：《明实录校勘记引据各本目录》，《史语所集刊》1960 年第 31 本。

黄彰健：《影印国立北平图书馆藏红格本明实录并附校勘记序》，《历史语言研究所集刊》，1961 年第 32 本。

傅乐成：《傅孟真先生的民族思想》（上），《传记文学》1963 年第 2 卷第 5 期。

傅乐成：《傅孟真先生的民族思想》（下），《传记文学》1963 年第 2 卷第 6 期。

胡映芬：《傅斯年与中国近代史学的发展（1900—1950）》，台湾大学硕士论文，1975 年。

陶英惠：《蔡元培与中央研究院（1927—1940）》，《"中研院"近代史研究所集刊》1978 年第 7 期。

胡守为：《陈寅恪的史学成就与治史方法》，《学术研究》1987 年第 6 期。

李泉：《傅斯年史学方法评析》，《聊城大学学报》（社会科学版）1989 年第 4 期。

李泉：《"史学便是史料学"渊源得失论》，《聊城大学学报》（社会科学版）1991 年第 3 期。

侯云灏：《傅斯年史学思想散论》，《山东大学学报》（哲学社会科学版）1992 年第 1 期。

徐明华：《"中研院"与中国科学研究的制度化》，《"中研院"近代史研究所集刊》1993 年第 20 期下册。

张书学：《傅斯年在中国现代史学上的贡献》，《文史哲》1995 年第 6 期。

杜维运：《傅孟真与中国新史学》，《当代》1995 年第 116 期。

王汎森：《读傅斯年档案札记》，《当代》1995 年第 116 期。

杜正胜：《从疑古到重建——傅斯年的史学革命及其与胡适、顾颉刚的关系》,《中国文化》1995 年第 12 期。

欧阳哲生:《傅斯年与北京大学》,《北京大学学报》(哲学社会科学版)1996 年第 5 期。

王汎森:《史语所藏胡适与傅斯年往来函札》,《大陆杂志》1996 年第 93 卷第 3 期。

逯耀东:《傅斯年与〈历史语言研究所集刊〉》,《台大历史学报》1985 年第 20 期。

王戎笙:《傅斯年与明清档案》,《台大历史学报》1996 年第 20 期。

张书学:《傅斯年与中国现代史学的科学化》,《东岳论丛》1997 年第 6 期。

桑兵:《伯希和与近代中国学术界》,《历史研究》1997 年第 5 期。

刘曾兆:《清末民初的商务印书馆——以编译所为中心之研究(1902 — 1932)》,台湾政治大学硕士论文,1997 年。

王汎森:《什么可以成为历史证据——近代中国新旧史料观念的冲突》,《新史学》1997 年第 8 卷第 2 期。

黄进兴:《中国近代史学的双重危机:试论"新史学"的诞生及其所面临的困境》,《中国文化研究所学报》1997 年新第 6 期。

张书学、李勇慧:《新发现的傅斯年书札辑录》,《近代史资料》1997 年 6 月第 91 号。

沈松侨:《我以我血荐轩辕——皇帝神话与晚清的国族建构》,《台湾社会研究季刊》1997 年第 28 期。

全汉升:《回首来时路》,《古今论衡》1998 年第 1 期。

杜正胜:《新史学与中国考古学的发展》,《文物季刊》1998 年第 1 期。

殷祝胜:《陈寅恪的留学经历与西洋东方学》,《社会科学战线》1998 年第 3 期。

桑兵:《陈寅恪与清华研究院》,《历史研究》1998 年第 4 期。

杜正胜：《史学的两个观点——沈刚伯与傅斯年》，《当代》1998 年第
113 期。

许倬云：《傅孟真先生的史学观念及其渊源》，《大陆杂志》1998 年第 97
卷第 5 期。

朱汉国：《创建新范式：五四时期学术转型的特征及意义》，《北京师范大
学学报》（社会科学版）1999 年第 2 期。

罗志田：《近代中国社会权势的转移：知识分子的边缘化与边缘知识分子
的兴起》，《开放时代》1999 年第 4 期。

罗志田：《民国史研究的"倒放电影"倾向》，《社会科学研究》1999 年第
4 期。

宓汝成：《庚款"退还"及其管理和利用》，《近代史研究》1999 年第 6 期。

谢泳：《回到傅斯年》，香港《二十一世纪》2000 年 10 月号。

程美宝：《陈寅恪与牛津大学》，《历史研究》2000 年第 3 期。

何兹全：《傅斯年的史学思想和史学著作》，《历史研究》2000 年第 4 期。

石楠：《历史研究应以求实存真为要务——〈庚款"退款"及其管理和利
用〉平议》，《近代史研究》2000 年第 3 期。

桑兵：《近代学术转承：从国学到东方学——傅斯年〈历史语言研究所工
作之旨趣〉解析》，《历史研究》2001 年第 3 期。

章清：《"学术社会"的建构与知识分子的"权势网络"——〈独立评论〉群
体及其角色与身份》，《历史研究》2002 年第 4 期。

孔祥成：《历史语言研究所学人的史料观——解读 1928—1948 年的〈历
史语言研究所集刊〉》，《东方论坛》2002 年第 5 期。

夏鼐、王世民：《夏鼐陈请梅贻琦校长准予延长留学年限的信函》，《清华
大学学报》（哲学社会科学版）2002 年第 6 期。

孔祥成：《史语所与抗战史学研究》，《河北学刊》2003 年第 1 期。

孔祥成：《历史语言研究所的抗战史学初探》，《信阳师范学院学报》2003

年第 1 期。

孔祥成:《史语所方法创新初探——以〈史语所集刊〉(1928 — 1948)为线索》,《河北师范大学学报》2003 年第 1 期。

查晓英:《从地质学到史学的现代中国考古学》,四川大学硕士学位论文,2003 年。

刘承军:《"元和新脚已成军"——以历史语言研究所学人群为中心的考察(1928 — 1949)》,《历史教学》2003 年第 2 期。

欧阳哲生:《傅斯年学术思想与史语所初期研究工作》,《文史哲》2003 年第 3 期。

陈时伟:《中研院与中国近代学术体制的职业化(1927 — 1937)》,《中国学术》2003 年第 3 期。

耿云志:《傅斯年对五四运动的反思——从傅斯年致袁同礼的信谈起》,《历史研究》2004 年第 5 期。

胡逢祥:《中国现代史学的制度建设及其运作》,《郑州大学学报》(哲学社会科学版)2004 年第 2 期。

王学典:《近五十年的中国历史学》,《历史研究》2004 年第 1 期。

王川:《陈寅恪与伯希和的学术交往述论》,《中山大学学报》2004 年第 5 期。

朱发建:《中国近代史学科学化进程(1902—1949 年)》,华东师范大学博士学位论文,2004 年。

马亮宽:《两代学人的情谊与风范——杨志玖与傅斯年关系述论》,《史学月刊》2004 年第 5 期。

桑兵:《二十世纪前半期的中国史学会》,《历史研究》2004 年第 5 期。

何兆武:《回忆傅斯年先生二三事》,《社会科学论坛》2004 年第 9 期。

杜正胜:《旧传统与新典范》,《当代》2004 年第 200 期。

桑兵:《从眼光向下回到历史现场——社会学人类学对近代中国史学的

影响》，《中国社会科学》2005 年第 1 期。

石兴泽：《傅斯年与钱穆的交往和分歧》，《盐城师范学院学报》（人文社会科学版）2005 年第 2 期。

潘光哲：《傅斯年与吴晗》，《文史哲》2005 年第 3 期。

胡逢祥：《现代中国史学专业学会的兴起与运作》，《史林》2005 年第 3 期。

桑兵：《民国学界的老辈》，《历史研究》2005 年第 6 期。

王晴佳：《陈寅恪、傅斯年之关系及其他——以台湾"中研院"所见档案为中心》，《学术研究》2005 年第 11 期。

董恩强：《新考古学派：学术与思想（1919—1949）》，华中师范大学博士学位论文，2006 年。

周雷鸣：《一九四八年中央研究院院士选举》，《南京社会科学》2006 年第 2 期。

田彤、胡张苗：《创建典范：历史语言研究所论析》，《广东社会科学》2006 年第 4 期。

尚小明：《中研院史语所与北大史学系的学术关系》，《史学月刊》2006 年第 7 期。

曹天忠、杨思机：《"现代史学派"与中国现代史学的"社会科学化"》，《思与言》2006 年第 44 卷第 1 期。

左玉河：《从考文苑到研究所：民初专业研究机构之创设》，《社会科学研究》2007 年第 2 期。

桑兵：《傅斯年"史学只是史料学"再析》，《近代史研究》2007 年第 5 期。

胡逢祥：《现代中国史学专业机构的建制与运作》，《史林》2007 年第 3 期。

张文皎：《论陈寅恪的"中国文化本位论"》，《山东社会科学》2007 年第 8 期。

刘立振:《中英庚款董事会与抗战前国民政府的铁路建设》,《求索》2007年第 8 期。

李文文:《英国庚子赔款相关研究综述》,《今日南国》2008 年第 7 期。

郑峰:《多歧之路:商务印书馆编译所知识分子研究(1902—1932)》,复旦大学博士学位论文,2008 年。

陈洪波:《史语所的实践与中国科学考古学的兴起(1928—1949)》,复旦大学博士学位论文,2008 年。

张栋:《中央研究院科学体制研究(1928—1949)》,南京航空航天大学硕士学位论文,2008 年。

胡成:《叙述转向与新旧之间的整合——新世纪中国近现代史研究面临的一个问题》,《近代史研究》2008 年第 1 期。

周雷鸣:《民国史学的一次世界之旅——中央研究院参加国际历史学会始末》,《史学史研究》2008 年第 2 期。

陈峰:《趋新反入旧:傅斯年、史语所与西方史学潮流》,《文史哲》2008 年第 3 期。

陈淳:《安阳小屯考古研究的回顾与反思》,《文史哲》2008 年第 3 期。

罗志田:《知人论世:陈寅恪、傅斯年的史学与现代中国》,《读书》2008 年第 6 期。

周雷鸣:《中央研究院与民国时期中外学术交流研究(1928—1949)》,南京大学博士学位论文,2009 年。

潘丙国:《南京国民政府时期中央研究院体制之研究》,河南大学硕士学位论文,2009 年。

孟凡明:《中英庚款用途争议研究》,华中师范大学硕士学位论文,2009 年。

陈洪波:《书信中的历史——〈传薪有斯人〉读书记》,《华夏考古》2009 年第 3 期。

庾向芳、汤勤福:《试论民国时期史语所对内阁大库档案史料的整理及贡献》,《历史教学》2009 年第 24 期。

周雷鸣:《李四光与民国时期中外地质学交流》,《阅江学刊》2009 年第 1 期。

罗志田:《证与疏:傅斯年史学的两个面相》,《中国文化》2010 年第 2 期。

张太原:《发现史料之外的历史——以傅斯年研究为例》,《近代史研究》2010 年第 2 期。

胡逢祥:《民族主义与中国现代民族国家意识的形成》,《华东师范大学学报》(哲学社会科学版)2010 年第 2 期。

陈峰:《傅斯年、史语所与现代中国史学潮流的离合》,《清华大学学报》(哲学社会科学版)2010 年第 3 期。

葛小佳:《重建傅斯年学术与生命的历程》,《书城》2010 年第 4 期。

胡成:《万山应许一溪奔》,《读书》2010 年第 5 期。

樊庆臣:《城子崖考古发掘与山东古迹研究会之成立》,《齐鲁学刊》2010 年第 6 期。

胡成:《学术社群的自主与独立性之追求》,《读书》2010 年第 8 期。

胡成:《全球化时代与中国历史的书写——以 1930 年代的两个主流学术典范为中心》,《史林》2010 年第 3 期。

李东华:《从往来书信看傅斯年与夏鼐的关系:两代学术领袖的相知与传承》,《古今论衡》2010 年第 21 期。

尚小明:《近代中国大学史学教授群像》,《近代史研究》2011 年第 1 期。

张太原:《从研究对象到研究路径——由近年来的傅斯年研究看人物研究的新视野》,《史学月刊》2011 年第 2 期。

樊庆臣:《现代中国史学专业学会的创建与运作——以山东古迹研究会为中心》,山东大学博士学位论文,2011 年。

欧阳哲生:《新学术的建构——以傅斯年〈历史语言研究所工作报告〉为

中心的探讨》,《文史哲》2011 年第 6 期。

雷丽莎:《商务印书馆对民国文献传播的影响》,郑州大学硕士学位论文,2012 年。

刘承军、贺辉:《历史语言研究所与现代考古学规范的建立》,《河南师范大学学报》2012 年第 3 期。

刘承军、刘芳:《民初中央与地方关系下的学术机构探析——以河南古迹研究会为例》,《甘肃社会科学》2012 年第 5 期。

张峰:《历史语言研究所与中国现代史学(1928 — 1949)》,北京师范大学博士学位论文,2012 年。

胡成:《"科学史学"与现代中国史学专业地位的形塑(1917 — 1948)》,《史林》2014 年第 3 期。

谢桃坊:《致中国历史语言之学于自然科学之境界中:论傅斯年与历史语言学派在国学运动中的意义》,《社会科学战线》2014 年第 9 期。

张敏:《"凡事在人"——论 1949 年前史语所夏商周考古"一家独大"局面的形成》,《南方文物》2015 年第 1 期。

张峰:《历史语言研究所运作机制的生成》,《广东社会科学》2015 年第 2 期。

刘承军:《中央研究院历史语言研究所人才培养制度述论(1928 — 1949)》,《云南社会科学》2015 年第 3 期。

张峰:《历史语言研究所学术群体治史风格述论》,《史学史研究》2016 年第 3 期。

张谷铭:《Philology 与史语所:陈寅恪、傅斯年与中国的"东方学"》,《历史语言研究所集刊》2016 年第 87 本第 2 分。

陈峰:《从革命语境到学术语境:近七十年大陆学界傅斯年及史语所史学研究的脉络与走向》,《清华大学学报》2017 年第 6 期

陈昭容、张诏韦:《一场华丽的青铜器转手(上):一九三六年中央博物院

购藏善斋铜器始末》，《古今论衡》2019 年总第 32 期。

陈昭容、张诏韦：《一场华丽的青铜器转手（下）：一九三六年中央博物院购藏善斋铜器始末》，《古今论衡》2019 年总第 33 期。

陈峰：《民国时期史语所学人与中国社会经济史研究》，《史学史研究》2020 年第 3 期。

刘春强：《历史语言研究所史学研究的社会科学面相——以历史组为中心的探讨》，《近代中国》2020 年第三十二辑。

马亮宽：《历史语言研究所研究生培养述论（1928—1949）》，《四川大学学报》（哲学社会科学版）2020 年第 6 期。

胡其瑞：《历史语言研究所中国少数民族藏品的来历与搜藏意义试析》，《古今论衡》2020 年总第 35 期。

张辉：《权势干预与学术独立——以周天健入职史语所为中心》，《近代史学刊》2021 年总第 24 辑。

四、期刊和报纸

《东方杂志》、《传记文学》、《大陆杂志》、《史学杂志》、《史地学报》、《中央日报》、《申报》、《大公报》、《现代评论》、《独立评论》、《北京大学日刊》、《北平晨报》、《北京日报》、《国立华北编译馆馆刊》。

五、外文书目

1. Li Chi, *An Yang*, Washington University Press, 1977.

2. Peter Novick, *That Noble Dream: The "Objectivity Question" and the American Historical Profession*, Cambridge University Press, 1988.

3. Wang Fan-shen, *FuSsu-Nien. A Life in Chinese History and Politics*, Cambridge University Press, 2001.

附　　录

一、历史语言研究所研究人员一览表

姓名	籍贯	出生年	教育背景	入所时间	离职时间	职务
傅斯年	山东聊城	1896年	北京大学 留学英、德	1928年4月		专任研究员
蔡元培	浙江山阴	1868年	进士 留学法、德	1928年	1929年	特约研究员
胡适	安徽绩溪	1891年	哥伦比亚大学 哲学博士	1928年10月		特约研究员
赵元任	江苏武进	1892年	哈佛大学哲学 博士	1928年10月		专任研究员
俞大维	浙江山阴	1898年	哈佛大学哲学 博士	1928年	1929年	专任研究员
林语堂	福建龙溪	1895年	哈佛大学硕士 莱比锡大学语 言学博士	1928年10月	1932年	特约研究员
李济	湖北钟祥	1896年	哈佛大学人类 学博士	1928年10月		专任研究员
罗常培	北京	1899年	北京大学中文 系	1928年9月	1949年	专任研究员
陈寅恪	江西义宁	1890年	游学日、欧美	1928年10月	1949年	兼任后改专 任研究员

姓名	籍贯	出生年	教育背景	入所时间	离职时间	职务
史禄国	俄国	1887 年	巴黎大学人类学博士	1928 年 4 月	1930 年	专任研究员
顾颉刚	江苏苏州	1893 年	北京大学哲学门	1928 年 4 月	1949 年	特约研究员
商承祚	广东番禺	1902 年	北京大学研究所国学门	1928 年 9 月	1933 年	特约研究员
陈垣	广东新会	1880 年	光华医学院	1928 年 10 月	1949 年	特约研究员
董作宾	河南南阳	1895 年	北京大学研究所国学门	1928 年 4 月		专任编辑员 1930 年为专任研究员
刘复	江苏江阴	1891 年	巴黎大学人类学博士	1928 年 9 月	1934 年	特约研究员
朱希祖	浙江海盐	1879 年	早稻田大学	1928 年 10 月	1944 年	特约研究员
马衡	浙江鄞县	1881 年	南洋公学肄业	1928 年 10 月	1949 年	特约研究员
沈兼士	浙江吴兴	1887 年	东京物理学校	1928 年 10 月	1947 年	特约研究员
徐炳昶	河南唐河	1888 年	在巴黎大学习哲学	1928 年 10 月	1949 年	特约研究员
容庚	广东东莞	1894 年	北京大学研究所国学门	1928 年 10 月	1942 年	特约研究员
辛树帜	湖南临澧	1894 年	伦敦大学、柏林大学肄业	1928 年 10 月	1942 年	特约研究员
罗家伦	浙江山阴	1897 年	北京大学留学美、欧	1928 年 10 月	1929 年	特约研究员
许地山	广东揭阳	1893 年	燕京大学 哥伦比亚大学文学硕士	1928 年 10 月	1929 年	特约研究员
冯友兰	河南唐河	1895 年	北京大学 哥伦比亚哲学博士	1928 年 10 月	1929 年	特约研究员
袁复礼	河北徐水	1893 年	哥伦比亚大学地质学硕士	1928 年 10 月	1929 年	特约研究员
杨振声	山东蓬莱	1890 年	北京大学 哈佛大学心理学博士	1928 年 10 月	1929 年	特约研究员
丁山	安徽和县	1901 年	北京大学研究所国学门	1928 年 10 月	1932 年	专任研究员

姓名	籍贯	出生年	教育背景	入所时间	离职时间	职务
单不庵	浙江萧山	1877 年		1928 年	1929 年	特约编辑员
黄仲琴	广东潮安	1884 年		1928 年 9 月	1929 年	特约编辑员
朱芳圃	湖南醴陵	1899 年	清华研究院	1928 年 10 月	1929 年	助理员
陈槃	广东五华	1905 年	国立广东中山大学文学院	1928 年 9 月		书记助理员
杨成志	广东海丰	1902 年	岭南大学历史系	1928 年	1931 年	助理员
黄淬伯	江苏南通	1899 年	清华研究院	1928 年	1929 年	助理员
常惠	河北宛平	1894 年	北京大学	1928 年	1929 年	助理员
杜定友	广东南海	1898 年	菲律宾大学图书馆学、教育学	1928 年	1929 年	
容肇祖	广东东莞	1897 年	北京大学	1928 年 9 月	1938 年	特约编辑员
余永梁	四川忠县	1905 年	清华研究院	1928 年 8 月	1931 年	专任编辑员
米勒	德意志	1863 年		1928 年 9 月	1930 年	外国通信员
伯希和	法国	1878 年	政治学院和国立东方语言学院	1928 年 9 月	1945 年	外国通信员
珂罗倔伦（高本汉）	瑞典	1889 年	乌普萨拉大学	1928 年 9 月	1949 年	外国通信员
李家瑞	云南剑川	1895 年	北京大学修业	1928 年 10 月	1942 年	练习助理员
陈钝	安徽和县	1904 年	上海南方大学修业	1928 年 11 月	1949 年	练习助理员
王庸	江苏无锡	1900 年	清华研究院	1928 年 10 月	1929 年	助理员
黎光明	四川灌县	1901 年	中山大学	1928 年 4 月	1931 年	助理员
赵邦彦	浙江诸暨	1899 年	清华研究院	1928 年 10 月	1934 年	助理员
赵万里	浙江海宁	1905 年	东南大学	1929 年 7 月	1949 年	特约编辑员
徐中舒	安徽安庆	1898 年	清华研究院	1929 年 1 月	1949 年	专任编辑员 1930 年为专任研究员
裘善元	浙江绍兴	1890 年	京师译学馆	1929 年 7 月	1938 年	专任编辑员
李方桂	山西昔阳	1902 年	芝加哥大学语言学博士	1929 年 2 月		专任研究员

姓名	籍贯	出生年	教育背景	入所时间	离职时间	职务
董光忠	湖北宜昌	1892年	美宾夕省大学博物馆毕业	1929年2月	1930年	助理员
杨时逢	安徽石埭	1905年	金陵大学文学士	1929年3月		事务员助理员
刘学濬	广东番禺	1901年	香港大学	1929年6月	1931年	助理员
王庆昌	河北巨鹿	1902年	北京大学	1929年6月	1929年	助理员
于道泉	山东临淄	1901年	齐鲁大学特别生	1929年7月	1936年	助理员1934年后出国留学
张尉然	河北景县	1900年	北京大学地质系	1929年10月	1931年	助理员
陶燠民	福建闽侯	1908年	清华大学文学院	1929年11月	1930年	助理员
尹焕章	河南南阳	1909年	河南大学肄业	1929年	1937年	书记
刘文锦	陕西咸阳	1900年	西北大学修业	1929年3月	1930年	练习助理员
姚逸之	湖南长沙	1904年	武昌明达大学修业	1929年4月	1929年	练习助理员
王湘	河南南阳	1900年		1929年	1937年	书记练习助理员
程霖	安徽歙县	1906年		1929年	1937年	书记练习助理员
李光涛	安徽怀宁	1902年	安徽省立第一师范学校	1929年9月		书记1933年练习助理员1942年助理研究员
吴金鼎	山东安邱	1901年	伦敦大学考古学博士	1930年	1945年	助理员1941年副研究员
王静如	河北深泽	1903年	民国大学语文系清华大学研究院	1930年	1933年	助理员1933年派往欧洲学习
梁思永	广东新会	1904年	哈佛大学考古学硕士	1930年	1949年	专任编辑员1932年专任研究员

姓名	籍贯	出生年	教育背景	入所时间	离职时间	职务
郭宝钧	河南南阳	1893 年	北京国立师范大学国文系	1930 年	1949 年	专任调查员 1932 年专任编辑员 1946 专任研究员
萨本栋	福建闽侯	1902 年	麻省伍斯特工学院博士	1930 年	1932 年	第二组物理顾问
丁文江	江苏泰兴	1887 年	格拉斯哥大学双学士	1930 年	1936 年	特约研究员
唐虞	北平	1901 年		1930 年	1937 年	书记 练习助理员
李光宇	湖北钟祥	1907 年	湖南湖滨大学肄业	1930 年		书记 练习助理员
刘屿霞	江苏镇江	1903 年	福中矿物大学	1931 年	1937 年	助理员
刘燿 （尹达）	河南滑县	1906 年	河南大学	1932 年	1937 年	本所研究生 1934 年助理员
石璋如	河南偃师	1900 年	河南大学文学士	1932 年		本所研究生 1934 年助理员 1940 年副研究员
钢和泰	俄属爱沙尼亚	1877 年	德国哈勒——威登伯格大学博士	1932 年	1937 年	特约研究员
翁文灏	浙江鄞县	1889 年	鲁文大学博士	1932 年	1949 年	特约研究员
步达生	加拿大	1884 年	多伦多大学学士	1932 年	1934 年	特约研究员
德日进	法国	1881 年		1932 年	1938 年	特约研究员
丁声树	河南邓州	1909 年	北京大学文学士	1932 年	1949 年	助理员 1940 年副研究员 1941 年研究员
劳幹	湖南长沙	1907 年	北京大学历史系	1933 年		助理员 1941 年副研究员 1946 年专任研究员

续表

姓名	籍贯	出生年	教育背景	入所时间	离职时间	职务
俞大纲	浙江绍兴	1908 年	燕京大学研究院	1933 年	1936 年	助理员
李晋华	广东梅县		中山大学史学系 燕京大学研究院	1933 年	1937 年	助理员
李景聃	安徽舒城	1899 年	南开大学	1933 年	1937 年	助理员
祈延霈	山东益都	1908 年	清华大学地理系	1933 年	1937 年	助理员
钟素吾	广东惠阳		中山大学英文系	1933 年	1934 年	助理员
梁思成	广东新会	1901 年	哈佛大学建筑学博士	1933 年	1949 年	通信研究员 后改兼任
陈受颐	广东番禺	1899 年	芝加哥大学比较文学博士	1933 年	1949 年	通信研究员
吴定良	江苏金坛	1894 年	伦敦大学统计学和人类学博士	1934 年	1944 年	专任研究员
凌纯声	江苏武进	1901 年	巴黎大学人类学博士	1934 年		专任研究员
芮逸夫	江苏溧阳	1898 年	东南大学外文系修业	1934 年		助理研究员
胡厚宣	河北望都	1911 年	北京大学史学系	1934 年	1940 年	本所研究生 1936 年助理员
陶云逵	江苏武进	1904 年	先入柏林大学后进汉堡大学博士	1934 年	1939 年	专任编辑员
葛毅卿	江苏无锡	1905 年	中山大学	1935 年	1936 年	练习助理员
全汉升	广东顺德	1912 年	北京大学史学系	1935 年		助理员 1935 年助理研究员 1941 年副研究员
吴宗济	浙江吴兴	1909 年	清华大学中文系	1935 年	1940 年	助理员

姓名	籍贯	出生年	教育背景	入所时间	离职时间	职务
陈述	河北乐亭	1911 年	北平师范大学	1935 年	1941 年	助理员 1941 年助理研究员
余逊	湖南常德	1905 年	北京大学	1935 年	1949 年	助理员
孟森	江苏武进	1868 年	东京法政大学	1935 年	1937 年	通信研究员
高去寻	河北安新	1909 年	北京大学文学士	1935 年		本所研究生 1936 年练习助理员 1937 年助理员 1943 年副研究员
周祖谟	浙江杭州	1914 年	北京大学文学士	1936 年	1937 年	练习助理员
周一良	安徽东至	1913 年	燕京大学历史系	1936 年	1937 年	助理员
董同和	江苏武进	1911 年	清华大学中文系	1936 年		练习助理员 1938 年助理员 1943 年副研究员
傅乐焕	山东聊城	1913 年	北京大学史学系	1936 年	1949 年	图书管理员 1940 年助理员 1944 年副研究员
张政烺	山东荣成	1911 年	北京大学史学系	1936 年	1946 年	图书管理员 1939 年助理员 1943 年副研究员
陶德思	英国	1893 年		1937 年	1949 年	通信研究员
岑仲勉	广东顺德	1886 年	北京高等专门税务学校	1937 年	1948 年	专任研究员
王崇武	河北雄县	1911 年	北京大学文学士	1937 年	1949 年	事务员 1940 年助理员 1944 年副研究员

续表

姓名	籍贯	出生年	教育背景	入所时间	离职时间	职务
姚家积	湖南邵阳		燕京大学史学系	1937 年	1939 年	助理员
吴相湘	湖南常德	1912 年	北京大学历史系	1937 年	1937 年	助理员
张琨	河南开封	1917 年	清华大学文学士	1940 年		助理员 助理研究员
马学良	山东荣城	1913 年	北京大学文学士	1941 年	1949 年	助理研究员
周法高	江苏东台	1915 年	中央大学文学士	1941 年		助理研究员
刘念和	四川成都	1912 年	四川大学	1941—1943 年	1942 年	助理研究员
向达	湖南溆涌	1900 年	南京高等师范学校	1941 年	1942 年	专任研究员后改通信研究员
王明	浙江乐清	1911 年	北京大学文学士 西南联合大学文学硕士	1941 年	1941 年—1945 年 1947 年—1949 年	助理研究员
吴汝康	江苏武进	1917 年	中央大学	1941 年	1943 年	助理员
逯钦立	山东巨野	1910 年	北京大学文学士	1942 年	1949 年	助理研究员
樊弘	四川江津	1900 年	北京大学	1942 年	1943 年	专任研究员
汤用彤	湖北黄梅	1893 年	哈佛大学哲学硕士	1942 年	1949 年	通信研究员
屈万里	山东鱼台	1907 年	北平私立郁文学院	1942 年	1945 年	助理员
周天健	江西湖口	1919 年	中央政治学校高等科	1942 年	1944 年	助理员
王玲	江苏南通	1917 年	中央大学文学士	1942 年	1945 年	助理员
黄彰健	湖南浏阳	1919 年	中央大学历史系	1943 年		助理员
夏鼐	浙江温州	1910 年	清华大学文学士 英国伦敦大学埃及考古学博士	1943 年	1949 年	副研究员

姓名	籍贯	出生年	教育背景	入所时间	离职时间	职务
杨希枚	北京	1916 年	武汉大学生物系	1943 年		助理员 1949 年助理研究员
王叔岷	四川简阳	1914 年	四川大学文学士 北京大学文科研究所硕士	1943 年		助理研究员
王志曾	江苏铜山	1912 年	中央大学理学士	1943 年	1945 年	研究生 1944 年助理研究员
游寿（戒微）	福建霞浦	1906 年	中央大学文学士	1943 年	1945 年	图书管理员
胡庆均	湖南宁乡	1918 年	北京大学文科研究所	1944 年	1945 年	助理研究员
何兹全	山东菏泽	1911 年	北京大学史学系	1944 年	1949 年	助理研究员
杨志玖	山东长山	1915 年	北京大学史学系	1944 年	1946 年	助理研究员
李孝定	湖南常德	1918 年	中央大学文学士	1944 年		助理研究员
严耕望	安徽桐城	1916 年	武汉大学文学院	1945 年		助理员 1947 年助理研究员
赵文涛	山东濮阳		西北大学史学系	1945 年	1949 年	助理员
石钟	浙江诸暨	1913 年	西南联合大学史学系	1945 年	1949 年	助理员
张秉权	浙江吴兴	1918 年	中央大学文学士	1945 年		助理员
于锦绣	河南太康	1920 年	中央政治学校政治系	1945 年	1949 年	助理员
韩儒林	河南舞阳	1903 年	北京大学文学士 留学欧洲	1946 年	1949 年	兼任研究员
赖家度	山东福山	1919 年	辅仁大学史学系	1946 年	1949 年	助理员
孙德宣	山东滕州	1911 年	辅仁大学文学士	1946 年	1947 年	助理研究员

续表

姓名	籍贯	出生年	教育背景	入所时间	离职时间	职务
萧立岩			东北大学	1946 年	1947 年	助理员
傅婧	山东聊城	1922 年	辅仁大学	1946 年	1949 年	助理员
藩绪年	安徽怀宁	1921 年	中央大学英文系	1947 年	1949 年	助理员
颜闾	四川宜宾	1908 年	华西大学	1947 年	1948 年	专任副研究员
程曦	河北文安	1919 年	燕京大学国文系	1948 年	1949 年	助理员

二、历史语言研究所出版品统计(1928—1949 年)

《历史语言研究所集刊》:此期刊最能反映史语所同人的研究水平和研究动态,外界一般视之为史语所的招牌。截至 1949 年,已出 21 本 46 册共 413 篇文章。

集刊外编 3 种:

《庆祝蔡元培先生六十五岁论文集》外编第一种上册,史语所 1933 出版。

《庆祝蔡元培先生六十五岁论文集》外编第一种下册,史语所 1935 出版。

《史料与史学》外编第二种(上下册),独立出版社 1944 发行。

《六同别录》外编第三种上中册,史语所 1945 出版。

《六同别录》外编第三种下册,史语所 1946 出版。

史语所 31 种编号专刊:

《安阳发掘报告》(之一),第一期史语所 1929 出出版。

《安阳发掘报告》(之一),第二期史语所 1930 年出版。

《安阳发掘报告》(之一),第三期史语所 1931 年出版。

《安阳发掘报告》(之一),第四期史语所 1933 年出版。

刘复:《敦煌掇琐》(之二),上辑史语所 1931 年出版。

刘复:《敦煌掇琐》(之二),中辑史语所1932年出版。

刘复:《敦煌掇琐》(之二),下辑史语所1935年出版。

赵万里:《校辑宋金元人词》(之三),史语所1931年出版。

陈垣:《敦煌劫余录》(之四),史语所1931年出版。

容庚:《秦汉金文录》(之五),史语所1931年出版。

黄淬伯:《慧琳一切经音义反切考》(之六),史语所1931年出版。

徐中舒:《鬶氏编钟图释》(之七),史语所1932年出版。

容庚:《金文续编》(之八),商务印书馆1935年发行。

容庚:《正编》(之八),商务印书馆1938年发行。

赵万里:《汉魏六朝墓志铭》(之九),史语所1948年出版。

陈垣:《元秘史译音用字考》(之十),史语所1934年出版。

丁文江:《爨文丛刻甲编》(之十一),商务印书馆1936年发行。

吴其昌:《金文世族谱》(之十二),商务印书馆1936年发行。

《田野考古报告》(即《中国考古学报》)(之十三)第一册,商务印书馆1936年发行。

《中国考古学报》(之十三)第二册,商务印书馆1947年发行。

《中国考古学报》(之十三)第三册,商务印书馆1948年发行。

《中国考古学报》(之十三)第四册,史语所1949年出版。

李家瑞:《北平风俗类征》(之十四),商务印书馆1937发行。

容庚:《金文编》(之十五),史语所1939年出版。

周祖谟:《广韵校勘记》(之十六),商务印书馆1938年发行。

陈槃:《左氏春秋义例辨》(之十七),商务印书馆1947年发行。

赵元任等:《湖北方言调查报告》(之十八),商务印书馆1948发行。

周祖谟:《广韵校本》(之十九),史语所1938出版。

陈寅恪:《唐代政治史述论稿》(之二十),商务印书馆1944年发行。

劳幹:《居延汉简考释(释文)》(之二十一),史语所1943年出版。

劳幹:《居延汉简考释(考证)》(之二十一),商务印书馆 1944 年出版。

劳幹:《居延汉简考释(图版)》(之二十一),史语所 1957 年出版。

陈寅恪:《隋唐制度渊源略论稿》(之二十二),史语所 1944 年出版。

董作宾:《殷历谱》(之二十三),史语所 1945 年出版。

全汉升:《唐宋帝国与运河》(之二十四),商务印书馆 1944 年发行。

王崇武:《明靖难史事考证稿》(之二十五),商务印书馆 1948 年发行。

王叔岷:《庄子校释》(之二十六),商务印书馆 1947 年发行。

王崇武:《明本记校注》(之二十七),商务印书馆 1948 年发行。

王崇武:《奉天靖难记注》(之二十八),商务印书馆 1948 年发行。

岑仲勉:《元和姓纂四校记》(之二十九),商务印书馆 1948 年发行。

严耕望:《两汉太守刺史表》(之三十),商务印书馆 1948 年发行。

王叔岷:《列子补正》(之三十一),商务印书馆 1948 年发行。

单刊甲种共 21 种:

赵元任:《广西猺歌记音》(之一),史语所 1930 年出版。

陈寅恪、于道泉:《西藏文籍目录》(之二),史语所 1930 年出版。

刘复、李家瑞:《宋元以来俗字谱》(之三),史语所 1930 年出版。

罗常培:《厦门音系》(之四),史语所 1930 年出版。

于道泉编注、赵元任记音:《仓洋嘉错情歌》(之五),史语所 1930 年出版。

钱宝琮:《中国算学史》(之六),史语所 1932 年出版。

吴金鼎:《山东人体质之研究》(之七),史语所 1931 年出版。

王静如:《西夏研究》(之八)第一辑,史语所 1932 年出版。

刘复、李家瑞:《中国俗曲总目稿》(之九),史语所 1932 年出版。

李家瑞:《北平俗曲略》(之十),史语所 1933 年出版。

王静如:《西夏研究》(之十一)第二辑,史语所 1933 年出版。

罗常培:《唐五代西北方音》(之十二),史语所 1933 年出版。

王静如:《西夏研究》(之十三)第三辑,史语所 1933 年出版。

凌纯声:《松花江下游的赫哲族》(之十四),史语所 1934 年出版。

赵元任:《钟祥方言记》(之十五),商务印书馆 1939 年发行。

李方桂:《龙州土语》(之十六),商务印书馆 1940 年发行。

罗常培:《临川音系》(之十七),商务印书馆 1940 年发行。

凌纯声、芮逸夫:《湘西苗族调查报告》(之十八),史语所 1947 年出版。

李方桂:《武鸣土语》(之十九),史语所 1957 年出版

李方桂:《莫话记略》(之二十),商务印书馆 1943 年发行。

董同和:《上古音韵表稿》(之二十一),史语所 1944 年出版。

单刊乙种 5 种:

丁山:《说文阙义笺》(之一),史语所 1930 年出版。

容媛辑、容庚校:《金石书录目》(之二),史语所 1930 年出版。

容肇祖:《韩非子考证》(之三),商务印书馆 1936 年发行。

董作宾、胡厚宣:《甲骨年表》(之四),商务印书馆 1937 年发行。

傅斯年:《性命古训辨证》(之五),商务印书馆 1940 年发行。

史料丛书:

史语所陆续出版《明清史料》四编四十册。

《延平王户官杨英从征实录》,刊为史料丛书之一,线装,史语所 1931 年出版。

《清代官书记明台湾郑氏亡事》史料丛书之四,线装,史语所 1930 年出版。

傅斯年著,李济译:《东北史纲英文节略》,史语所 1932 年出版。

傅斯年:《东北史纲》第 1 卷(古代之东北),史语所 1932 年出版。

《内阁大库书档旧目》线装,史语所 1933 年出版。

《清内阁旧藏汉文黄册联合目录》,故宫博物院、北京大学、史语所 1947 年联合出版。

人类学集刊:

《人类学集刊》第 1 卷,商务印书馆 1938 年发行。

《人类学集刊》第 2 卷,史语所 1941 年出版。

中国考古报告集:

傅斯年、李济、董作宾、吴金鼎、郭宝均、刘屿霞:《城子崖》,史语所 1934 年出版。

李济总编辑,梁思永、董作宾编辑,董作宾主撰:《小屯》,史语所 1948 年出版。

其他出版著作:

《殷墟出土陶器图片》,史语所 1930 年出版。

《殷墟出土兽头刻辞三种》,史语所 1930 年出版。

《中国人类学志》第二册,史语所 1938 年出版。

许文生:《华北平原中国人之体质测量》由史语所委托商务印书馆 1938 年发行。

董作宾、刘敦桢、高平子撰著:《周公测景台调查报告》,商务印书馆 1939 年发行。

翻译:

赵元任、罗常培、李方桂合译高本汉著《中国音韵学研究》,商务印书馆 1940 年发行。

另外,因史语所的田野材料和档案史料在经历战乱、流转中国各地而仍得以保存,并能在台湾继续不断出版。历史如李光涛等编纂的《明清史料》已出至三百多册,黄彰健校勘的《明实录》(史语所 1966 年出版),王叔岷《郭象庄子注校记》商务印书馆 1950 年发行)、《吕氏春秋校补》(商务印书馆 1950 年发行),劳幹的《居延汉简(图版之部)》(史语所 1957 年发行)、《居延汉简(考释之部)附考证》(史语所 1960 年发行)等;考古学如李济的《殷墟器物甲编:陶器上辑》(史语所 1956 年发行)、《殷墟出土青铜觚形器之研究》(与万家保合著,古器物研究专刊第一本,史语所 1964 年发行)、《殷墟出土青铜爵形器之研究》(与万家保合著,古器物研究专刊第二本,史语所 1966 年发行)、《殷

墟出土青铜斝形器之研究》(与万家保合著,古器物研究专刊第三本,史语所
1968 年发行)、《殷墟出土青铜鼎形器之研究》(与万家保合著,古器物研究专
刊第四本,史语所 1970 年发行)、《殷墟出土五十三件青铜器之研究》(与万家
保合著,古器物研究专刊第五本,史语所 1972 年发行),董作宾的《殷墟文字
甲编》(史语所 1948 年发行)、《殷墟文字乙编》上辑(史语所 1948 年发行)、
《殷墟文字乙编》中辑(史语所 1949 年发行)、《殷墟文字乙编》下辑(史语所
1953 年发行)、《殷墟文字外编》(艺文印书馆 1956 年发行)、《续甲骨年表》
(与黄然伟合著,史语所 1967 年发行),石璋如的《殷墟建筑遗存》(史语所
1959 年出版)、《北组墓葬》(上、下辑,史语所 1970 年出版)、《中组墓葬》(史
语所 1972 年出版)、《南组墓葬》(史语所 1973 年出版)、《乙区基址上下的墓
葬》(史语所 1976 年出版)、《丙区墓葬》上、下辑(史语所 1980 年出版)、《甲
骨坑层之一》(史语所 1985 年出版)、《甲骨坑层之一附图》(史语所 1986 年出
版)、《甲骨坑层之二》上、下辑(史语所 1992 年出版)、《侯家庄》第九本(辑补
梁思永未完稿,史语所 1996 年出版)、《莫高窟形》(一、二、三册,史语所 1996
年出版)、《侯家庄》第十本(辑补梁思永未完稿,史语所 2001 年出版)、《隋唐
墓葬》(上、下辑,史语所 2005 年出版),高去寻的《侯家庄・1001 号大墓》第
二本(辑补梁思永未完稿,史语所 1962 年出版)、《侯家庄・1002 号大墓》第三
本(辑补梁思永未完稿,史语所 1965 年出版)、《侯家庄・1003 号大墓》第四本
(辑补梁思永未完稿,史语所 1967 年出版)、《侯家庄・1004 号大墓》第五本
(辑补梁思永未完稿,史语所 1970 年出版)、《侯家庄・1217 号大墓》第六本
(辑补梁思永未完稿,史语所 1968 年出版)、《侯家庄・1500 号大墓》第七本
(辑补梁思永未完稿,史语所 1974 年出版)、《侯家庄・1550 号大墓》第八本
(辑补梁思永未完稿,史语所 1976 年出版),张秉权的《殷墟文字丙编》上辑
(一)(史语所 1957 年出版)、《殷墟文字丙编》上辑(二)(史语所 1959 年出
版)、《殷墟文字丙编》中辑(一)(史语所 1962 年出版)、《殷墟文字丙编》中辑
(二)(史语所 1965 年出版)、《殷墟文字丙编》下辑(一)(史语所 1967 年出

版)、《殷墟文字丙编》下辑(二)(史语所 1972 年出版),李孝定的《甲骨文字集释》(史语所 1965 年出版),杨时逢的《云南方言调查》(史语所 1969 年出版)、《湖南方言调查》(史语所 1974 年出版)、《李庄方言记》(史语所 1987 年出版)和《四川方言调查报告》(史语所 1984 年版),李方桂的《剥隘土语》(史语所 1988 年出版),董同龢的《邹语研究》(史语所 1964 年出版),芮逸夫的《川南鸦雀苗的婚丧礼俗——资料部分》(史语所 1962 年出版)等等。

三、历史语言研究所大事年表

1928 年

1 月

国立中山大学文科主任、中研院筹备委员会委员傅斯年,向大学院院长蔡元培等人陈述语言学及历史学的重要,建议在院中设置史语所。

2 月

大学院每月拨给史语所经常费 5000 元。

3 月

大学院聘傅斯年、顾颉刚、杨振声为史语所常务筹备员。同时由大学院委托国立中山大学,筹备建立史语所。

4 月

史语所筹备处正式成立,并于三十日呈报中研院备案。

大学院拨给史语所临时筹备费 3000 元。

5 月

2 日,傅斯年等呈送图书备置大纲,请大学院院长蔡元培批示。

5 日,傅斯年订定《历史语言研究所组织大纲》。

中研院聘傅斯年兼任史语所秘书。

傅斯年撰写《历史语言研究所工作之旨趣》。(《历史语言研究所集刊》第一本第一分第 3 至 10 页)

6月

6日,傅斯年呈请大学院聘任在河南的董作宾为通信员,调查安阳和洛阳等处的古迹,每月津贴100元。

29日,中华民国大学院指令,所拟图书备置大纲,准予备案。

7月

史禄国教授和助理员杨成志调查云南人发育问题及猓㑩文化。

董作宾至河南安阳调查殷墟遗址。

8月

助理员黎光明调查川康羌民、土民、西番、猼猓民俗。

编辑员黄仲琴调查福建泉州文物。

9月

11日,傅斯年函请院长蔡元培拨款,以便向李盛铎洽购内阁大库档案。

18日,史语所函聘陈寅恪为研究员。

20日,史语所函聘刘半农为兼任研究员;函聘赵元任为研究员并担任方言调查组主任。

此月史语所修订《国立中央研究院历史语言研究所暂行组织大纲》。傅斯年以史语所秘书代行所长职务。院长蔡元培指定胡适等为所务会议委员,代理所长为所务会议主席。

10月

8日,史语所致函伯希和、高本汉,聘请二人为外国研究员。

13日至30日,董作宾在安阳作小规模的试掘。

14日,史语所举行第一次所务会议。

22日,史语所自国立中山大学迁至广州东山恤孤院后街三十五号柏园,并函知广州市公安局请其循例保护。史语所正式成立。

11月

11日,高本汉和伯希和来函接受任命并表示感谢。

14 日,傅斯年致函陈寅恪请其担任北平分所主任,委托其寻找合适的北平分所所址。

29 日,傅斯年呈院长任陈寅恪为北平分所主任。

此月傅斯年呈院长改任史禄国为史语所专任研究员。

史语所聘请李济担任研究员并担任考古组主任。

赵元任调查两广方言。

董作宾在安阳殷墟作第一次试掘。

12 月

1 日,教育部公函中研院,自 11 月起史语所经费由院中拨发。

14 日,傅斯年致信刘半农和陈寅恪,商请组织敦煌材料研究组,并请陈垣担任主任。

20 日,李济致函达傅斯年在河南与董彦堂接洽情形。

27 日,陈寅恪致函蔡元培、杨铨和傅斯年购买内阁大库档案情形。

此年

《历史语言研究所集刊》第一本第一分刊行。

1929 年

1 月

23 日,李济致函傅斯年,推荐郭宝均入史语所。

此月,院长聘傅斯年为史语所代理所长,并颁发所长小官章。

2 月

史语所拟定《国立中央研究院历史语言研究所章程》,经院务会议备案。

3 月

20 日,总办事处来函,院务会议议决所有各处主任、各所所长、组主任及专任研究员均不得兼职兼薪。

23 日,顾颉刚致函傅斯年,请改其为特约研究员。

此月史语所在安阳殷墟进行第二次发掘。

4 月

13 日,傅斯年致函顾颉刚,函复同意改其为特约研究员。

6 月

5 日,史语所由广州迁往北平北海静心斋。

11 日,史语所召开迁移北平后的第一次所务会议。所务会议议定将原设八组的研究单位合并为三组,分别为历史学组、语言学组和考古学组。院聘傅斯年为所长,陈寅恪为第一组主任,赵元任为第二组主任,李济为第三组主任。

7 月

22 日,史语所在北平召开第二次所务会议。

8 月

教育部将北平历史博物馆拨交中研院接管,院拨交史语所管理。

史语所向历史博物馆拨商借午门楼上两翼及左右阙各房,准备整理内阁大库档案

9 月

4 日,史语所致函故宫博物院,商请交换刊物。

29 日,史语所召开第三次所务会议。

此月,史语所接管历史博物馆改组为国立中央研究院历史博物馆筹备处。史语所组织筹备委员会管理。筹备委员会以朱希祖为委员长,傅斯年、裘善元为常务委员,陈寅恪、李济、董作宾、徐中舒为委员,裘善元担任管理主任。

史语所开始整理内阁大库档案,计划分编刊行。

10 月

史语所在安阳殷墟进行第三次发掘。这次发掘遭受河南图书馆馆长兼民族博物院院长何日章等地方人士阻挠,影响了工作的进行。

编辑员赵邦彦赴山西云冈调查造像石刻。

11 月

傅斯年赴河南沟通。

12 月

26 日,史语所函梁思永,填发由上海转赴辽宁、热河、吉林和黑龙江一带调查古迹护照。

此年

《安阳发掘报告》第一期出版。

1930 年

1 月

17 日,史语所明清档案编刊会举行第一次会议。

25 日,史语所召开所务会议,推请李济为秘书。

2 月

8 日,史语所召开所务会议。

19 日,史语所举行临时会议记录。

3 月

17 日,史语所致函外交部,商请拨借静心斋。

31 日,史语所致函中基会,申请补助语音设备及考古出版等费用。

此月,民国政府颁发铜质关防,关防刻文:"国立中央研究院历史语言研究所关防"。

4 月

12 日,中基会来函,史语所请款书已列入请款案内,等开会时再提出讨论。

15 日,傅斯年致函日本静嘉堂文库,已收到其图书分类目录一册,请其将汉籍目录出版后赠与史语所。傅氏将史语所集刊安阳发掘报告一册送给静嘉堂文库。

5 月

4 日,故宫博物院文献馆来函,请求交换刊物。

此月,史语所调查南京栖霞山墓葬。

6 月

史语所复勘山东龙山遗址。

7 月

21 日,中基会致函本所,在史语所设考古学研究教授并聘李济担任考古学研究教席,并从当月起薪。

史语所调查广东狗头徭及琼、崖的黎语、獞语、獾语。

史语所调查河北深泽、东鹿、安平一带的方言。

9 月

梁思永至黑龙江昂昂溪调查遗址及发掘,并顺道调查热河遗址。

10 月

5 日,哈佛大学致函傅斯年,请求交换考古学出版品。

11 月

14 日,中研院史语所与山东省政府合组山东古迹会在济南青岛大学工学院召开成立大学。由此开始了山东城子崖第一次发掘。

12 月

6 日,史语所召开所务会议,会议推请徐中舒为秘书。

此年

《安阳发掘报告》第二期发行。

《广西猺歌记音》、《西藏文籍目录》、《宋元以来俗字谱》、《厦门音系》、《仓洋嘉错情歌》、《说文阙义笺》、《金石书录目》、《殷墟出土器物图片》、《明清史料》甲编四册和《清代官书记明台湾郑氏亡事》出版。

《历史语言研究所集刊》第一本第二、三、四分,第二本第一、二分刊行。

1931 年

1 月

1 日起,在济南青岛大学工学院礼堂展览山东遗址出土古器物三天。

25 日,史语所举行所务会议。

27日,本所呈院长,为黎光明在图书室会客函请准予记大过一次。

28日,李方桂致函列宁格勒科学院的阿列克谢耶夫,请求交换出版品。

史语所调查河北磁县陶磁。

史语所在河北大名一带调查方言。

2月

21日起,在南京中研院自然历史博物馆展览殷墟及城子崖出土古器物三天。

3月

史语所在安阳小屯殷墟进行第四次发掘,及调查洹滨。

史语所在安阳发掘四盘磨,后冈遗址。

4月

11日,史语所召开所务会议。

史语所调查河南汲县山彪镇遗址。

5月

30日,史语所举行所务会议。

6月

此月,北平市政府将北海园内蚕坛拨交本史语所使用。

借国立北平图书馆藏明实录红格钞本,并将其晒蓝。

7月

2日,中基会来函,其年会议决补助史语所三年,每年三万元。

此月,史语所调查浚县殷墓被盗实况。

波恩大学东方学院征求史语所出版品。

8月

6日,史语所举行所务会议。

史语所调查偃师遗址。

9月

18日,日本侵略中国东北,政府财政紧张,财政部停发中研院经费。中研院暂靠存款维持。

10 月

史语所在山东城子崖进行第二次发掘。

11 月

史语所在小屯殷墟进行第五次发掘,调查洹滨,后冈作第二次发掘。

史语所调查胶东遗址。

12 月

史语所与中华教育文化基金会协商合作翻译高本汉的汉语语音学著作。

此 年

《安阳发掘报告》第三期发行。

《敦煌掇琐》、《校辑宋金元人词》、《敦煌劫余录》、《慧琳一切经音义反切考》、《秦汉金文录》、《山东人体质之研究》出版。

《历史语言研究所集刊》第二本第三分,第三本第一、二分刊行。

《延平王户官杨英从征实录》和《明清史料》甲编六册刊行。

1932 年

1 月

16 日,中研院在上海召开临时院务会议,商讨节省办法。

28 日,史语所举行所务会议。

2 月

8 日,史语所与河南省政府合组河南古迹研究会假借河南省博物馆召开成立大会。

10 日,总办事处来函,通知在此国难期间(日本侵华战争)薪水在六十元以下者照发,以上者发维持生活费六十元。

3 月

史语所调查河南洛阳遗址。

此月,史语所聘请步达生、钢和泰和德日进为特约研究员。

4 月

第二次调查浚县遗址及第一次辛村遗址发掘。安阳殷墟第六次发掘,并发掘高井台子、霍家小庄、四面碑、王裕口遗址。

5 月

7 日,史语所举行所务会议。

28 日,史语所举行所务会议。

此月,全院研商紧缩方案,拟将史语所和社会科学两研究所合并,拟改称为人文研究所。院务会议决议将各所秘书职务取消。但得由所务会议指定专任研究员一人或数人协助处理所务。

史语所在浚县大赉店发掘。

6 月

29 日,史语所举行所务会议。

史语所调查内黄遗址

7 月

13 日,史语所举行所务会议。

史语所调查豫北遗址。

此月,史语所录取河南大学毕业生石璋如、刘燿(即尹达)为研究生。

8 月

21 日,所务会议修订《国立中央研究院历史语言研究所章程》,第 1 条再标明所中工作纲领,并报院备案。

9 月

史语所准备南迁。

10 月

15 日,史语所举行所务会议。

史语所在安阳殷墟进行第七次发掘,在辛村遗址第二次发掘。

11 月

史语所调查山东鲁南遗址。

12 月

史语所、心理研究所和历史博物馆筹备处的文物开始南迁至上海。

此年

专刊《矦氏编钟图释》、单刊《中国算学史》、《中国俗曲总目稿》、《西夏研究》第一辑出版。

《历史语言研究所集刊》第二本第四分,第三本第三分,第四本第一分刊行。

《东北史纲》第一卷(古代之部分),又《东北史纲》英文节略出版。

1933 年

1 月

10 日,傅斯年在北平南河沿欧美同学会宴请来华的伯希和。

27 日,史语所召开所务会议。

史语所第三组先行南迁,第一、第二组暂留北平。

2 月

21 日,史语所召开所务会议。

此月,史语所在开封河南博物馆展览浚县出土古文物。

3 月

5 日,院务会议决定将史语所、社会科学研究所合并,称为历史语言社会研究所。院聘傅斯年为所长,李济为副所长。但在未奉国民政府核备以前,两所名称仍旧,傅斯年、李济为社会科学研究所的兼任所长、副所长。

11 日所务会议,修正《国立中央研究院历史语言研究所章程》第六条,增"依需要设置副所长"。

21 日,史语所召开所务会议。

史语所除第一组仍留在北平整理明清档案,其余各组人员皆迁至上海曹家渡极司非尔路 145 号小万柳堂。

史语所沿陇海铁路在河南,陕西进行方言调查,探究北音入声演变。

史语所调查浚县淇河沿岸遗址及发掘刘庄遗址。

史语所调查河南安阳董福营遗址。

5 月

4 日,史语所召开所务会议。

19 日,总办事处来函,因国难日亟,院长要求继续紧缩预算,所有各馆下年度用人行政,当力求撙节经费,增加效能。

史语所调查山东鲁东遗址。

史语所调查湘西苗族文化与民俗。

6 月

7 日,史语所召开所务会议。

18 日,中研院总干事杨杏佛被暗杀。

傅斯年任中央博物院筹备处主任。

当月,兵工署将广方言馆旧藏明实录钞本赠予史语所。

史语所调查豫西遗址。

7 月

10 日,史语所召开所务会议。

史语所开始校勘明实录。

史语所调查临淄、滕县遗址。

8 月

史语所调查南阳遗址。

9 月

2 日,史语所召开所务会议。

史语所调查汲县遗址。

10 月

11 日,史语所召开所务会议。

李方桂赴暹罗调查语言。

史语所在安阳殷墟进行第八次发掘,并在四盘磨作第二次发掘,后冈作第三次发掘。浚县辛村遗址第四次发掘。

11 月

史语所调查江苏萧县遗址。

史语所在滕县安上村发掘,同时在王坡峪,曹王墓发掘。

12 月

史语所调查豫北遗址。

此年

《安阳发掘报告》第四期发行。

《唐五代西北方音》、《北平俗曲略》、《庆祝蔡元培先生六十五岁论文集》上册、《西夏研究》第二辑、第三辑出版。

《历史语言研究所集刊》第三本第四分,第四本第二分出版。

《内阁大库书档旧目》刊行。

1934 年

1 月

傅斯年、李济辞社会科学研究所所长,副所长职务。

社会科学研究所与北平社会调查所合,改组为中研院社会科学研究所。原属于社会科学研究所的民族学组并入史语所。

3 月

史语所调查安徽徽州语言。

史语所在安阳小屯殷墟进行第九次发掘,又到后冈继续发掘。

4 月

11 日,戴季陶在西安致电中研院院长蔡元培等,请严禁发掘古墓。

14 日,蔡元培复函戴季陶,驳斥了其禁止考古发掘的理由。《申报》、北平《晨报》、天津《益世报》和《大公报》等均予以报道。

20 日,史语所召开所务会议。

当月史语所与商务印书馆签订出版品印行契约。

史语所调查山东鲁东遗址。

史语所调发掘安阳侯家庄南地和南霸台遗址。

5 月

28 日所务会议,建议将中研院历史博物馆筹备处于下年度移并于国立中央博物院筹备处。

史语所调调查河南巩县广武遗址,并在巩县塌坡、马裕沟及广武陈沟进行发掘。

史语所调调查浙南畲民。

民族学组改称为第四组人类学组。

6 月

史语所调调查新郑遗址。

7 月

傅斯年辞去国立中央博物院筹备处主任,由史语所考古组主任李济兼任博物院筹备处主任。

8 月

院聘李济为人类学组主任。

10 月

史语所调查云南猡猡、苗语。

史语所再至广武调查遗址,并在青苔、峨眉岭发掘。

史语所在安阳殷墟进行第十次发掘,这是在安阳侯家庄西北冈的第一次发掘。同时在同乐寨发掘,并沿洹水上游调查遗址。

史语所调查云南民族及人种。

史语所由上海迁至南京钦天山麓,鸡鸣寺路一号新建大厦。

11 月

史语所调查安徽寿县遗址。

12 月

李济辞人类学组主任。院聘专任研究吴定良继任。

史语所赞助教育部参加英国一九三五年伦敦中国艺术国际展览会,展出部分殷墟出土古器物。

此年

《元秘史译音用字考》、《松花江下游的赫哲族》、《城子崖》出版。

《历史语言研究所集刊》第四本第三、第四分刊行。

1935 年

1 月

史语所调查河南汤阴遗址。

2 月

8 日,河南古迹研究会成立三周年纪念,在开封展览出土古器物。

13 日,史语所召开所务会议。

当月史语所调查豫北遗址

3 月

当月,史语所在安阳殷墟进行第十一次发掘,这是在侯家庄西北冈作第二次发掘。

史语所调查许昌、禹州古墓被盗实况。

史语所调查山东郓城出土古物。

4 月

15 日,傅斯年在中研院宴请伯希和。

23 日,史语所召开所务会议。

5 月

史语所调查江西方言。

6月

3日，史语所召开所务会议。

史语所调查汲县、偃师遗址，并在山彪镇发掘。

20日全国各国立研究院院长、大学校长选举中研院聘任评议员三十人。呈奉国民政府聘任。会同当然评议员（中研院院长、总干事、各研究所所长）组成中研院首届评议会。聘任评议员之人文组十人中，陈寅恪、赵元任、李济、吴定良为史语所专任研究员，胡适、陈垣为史语所通信研究员。

9月

史语所在广西调查泰语和方言。

史语所在安阳殷墟进行第十二次发掘，这是在侯家庄西北冈作第三次发掘。

史语所调查滇、缅边境摆夷、伕佤、倮黑、崩龙、老兀、傈僳、倮俪、阿卡等族的生活状况、社会情形及土司制度。

史语所为教育部社会教育司审查杨仲鸿的么些文字典。

10月

史语所在湖南调查方言。

史语所在大司空村、范家庄发掘。

史语所调查江苏吴县遗址。

11月

史语所在辉县琉璃阁发掘。

15日，所务会议修订了《历史语言研究所章程》，增设第四组即人类学组。

日军侵凌，华北震动，留在北平的第一组人员及图书、史料、公物，决定迁移至南京史语所。

此年

《金文续编》、《庆祝蔡元培先生六十五岁论文集》下册出版。

《历史语言研究所集刊》第五本第一、第二、第三、第四分刊行。

1936 年

2 月

7 日,赵元任在中央广播讲演《国语罗马字》。

史语所调查江苏西部儿童体质。

3 月

史语所调查南京朝天宫古墓。

史语所字安阳进行殷墟第十三次发掘。

4 月

3 日,史语所开讲论会,赵元任主讲《方言记录中的几个问题》。

10 日,史语所开讲论会,梁思永主讲《安阳侯家庄之殷代墓地》。

当月,史语所调查湖北方言。

史语所调查秦淮河大桥出土古物。

5 月

8 日,史语所开讲论会,吴定良主讲《人类额骨凸度之比较》。

26 日,史语所召开所务会议。

史语所调查山东日照遗址,并在瓦屋村、大孤堆发掘。

6 月

史语所调查丹阳、金坛、溧阳等县儿童体质。

7 月

20 日,史语所召开所务会议。

史语所调查河北磁县、彭城磁业、砂锅业,及南乡堂、北乡堂的雕刻造像。

史语所测量无锡、宜兴、镇江、句容、溧水等县儿童体质。

史语所结束北平所务,将静心斋退还北平市政府。但蚕坛仍暂保留,作为存放及整理明清内阁大库档案之用。

8 月

12 日,史语所召开所务会议。

9 月

18 日,史语所开讲论会,徐中舒主讲《关于〈诗经〉的几个问题》。

29 日所务会议,修订《历史语言研究所章程》并报院备案。

10 月

26 日,史语所召开所务会议。

史语所在安阳殷墟进行第十四次发掘。

史语所在大司空村作第二次发掘。

史语所调查河南永城遗址,并在造律台、黑孤堆发掘。

11 月

5 日,傅斯年致函蔡元培,函请转劝故宫博物院院长马衡赞助汇刊国藏善本。

史语所调查洛阳、登封遗址。

中央博物院筹备处理事会为加强学术研究合作,避免工作重复,拟定《中央博物院与中央研究院合作暂行办法》,征得中央研究院同意。院交史语所执行。

12 月

4 日,史语所开讲论会,陶云逵主讲《几个云南土族的现代地理分布》。

25 日,史语所开讲论会,芮逸夫主讲《湘西苗族的洪水故事与傩神崇拜》。

此月,李济赴英讲学,考古组主任由梁思永代理。

国际历史学学会会长泰姆普利教授来函,征求由中研院代表中国加入国际史学会。

史语所调查安阳龙岩寺遗址。

此年

《爨文丛刊甲编》、《金文世族谱》、《韩非子考证》、《明清史料》乙编、丙编和《内阁大库书档旧目补》出版。

《中国考古学报(田野考古报告)》第一册、《历史语言研究所集刊》第六本第一、第二、第三、第四分,第七本第一、第二分刊行。

1937 年

1 月

史语所调查河南安阳洹水下游遗址。

史语所调查安徽和县古墓。

2 月

2 日,教育部同意中研院拟定的加入国际历史学会办法,交史语所与该学会迳行接洽。

史语所参加教育部第二次全国美术展览会,在南京国立美术陈列馆展出安阳侯家庄西北岗及小屯出土之古器物。

3 月

史语所在安阳殷墟进行第十五次发掘。

史语所在辉县琉璃阁进行第二次发掘。

耶鲁大学致函研究员李方桂,邀请其赴该校讲学。

4 月

史语所洽购嘉业堂所藏明实录钞本入藏。

史语所在辉县发掘毡匠屯,固维村遗址。

史语所调查浙江杭州遗址。

5 月

2 日,史语所召开所务会议。

13 日,史语所召开所务会议。

当月,国际历史学会来函欢迎中研院加入该会。

6 月

22 日,史语所召开所务会议。

史语所调查西康遗址。

7 月

史语所调查北平、大同、包头、归绥、五原等遗址及遗迹。

李济向英国皇家苏格兰博物院(Art & Ethno Department,The Royal Scottish Museum)洽商外借该院珍藏之有字甲骨 1773 件。

上海战云密布,院决西迁,拟于湖南长沙筹设工作者。15 日所务会议,史语所决议将珍贵中西文图书、仪器、标本一律装箱,积极接洽运撤工具,分运江西南昌省立农学院及长沙工作站。部分殷墟出土的人骨、兽骨、陶片等,限于运输工具,只能留在南京。

8 月

中研院组织长沙工作站筹备委员会,史语所迁抵长沙,分驻于韭菜园圣经学校,及南岳圣经学校赁屋。

院组长沙工作站筹备委员会处理事务,梁思永担任筹备会常务委员。

9 月

13 日,总办事处来函,在此国难严重时期,除必需应添工役外,概不得增添人员,以节经费。

28 日,商务印书馆来函,因战争骤起,预约的国藏善本丛刊只得暂行停刊。

10 月

史语所迁移南昌的文物,再转运四川重庆大学。

11 月

史语所力促并协助河南古迹研究会将古器物迁移汉口。

12 月

史语所调查长沙遗址

史语所拟由长沙再迁云南昆明。

此年

《北平风俗类征》、《甲骨年表》出版。

《历史语言研究所集刊》第七本第三分刊行。

1938 年

1 月

史语所调查桂林遗址。

史语所拟迁往昆明的人员及眷属,以及图书、仪器、标本等,一部分径行取道贵州赴昆明,一部分取道广西在桂林暂驻,并在阳朔祝圣寺设临时工作站,而后再转道越南赴昆明。

所长傅斯年因兼代院总干事不在所内,由李济代所长。

2 月

史语所调查陕西宝鸡等县遗址。

3 月

史语所赁昆明拓东路六六三号及青云街靛花巷三号为所址。

5 月

26 日,史语所召开谈话会。

8 月

30 日,史语所通信研究员胡适代表中研院出席了在瑞士苏黎世举行的国际历史学会第八届大会。胡适在会上宣读了题为"Newly Discovered Materials for Chinese History"(《新发现的关于中国历史的材料》)的论文。

9 月

史语所调查昆明遗址。

因敌机袭昆明,史语所再迁于市郊龙泉镇乡应寺及龙头书坞。

11 月

史语所调查云南大理等县遗址。

12 月

26 日,史语所召开所务会议。

此年

《广韵校勘记》、《华北平原中国人之体制测量》出版。

《历史语言研究所集刊》第七本第四分、《人类学集刊》第一卷第一期刊行。

1939 年

1 月

3 日,史语所召开所务会议。

20 日,国立中央博物院筹备处来函,博物院委托吴金鼎主持大理点苍山遗址发掘,博物院派曾昭燏协同工作,并由博物院担负费用,所得标本史语所研究完毕由博物院保管。

3 月

史语所在马龙案一带发掘。

4 月

史语所派杨时逢赴香港、上海清理存在商务印书馆的积稿洽催出版。

5 月

27 日,史语所召开所务会议。

史语所赞助行政院参加苏联莫斯科中国艺术展览会,展出部分安阳出土之古器物及图表。

7 月

史语所研究员赵元任代表中研院参加第六届太平洋科学会议。

8 月

30 日,所务会议通过《历史语言研究所与北京大学文科研究所合作办法》,由史语所代为指导研究生,并予以其图书及宿舍使用的便利。史语所与西南联大签订的图书阅览和借用办法,方便在昆明的学术机构研究使用所中图书。第一组主任陈寅恪,第二组主任赵元任未回国前,组务分别由傅斯年、李方桂代理。

史语所在清碧溪地带发掘。

10 月

史语所在佛顶等地发掘。

11 月

9 日,史语所致函中央博物院筹备处,史语所所务会议通过其研究人员借阅书籍适用史语所同人待遇。

12 月

9 日,史语所召开所务会议。

史语所在中和寺、龙泉峰等地发掘。

史语所派员赴贵州,贵阳、安顺、龙里、贵定等县调查苗族。

史语所呈蔡元培院长,取消编辑员名义,丁声树和石璋如改为专任研究员。

此年

《钟祥方言记》、《周公测景台调查报告》出版。

《历史语言研究所集刊》第八本第一、第二、第三、第四分刊行。

1940 年

1 月

史语所调查云南点仓山、喜州等地遗址。

3 月

史语所调查云南汉语方言。

史语所发掘点仓山、白云等遗址。

23 日,中研院首届评议会第五次年会第二次大会,依法选举中研院第二届聘任评议员三十人,呈奉国民政府聘任。其人文组十人中之陈寅恪、赵元任、李济、吴定良为史语所专任研究员,胡适、陈垣为史语所通信研究员。

4 月

24 日,史语所召开所务会议。

史语所调查路南倮倮语。

傅斯年派李光宇赴长沙,设法将存于长沙的文物运重庆;回程过桂林,将存桂林的文物设法运至昆明。

5 月

13 日,史语所函中央信托局,拟购买外国书若干种,已将书款汇往该局,希望其代为购买。

史语所调查富宁剥隘土语。

6 月

13 日,北平图书馆来函,已代为订购日文杂志数种。

20 日,史语所召开所务会议。

当月,滇边军军事吃紧,史语所奉命准备再迁。

8 月

7 日,史语所召开所务会议。

9 月

27 日,史语所召开临时所务会议。

史语所洽请贵州省政府拨用安顺华严洞,并派芮逸夫赴四川寻觅适当所址。旋经洽妥四川南溪县李庄板栗均张家大院为所址。

10 月

史语所调查寻甸倮倮语。

所长傅斯年受院聘为总干事。

17 日,迁运途中有一辆卡车,在昆明北易隆地方翻车,文物设备略有损坏。又有一辆卡车在叙永翻车落水,但损失都不严重。

11 月

10 日,由四川民生公司民意轮,自泸县运宜宾转李庄的文物一百四十箱,卸载在五号驳船,因驳船船舷破漏,堆货超载失衡,夜间经过航轮鼓浪冲击,以致驳船倾覆。全部文物箱虽经抢捞无失,但箱内均已浸水,经尽力抢晒维护整理,损失尚不太大。

此年

《性命古训辨证》、《龙州土语》、《临川音系》、《中国音韵学研究》出版。

1941 年

1 月

4 日,总办事处来函,奉国民政府令,中央党政机关职员薪水自 1941 年 1 月起十足发给。

史语所调查四川宜宾、叙府遗址。

2 月

1 日,史语所召开所务会议。

所长傅斯年因公不在所时,所务由李方桂代行。

3 月

史语所调查新津、彭山等县遗址。

史语所与中央博物院筹备处、中国营造学社合组川康古迹考察团,调查新津、彭山等县遗址。

4 月

15 日,史语所要求职员每日须签到。

所长傅斯年因公不在所时,改由董作宾代理所务。

5 月

13 日,史语所、同济大学等机关电四川省政府,李庄匪患加剧,请迅速采取有效措施,消除乱源。

20 日,史语所召开所务会议。

6 月

9 日,史语所为纪念中研院成立十三周年,举办纪念会,展览文物和研究成果。

25 日,史语所召开所务会议,修正了《历史语言研究所章程》。

史语所依照院修正的《研究所组织通则》,将现有职员分类名称调整改任。

7 月

史语所在彭山江口镇发掘崖墓。

史语所调查川康民族与文化。

史语所合作社经理人魏善臣在尖嘴龙山脚遭遇匪徒,被劫去合作社的公款。

8 月

史语所调查黔桂台语、洞水语、莫家语。

9 月

6 日,史语所召开所务会议。

史语所调查理番遗址。

所长傅斯年辞去院总干事职。

10 月

史语所调查四川汉语方言。

8 日,史语所代北京大学文科研究所举行本年度研究生马学良和刘念和的毕业口试。

11 月

史语所再次调查云南寻甸倮倮语;四川李庄方言记音。

史语所再次调查宜宾遗址。

史语所在豆芽房砦子山发掘崖墓。

12 月

日本攻陷香港,史语所存在香港九龙的语音仪器、书籍、古物标本和骨骼标本损失殆尽。

此年

《人类学集刊》第二卷刊出。

1942 年

1 月

21 日,傅斯年致函顾颉刚,因上海商务印书馆被日本人关闭,致使史语所书刊无法出版,"与成都、重庆或昆明之大印刷厂有往来足以委托印刷者,并请介绍"。

24 日,史语所召开所务会议。议定第一组主任陈寅恪未到所前,由傅斯年兼代主任。

29 日,傅斯年致函商务印书馆王云五:"敝所现存之稿件尚有数百万字,亟待复印,拟仍交贵馆出版,然以迅速为唯一要求,未知先生能接受此议否?"

2 月

12 日,傅斯年致函杭立武,请其"代询承印《世界学生月刊》之印刷厂,能否接受敝所印件"

史语所调查四川南溪宋墓。

3 月

16 日,总理纪念周由凌纯声演讲《川康调查之经过》。

史语所继续发掘四川彭山砦子山崖墓。

日军侵长沙,将史语所留存在韭菜园圣经学校的部分文物损毁。

4 月

2 日,傅斯年电翁文灏,敝所《集刊》等由中央文化驿站总管理处印刷所承印,需中央造纸厂所出白报纸数十令,此纸闻受统制,乞兄特予许可或给予方便。

4 日,史语所在礼堂开讲论会,由李方桂主讲《古台语的声母问题》。

24 日,史语所召开所务会议。

史语所发掘李家沟崖墓。

史语所在甘、宁、陕等地考古调查。

5 月

史语所发掘牧马山土墓。

6 月

8 日,中基会来函,会议通过补助史语所印刷费 5 万元。

9 日为中研院成立纪念日,史语所举行学术讲论会,由郭宝均主讲《中国古铜器学试探》。

15 日，傅斯年函王云五："史语所新稿重编第十本一至四分托中央文化驿站印刷所代印，由敝所自价发行，甚感不便，欲自第十一本起仍托贵馆代为印售，又闻兄允代售新编集刊重编第十本一至四分，至感。"

当月，民生公司赔偿水浸文物损失。

史语所将自抗战以来各地的损失报教育部汇办。

中基会本年度第二次会议通过补助史语所印刷费五万元。

7 月

6 日，史语所召开所务会议。

史语所调查敦煌遗址。

8 月

7 日，傅斯年函总办事处："关于考试院戴（季陶）院长介绍敝所之周天健君，本当遵照办理，唯恐此端一开，要求入院者踵至，故周君之事以缓办为宜。"同日，傅斯年函总办事处刘次箫："对于任用周天健事，建议一面对铨叙部表示不能接受分发，一面对周君只好试用，以其为戴公私人介绍，非铨叙部分发，只能作助理员，不能作助理研究员。"

11 日，史语所召开所务会议，议决增任逯钦立、屈万里为助理员。

史语所在敦煌发掘古董滩遗址。

9 月

16 日，总办事处来函，院长指示以助理员名义任用周天健。

19 日，傅斯年致函周天健："大驾来此后须先专研一代，立其坚实之根基，然后徐图推广，庶几不空疏也。"

10 月

5 日，史语所举行学术讲论会，由李方桂演讲《贵州调查经过》。

12 日，史语所召开所务会议。

28 日，史语所召开所务会议。

史语所在察克图发掘烽燧遗址。

11 月

24 日,史语所召开所务会议,议决助理员之升任助理研究员,助理研究员之升任副研究员,副研究员之升任研究员,以论文为审查标准。

史语所调查甘州遗址。

史语所参加教育部第三次全国美术展览会,在重庆展出殷墟出土各期甲骨文字图片。

12 月

11 日,史语所召开所务会议。会中傅斯年提出历史组研究人员升任意见书:傅乐焕君著作见《历史语言研究所集刊》,此外未刊者尚多。按凡初足年限(六年)即升任为副研究员者,前仅有丁声树君一例,此次斯年亦仅提张政烺君,盖六年之最小限度,专所以待特殊者也。傅君前服务图书馆,甚具劳绩,今刊之文,堪称为重要之贡献,然其学力,非可比张君者,故今年不拟审查。王崇武君如计入在北大研究所之年限,情形亦同傅君,劳绩、学力,均甚笃茂,以同理由,今年不拟付审查。

18 日,史语所致函总办事处,助理员升副研究员,用投票办法决定,得票最多的前四人为历史组的全汉升、张政烺和考古组的高去寻以及语言学组的董同和,敬乞转呈院长于明年院务会议时将此四君提出讨论。

31 日,史语所召开所务会议。

史语所调查川南苗族文化。

此年

《历史语言研究所集刊》第十本刊行。

1943 年

1 月

5 日,史语所函总办事处:"史语所之学术会议兹决定与原有之学术讲论会每月合并举行一次。"

2 月

史语所发掘四川成都琴台古墓。

史语所继续在甘肃、宁夏和陕西进行调查考古,在兰州、平凉、邠县等处调查遗址。

3 月

5 日,史语所举行蔡元培院长纪念仪式,并举行学术演讲。

史语所在乾陵、醴泉、咸阳等地调查陵墓及石刻,又至洛阳调查石刻。

4 月

史语所在西安、耀县调查碑林及遗址。

5 月

史语所在鄠县调查遗址。

6 月

21 日,史语所召开所务会议。会议通过聘任夏鼐为史语所副研究员,其薪俸自 5 月份起发给。

史语所在武功、凤翔、宝鸡等地调查遗址。

7 月

7 日,中基会来函,其决定在本年度补助史语所印刷费二万五千元。

30 日,英国古典文学家、牛津大学教授陶德思来函,可代史语所在英国购买新旧期刊。

8 月

28 日,史语所召开所务会议。

史语所在临潼调查秦陵。

9 月

4 日,史语所开列购书清单请陶德思教授代购。

7 日,史语所召开所务会议,讨论吴定良主持的体质人类学一部分应否独立设所或研究室。

史语所再次发掘四川成都琴台古墓。

10 月

9 日,教育部高等教育司来函,拟派印度来华研究生一名在贵所研究。

30 日,史语所召开所务会议。

此年

《居延汉简考释》(释文部分)、《莫语记略》出版。

《历史语言研究所集刊》第十一本第刊行。

石璋如外版专书《晋绥纪行》出版。

1944 年

1 月

7 日,太平洋国际学会负责人刘驭万函傅斯年,请其负责主持中国民族史和边疆史的研究工作。傅斯年将西南联大教员杨志玖借来,与所中的岑仲勉、王崇武等人共同撰写。

14 日,史语所召开所务会议。

18 日,中基会来函,其非常时期委员会第五次会议议决在本年度内继续补助史语所印刷费五万元。

2 月

10 日,史语所召开所务会议。

25 日,史语所函总办事处,其三十三年度助理研究员升副研究员,经所务会议投票结果,得票最多的二人为王崇武、傅乐焕,转呈院长于本年院务会议中提出讨论。

28 日,史语所召开所务会议。

3 月

当月,中研院决定将史语所第四组中的体制人类学部分业务划出,成立体制人类学研究所筹备处。院聘定吴定良为筹备处主任。史语所第四组主任,由专任研究员凌纯声继任。

5 月

西北科学考察团在甘肃敦煌、洮沙、民权等地调查,并发掘敦煌老爷庙墓地。

6 月

16 日,傅斯年函张官周:"前李仲阳县长在任时,曾闻其有修筑由李庄镇直达板栗坳公路之议,日前始悉此路业已动工,并闻占用民田甚多,倘此路专为史语所而修,则史语所既无此提议,更无此需要,何妨还田归民,就此终止,敬希将此意转达地方经画此事诸公。"

21 日,史语所召开所务会议。

史语所在李庄板栗坳自办子弟小学,成立校董事会。

7 月

20 日,史语所召开所务会议。

8 月

23 日,史语所召开所务会议。

史语所调查月牙泉被盗墓地。

10 月

史语所在月牙泉发掘,又在玉门关外发掘。

此年

《隋唐制度渊源略论稿》、《唐代政治史述论稿》、《居延汉简考释》(考证部分)、《唐宋帝国与运河》、《上古音韵表稿》、《史料与史学》上册出版。

1945 年

1 月

4 日,史语所召开所务会议。

5 日,史语所函总办事处,其三十四年度助理研究员升副研究员,经所务会议投票杨时逢、李光涛两君均得过半数赞成票,转呈院长于院务会议中提出讨论。

西北科学考察团继续调查,在大方盘长城遗址发掘。

2 月

9 日,史语所召开所务会议。

史语所函总办事处:"本所国民月会及学术会议自本年一月份起暂行停作记录,但国民月会及学术会议仍须按期举行,请查照。"

3 月

国民政府令,将教育部所属之南洋研究所、敦煌艺术研究所、中国医药研究所、两广地质调查所、国际文化资料供应委员会均裁撤,其业务并入中央研究院接办。院拟由史语所接办南洋研究所及敦煌艺术研究所。史语所因南洋研究所,仅余少许普通书刊,研究资料不多,而敦煌艺术研究所系属保管古代艺术,与其研究工作性质不同,未予接办。

5 月

史语所在洮沙阳洼湾墓地发掘。

史语所子弟小学经南溪县政府立案成立。

6 月

史语所在民勤沙井调查遗址。

陈寅恪函本所:"寅恪自三十三年一月份起所得本所之待遇自系正薪,至在燕京大学只领兼课之待遇,余数为燕京大学借与寅恪之款。"

7 月

1 日,严耕望函傅斯年:"抗战以来学术陵夷,文史之学尤见颓落。而贵所师生独能研索不倦,每有书刊问世,仍保持战前之水准,是皆先生领袖群彦之功也。……素仰先生提掣后学,唯力是视。爰不揣冒昧,为先生率陈,倘能赐一读书机会,诚铭骨之恩。"

8 月

20 日,傅斯年函董作宾:"关于任用严耕望、赵文涛、张秉权等四人之事及严耕望工作事,请兄召集所务会议讨论,又芮逸夫兄介绍石钟为助理员,弟同意提出，未知通过否，寅恪介绍之庄光沂三组可用否，请决定后直复寅恪。"

史语所调查四川理番戎语。

9月

14日，史语所召开所务会议，审议本所拟添任人员的论文。

日军于八月十日无条件投降，九月九日在南京签署投降书。史语所派石璋如随中研院第二批赴南京人员还都，筹备史语所还都的事项。

行政院及教育部函中研院，接办前上海自然科学研究所及北平东方文化研究所。院交史语所接收北平东方文化研究所。

10月

史语所为洽借北平北海公园静心斋及蚕坛，清查以前遗存史料，及接收东方文化研究所等事项，设置史语所北平办事处，任余逊为主任。

11月

史语所在武威调查，发掘古墓。

北平市政府允史语所借用静心斋。

12月

3日，哈佛燕京学社函傅斯年："董事会已议决通过今年拨款贵所5000美元，并感谢告知受补助费各员工作情形，望早日见到出版书籍。"

此年

《殷历谱》、《史料与史学》下册、《六同别录》（上册、中册）出版。

1946年

2月

19日，傅斯年函董作宾并转史语所同人："惟有一事声明者，绝不舍研究所而做官，亦绝不于研究所不搬自己去休息。"

3月

2日，史语所积极准备由李庄经重庆复员回南京，召开了复员筹备委员会第一次会议。

11 日,本所函总办事处:"兹拟改聘郭宝均先生为专任研究员,常川驻豫主持河南古迹研究会,薪俸拟为月五百二十元,开奉郭先生履历,敬乞转呈院长鉴核办理。"

4 月

史语所调查川、滇交界僰人文化。

董作宾电郭宝均:"电请速赴汴主持古迹会。"

5 月

10 日,史语所函总办事处,根据本院组织通则第四条第一项规定,提请院长自三十五年一月起聘劳幹、陈槃为专任研究员,转呈院长于院务会议中提出讨论。

6 月

30 日,总办事处来函,贵所拟任劳幹、陈槃两先生及聘周一良、韩儒林先生均经院务会议通过,兹将其著作奉还,请查收。

史语所接收东方文化研究所,将有关的东方文化事业总会及近代科学图书馆交给院中洽办。史语所向院中建议设置北平图书史料管理处,负责接收后的整理管理工作。

8 月

赵元任代表中研院出席美国科学研究院和美国哲学大会。

7 月

院务会议议决体制人类学研究所筹备处停止运行,仍由史语所接管。

8 月

教育部同意令知平津区特派员将东方文化研究所、东方文化事业总会、近代科学图书馆一并转移,由史语所接管。中研院院务会议通过设置史语所北平图书史料管理处,将史语所北平办事处裁并,由所长傅斯年兼主任。

10 月

史语所调查杭州古荡一带墓葬区。

11 月

5 日,本所函总办事处:"本所副研究员张政烺君近应北京大学之聘为教授,本所已准其请假一年。"

史语所迁回南京鸡鸣寺路一号原址。

史语所改聘通信研究院汤用彤担任北平图书史料管理处主任。

中研院将原心理研究所所址,划归史语所使用,作为书库。

此年

《六同别录》(下册)出版。

1947 年

1 月

11 日为蔡元培纪念日,史语所在总办事处大礼堂举行纪念会,由所长傅斯年演讲。

史语所接收前体质人类学研究所筹备处图书、仪器标本和研究资料,其业务仍由第四组办理。

2 月

6 日,史语所召开所务会议。

10 日,史语所召开所务会议。

18 日,史语所函总办事处:"据调查结果,本所通信研究员赵万里君并未参加伪组织,兹经本所所务会议议决,提请院务会议恢复其名义,敬祈转呈院长于本次院务会议中提出讨论。"

24 日,史语所召开所务会议。

4 月

史语所推荐专任研究员劳榦申请美国援华联合会奖励研究员赴美进修奖金。

傅斯年为史语所购进宋本《史记》。

5 月

史语所迁葬日本学者新城新藏博士,傅斯年撰《墓记》称赞其维护中研院南京学舍之功。

6 月

7 日,史语所召开所务会议。

9 日,史语所召开所务会议。

23 日,史语所召开所务会议。

史语所推荐吴敬恒等二十八人为中研院院士候选人。

所长傅斯年出国考察,所务由夏鼐代行。

北平图书史料管理处主任汤用彤出国考察,由余逊代理主任职务。

7 月

15 日,史语所召开所务会议。

12 月

2 日,史语所召开所务会议。

8 日,史语所与北京大学、故宫博物院商定出版所藏《清内阁旧藏汉文黄册联合目录》以战事中辍,本年上月重订办法,本月完成合作手续后出版。

29 日,史语所召开所务会议,议决隔周举办学术讲论会一次。

此年

《左氏春秋义例辨》、《庄子校释》、《湘西苗族调查报告》、《清内阁旧藏汉文黄册联合目录》、《中国考古学报》第二册出版。

《历史语言研究所集刊》第九本和第十六本刊行。

1948 年

3 月

9 日,史语所召开所务会议。

27 日,中央研究院评议会选举院士八十一人。史语所专任研究员陈寅恪、傅斯年、李方桂、赵元任、李济、梁思成、董作宾,通信研究员胡适、汤用彤、陈垣、顾颉刚、梁思成以及曾任兼任研究员冯友兰当选中研院第一届院士。

史语所同意浙江大学吴定良教授借用体制人类学部分的图书、标本、设备。

7 月

5 日,傅斯年函岑仲勉:弟于先生治学之精勤,史籍碑版之深邃,十余年中,佩服无间,今犹昔也。至于关涉语言学之不同见解,绝不影响弟之服膺先生之治史,此不能不曲予谅宥也。今以一科上之不同,遂各行其所是,亦事之无可奈何,望先生不以此事为怀。

8 月

28 日,史语所召开所务会议。

30 日,史语所召开所务会议。

9 月

13 日,史语所召开所务会议。

24 日,中研院第一次院士会议依法选举中研院第三届聘任评议员三十二人,呈奉总统聘任。其人文组之十二人中,赵元任、李济为史语所专任研究员,汤用彤、胡适、陈垣、梁思成为史语所通信研究员。

10 月

6 日,总办事处来函,升任副研究员夏鼐先生为研究员及升任助理员周法高先生为副研究员二案,均经提出院务会议通过。

7 日,史语所召开所务会议。

15 日,史语所召开所务会议。

11 月

1 日,史语所召开所务会议。

15 日,史语所召开所务会议,讨论院士候选人提名等事项。

12 月

1 日,史语所召开所务会议,议决在缩小范围之下,可以迁往台湾、广西或广东。

史语所奉命准备疏迁,其将图书、仪器、标本装箱,推请李济督运,由政府派兵舰护送逐迁台湾。

史语所所长傅斯年受任为国立台湾大学校长。

史语所将北平图书史料管理处委托国立北京大学代管。

此年

《明靖难史事考证稿》、《湖北方言调查报告》、《两汉太守刺史表》、《列子补正》、《明本纪校注》、《元和姓纂四校记》、《奉天靖难记注》、《中国考古学报》(第三、第四册)、《小屯·殷墟文字甲编》、《小屯·殷墟文字乙编》(上辑)出版。

《历史语言研究所集刊》第十、第十二、第十三、第十四、第十五、第十七、第十八、第十九本和第二十本上册刊行。《历史语言研究所集刊》第二十本下册和第二十一本以及《明清史料》丁编因史语所东迁台湾,遗稿存于上海商务印书馆未及发行。

1949 年

1 月

史语所图书、仪器、文物标本迁抵台湾,暂置于杨梅镇火车站旧仓库,部分研究人员暂借台湾大学医学院部分房屋安置。

院组成中央研究院驻台委员会,处理日常事务及准备全院各所迁台事项。

2 月

史语所调查台湾台北圆山贝冢。

史语所租赁通达公司的台湾省铁路局杨梅车站仓库及附近民房为所址。

3 月

史语所与台湾大学商定合作,史语所同意研究人员在台湾大学开课。

5 月

史语所调查台中埔里、营浦等遗址。

8 月

31 日,史语所函总办事处,本所在台湾大学兼课并在台大支领薪金者,经所务会议议决自 9 月起,由本所按照台湾大学兼课四小时之待遇发给兼薪,转呈总干事批准。

史语所调查台中瑞岩泰雅族体质与文化。

10 月

史语所成立杨梅房屋改善小组。

11 月

史语所在埔里大马磷发掘。

此年

《居延汉简考释》（释文部分）、《小屯·殷墟文字乙编》（中辑）出版。

1950 年

7 月

研究员芮逸夫出任第四组主任。

史语所商请台湾大学借用一部分房屋，以便整理资料，进行研究。

12 月

12 日，所长傅斯年，因兼任台湾大学校长，在出席台湾省参议会时，猝患脑溢血不治逝世。

此年

《郭象庄子注校记》、《吕氏春秋校补》、《清代之治藏制度》出版。

《历史语言研究所集刊》第二十二本刊行。

后　　记

　　本书是由我的博士学位论文改写而成。儿时就对家乡的名人轶事颇感兴趣,景仰他们的学识、人品和成就的伟大,但要研究他们,却是我始料不及。大学开始"被迫"学历史后,对乡贤傅斯年有了深入的了解。2010 年,我考入南京大学历史学院中国近现代史专业,很快即面临博士学位论文选题,要想找寻一个有延展性且档案材料又相对集中的题目并非易事。经过不断的阅读与思考,最终决定以傅斯年为突破点,以其领导的史语所作为论文题目。我翻阅相关文献,窃喜习作或许还能与当下流行的"学术文化转型"等议题有所"预流",遂践行之。

　　本书能从想法变成论文以至书稿,首先要感谢我的导师胡成教授。三年来胡老师对学生督责有加,悉心指导。在与学生交流时,总能提出中肯的建议,提醒学生下一步该留意哪些关键的材料和问题,要注意国外的研究动态,加强外语的学习,使学生的研究视野不断拓展。胡师的谆谆教诲让学生终身受益。现在胡老师退休数年,仍坚守阵营,写作不辍,让我这个后生小辈,时时惕励不敢或忘。同时要感谢我的硕士导师武汉大学谢贵安教授。蒙谢师不弃,学生得以忝列门墙。谢师引我初窥学术门径,让我感知何谓"学术理想"。谢师始终关心我这个老学生的成长。我从学习到生活的进步,皆有谢师的提携与帮助。

求学生涯中,对许多帮助、扶持我的师长,满怀感激。学生尤对李良玉老师表示由衷的谢忱。李老师指导了学生的第一篇习作,凡几易其稿,始终不厌其烦,能得到李老师的指导与点拨为学生之幸。笔者深深感激李玉老师不吝赐教,他襟怀坦荡,对学生真心扶助,谈话总是和风细雨,令人如沐春风。感谢范金民老师对学生研究课题的大力支持,使学生赴台得以成行。此外学生还要感谢申晓云老师、马俊亚老师、陈谦平老师、张生老师、董国强老师、张海林老师、梁晨老师等。南大历史学院学人荟萃,优厚的学术环境和浓郁的师生情谊,给了我一个自在温馨的空间。

从资料的收集到论文的写成,还有许多前辈先生对我提供过帮助。第一次冒昧地发邮件给王汎森先生,希望为我赴台提供机会。先生慨然应允做我的介绍人,并担任我在"中研院"期间的 Sponsor。王先生曾对我初期的研究计划提出了宝贵的意见,廓清了我写作初期的许多疑惑。史语所所长黄进兴先生语重心长地为我们大陆赴史语所的学生谈学术人生,知人论事,惠赐资料,在观点上予我启发,使笔者受益无穷。史语所的何汉威先生、陈熙远先生、李孝悌先生、杜正胜先生、王道还先生、吴政上先生、近史所的潘光哲先生、民族所的石磊先生、东吴大学的刘龙心先生等或指引资讯,或分享学术心得,或提供宝贵意见,告知我应注意的问题和盲点,台湾师范大学的刘得佑、台湾大学的李长远诸君在台期间对我帮助良多,在此一并致谢!史语所有一个惬意的、富于启发性的学术研究环境。藏书丰富的傅斯年图书馆,以开放的胸襟,向所有学者毫无保留地开放,让人敬佩不已!

中国第二档案馆的郭必强老师、南京师范大学的张连红老师在论文答辩时也提出许多建设性的意见,向他们深表谢忱。在平常的学习中,有幸与师兄梁建、朱志先、蒋宝麟、佟德元和徐保安、师弟赵力、同学吴士勇、李状、李溯源、贺辉、刘海威、周能俊、尹涛、王尤清、魏晓铠、刑恩源、黄雪银、曾磊、孔祥增、樊庆臣等切磋辩话、相互交流,启发思路,使我的学业之路从来不感寂寞。

博士毕业之后,我进入山东师范大学政治与国际关系学院(后改为马克思主义学院)服务。八年来,我得以在这个严谨友爱的环境中安静地工作,时常感受到前辈耆宿对学问的执着以及同仁们认真热情的工作态度。感谢马永庆教授、李爱华教授、崔永杰教授、董振平教授、张福记教授、肖德武教授、王增福教授、史家亮教授、徐稳教授以及教研室的宫晓燕老师、马德坤老师、王仕英和刘斌老师等或在学术,或在教学,或在生活上的提携和关爱,我会用心珍惜现在的工作机会。

我要感谢我的父母、妻子和妹妹一家。父母节衣缩食供我上大学、读研究生,年逾花甲还帮我照看孩子。而今我已工作多年,却不能守在他们身边多尽些孝道。在老家的妹妹帮我守护着父母,这让我始终怀有愧疚之情。妻子月霞为我付出得更多,她用柔弱的双肩承担了烦琐的家务,使我无油盐之忧,得以享受读书之乐。儿子平平和安安的到来让我们既惊又喜,也使得家庭生活更加忙碌。女儿豆豆已俨然一个小大人,帮我们照看她的弟弟们,女儿如小棉袄,信然! 家人的体谅和支持,是我前进道路上的强大动力!

本书得以顺利出版,得益于人民出版社的大力支持。感谢出版社资深编辑马长虹博士的细心指导和热心帮助。马先生是文史领域的研究专家,他微信上精心转发的文章也让我受惠良多,恩惠点滴,辞不尽意。

拙著得到很多师友的指教与点拨,若有点可取之处,应该归功于他们。只是笔者资质驽钝,领悟不够,书稿还存在诸多不足之处,这皆由笔者自己负责,期盼学界师友不吝提出批评与指正的意见。

2022 年 3 月 21 日　于山东济南